후설의 현상학과 교육적 의미

김영필 지음

교육과학사

책머리에

유럽 현대철학의 문을 연 건 독일 철학자 에드문트 후설이다. 그는 현상학의 창시자이다. 그의 현상학은 아무리 길어내도 마르지 않는 우물과 같나. 퍼낼수록 더 채워지는 저수지 같다. 그리고 모든 걸 포용하는 거대한 용광로다.

후설의 입장은 형이상학적으로 중립적이다. 그는 형이상학적 실재론이나 관념론을 짓는 데 관심이 없다. 물론 이 '중립적'이란 말은 실재론이나 관념론 사이에 어중간한 위치를 차지한다는 소극적 의미가 아니다. 그는 오히려 주관적 관념론이나 자연과학적 실재론으로 규정하는 것에 대해 적극적으로 대응하는 입장을 취한다. 그의 현상학은 완결된 체계로 지어진 형이상학이 아니다. 이전에 지어 놓은 형이상학 옆에 또 다른 형이상학을 짓는 데는 관심이 없다. 오히려 전통이 잘못 지어 놓은 집을 허무는 데 관심이 있다. 물론 허무는 것이 목적은 아니다. 허물고 새로운 방법으로 다시 짓는 해체가 그 목적이다. 해체는 파괴와 다르다. 해체는 허물고(destruct) 다시 짓는(construct) 작업(de-construction)이다. 창조적 재구성 혹은 파괴적 장조인 셈이다.

1907년 여름학기에 현상학을 공부하는 학생들이 불렀던 패러디 풍의 노래가 있다. 〈현상학자의 노래〉다. 다소 긴 노랫말이다. 그중 눈에 띄는 부분만 옮긴다. **정말 훌륭한 집이 세워졌다/그때 갑자기 그 집이 무너졌다/오 무섭다!/왜냐하면 -아!- 가장 깊은 층이 무너졌기 때문이다/그것들 모두가 완전히 비뚤게 놓여 있다/왜냐하면 명증성들이란 게 모호한 것이기 때문이다/명증성들이……/작업이 새로 이루어진다/그 층들이 다시 고쳐진다/고치는 순서는 중요하지 않다/그리고 모두가 다른 곳으로 옮겨져야 한다/그리고 계속 옮겨져야 한다.**

그는 전통에 관한 에포케를 강조한다. 이 '에포케(epoché)'는 고대철학에서부터 사용된 오랜 역사를 가진 술어다. 후설은 이 술어를 차용하여 판단중지라는 용어로 고쳐 쓴다. 판단중지는 내려놓기다. 이전의 전통철학을 잠시 내려놓고 새로운 방법으로 신천지를 열어 보인다.

그의 현상학은 완결된 철학이나 이념이 아니라 방법론이다. 그것도 전통을 근본적으로 해체하는 방법론이다. 그의 현상학이 생명력이 긴 이유가 바로 열린 방법론이기 때문이다. 방법(method)의 어원은 그리스어 메타 호도스(μετά ὁδός)다. 호도스는 '길'이고 메타는 '저편에'란 뜻이다. 방법은 길 저편의 진리를 찾아가는 길이다. 그러니 방법이 잘못되면 진리에 이를 수 없다. 진리의 다른 이름이 방법인 이유다.

방법론으로서의 현상학의 잠재력은 무한대다. 특히 교육 방법론으로서는 더욱 그렇다. 정치, 종교, 사회, 문화, 예술, 교육, 체육, 상담, 심리치료, 다문화, 질적 연구, 신경과학과 인지과학 등 여러 분야의 교육 방법론에 다양하게 적용될 수 있다.

이 책의 제1부는 에드문트 후설 현상학의 기본 개념에 대한 설명과 그 후의 전개를 다룬다. 제2부는 현상학과 타 학문의 융합을 다루었다. 제2부의 3장에서 10장까지는 《철학논총》(새한철학회)에 세재한 논문[41호(2005), 43호(2006), 48호(2007), 56호(2009), 67호(2012), 97호(2019), 106호(2021)]을 수정 · 보완하였다. 제3부는 2024년 개인 블로그에 올렸던 글과 신문에 기고했던 글에서 발췌한 것이다.

차 례

제1부
후설 현상학과 그 전개

갈증

난 늦게 에드문트 후설(Edmund Husserl, 1859~1938)의 현상학을 접했다. 서른이 막 넘어선 1983년 대학원 박사과정에 입학했다. 나의 석사 논문은 〈마틴 하이데거의 진리론〉이다. 석사 과정에 입학한 후 한참 게으름을 피우다가 1982년 졸업했다. 말이 석사 논문이지 리포트 수준에 가깝다. 석사 졸업 후 갈증이 찾아왔다. 하이데거에 관해 논문을 쓰면서 에드문트 후설에 관한 갈증을 느끼지 않을 수 없었다. 하이데거의 사상의 원류는 그의 스승인 에드문트 후설의 현상학이다. 후설로 돌아가서 다시 시작하지 않으면 안 된다는 절박함을 종종 느끼곤 했었다.

대학원 박사과정에 입학해 처음 접한 강의가 에드문트 후설의 현상학이었다. 내가 처음 손에 쥔 책은 《순수 현상학의 이념과 현상학적 철학》(*Ideen zu reinen Phänomenologie und phänomenologischen Philosophie*) 「제1권」(이하 《이념들 Ⅰ》로 약함)이었다. 당시엔 번역본이 없어서 매일 독일어 사전과 씨름했었다. 읽은 게 아니라 거의 더듬는 수준이었다.

그렇게 맺은 인연이 나의 평생을 결정하는 모멘텀이 되었다. 처음 접한 이 책은 나에겐 너무 생경하고 난해했다. 그도 그럴 것이 주로 의식을 분석하는 내용이라 익숙하지 않은 전문술어와 씨름하지 않을 수 없었다. '의식'이라는 신천지는 나에겐 낯설었다. 지향성, 환원, 판단중지 노에시스-노에마 등등 모두가 그랬다. 시간이 흘렀다. 1989년 8월 〈에드문트 후설의 명증이론〉에 관한 논문으로 박사학위를 취득했다. 그리곤 이 대학 저 대학 강의 다니느라 바빴다.

1990년 방대한 분량의 책 한 권을 번역했다. 디머(Alwin Diemer)의 *EDMUND HUSSERL – Versuch einer systematischen Darstellung seiner Phänomenologie*(제2판, 1965)다. 후설의 미발간 원고에 대한 정보를 많이 접할 수 있었다. 특히 이 책을 번역하면서 후설 후기 사상을 접할 수 있었다. 후설의 현상학을 '의식'의 현상학으로만 좁게 이해했던 걸 넘어 의식의 수동적 영역인 감정, 충동, 본능 그리고 물질과 노동의 현상학으로 깊게 그리고 넓게 읽을 수 있는 눈을 자연스럽게 가지게 되었다.

아직도 갈증은 여전하다. 늦게 시작한 공부지만 한 번도 후설을 떠나 본 적은 없다. 항상 그의 사유의 주변을 서성거렸다. 그만큼 후설의 사상은 깊이나 넓이가 무한정이다. 아직도 퍼내야 할 게 많다.

나이 70을 넘기면서 이 한 권의 책으로 그와의 동행을 추억하려 한다. 그래도 갈증은 여전할 것이다. 갈증이 심하면 언제일지는 모르지만, 다시 한번 또 다른 매듭을 묶어낼 수 있을지는 모르겠다. 갈증이 계속되는 한, 나의 열정만은 식지 않을 것 같다. 다만 물리적 시간의 흐름이 아쉬울 뿐이다. 시간의 신 크로노스(Chronos)는 참 잔인하다.

현상학의 고향

2017년 2월 체코의 프라하 중앙역에서 옛 소련식 낡은 기차를 탔다. 게으른 기차는 두어 시간을 달려 나를 프로스테요프(Prostejove)역에 내려주었다. 지금도 기억에 생생한 작은 기차역이다. 난 역을 빠져나와 앞으로 쭉 트인 길을 무작정 걸었다. 누군가를 만날 걸 기대하면서 걸었다. 얼마간 걷고 나서 마침 행인에게 물었다. 시청이 어디냐고.

바로 가면 나온다는 의미의 답을 듣고 계속 걸었다. 길을 건다가 눈에 들어온 어휘다. 'E. Husserla'. 아마 이 지역을 후설을 기억하는 광장으로 구획해 놓은 거 같다. 내가 만나고 싶었던 에드문트 후설의 흔적을 길거리 주소로 먼저 만났다. 이곳이 후설의 고향이란 걸 길에서 만난 '후설'이란 말마디를 보고서야 실감했다. 우리나라 '퇴계로'와 '율곡로'를 연상하게 한다. 조금 더 걸었다. 정면에 제일 높은 건물이 보인다. 시청 건물임을 쉽게 알 수 있다. 시청 벽 양쪽에 두 인물의 얼굴이 부조되어 있다. 왼편이 후설의 얼굴이다. "철학자 에드문트 후설 프로스테요프에서 1859년 4월 8일 출생"이라 쓰여 있다.

시청 안으로 들어가 관계 공무원으로 보이는 분의 안내로 몇 권의 책자를 얻었다. 그분은 후설에 대해 그렇게 많이 알지 못했다. 오히려 내가 후설에 대해 간략하게 설명하는 형국이 되어버렸다. 나는 이곳에서 소중한 자료 하나를 얻었다. 후설의 생가 사진이다. 그의 고향인 이곳을 찾아오지 않았다면, 얻을 수 없는 귀한 사진이다. 아쉽게도 당일이 월요일이라 박물관이 닫혀 있었다.

현상학

'현상'이란 말마디는 일상어다. 자주 사용하는 말이다. 꼭 '현상'이란 단어를 사용하지는 않더라도 이와 유사한 말들로 대신하기도 한다. 형상이나 모습, 아니면 나타남 등으로. 그런데 이 일상어에 '학'이란 말을 덧붙여 '현상학'이란 다소 추상적인 학술적 용어가 등장한다. 새삼 현상에 관한 학적인 연구를 할 필요가 있는가? 이건 지금까지 '현상'에 관해 잘못 이해해 왔다는 사실을 전제하기 때문일 것이다. 현상학(Phänomenologie)이란 용어는 '현상'인 Phänomen과 '학'을 뜻하는 'Logos'의 합성어다. Phänomen은 '어떤 것이 그것이 있는 그대로 숨김없이 백일하에 명명백백하게 드러남'을 뜻한다. Logos는 '말하다'는 동사 legein의 명사형이다. 본뜻은 '말이 의미하는 바를 보여지게 하고 제시하는 것'이다. 결국 현상학은 그 무엇이 드러나는 그대로 제시하는 것이다. 현상학은 이전에는 현상을 있는 그대로 보여지게 하는 데 실패했다는 걸 전제한다. 의식이 현상을 굴절시키는 일그러진 거울 역할을 해왔다는 데서 출발한다.

고대 철학자 플라톤은 현상을 이데아와 분리한다. 이데아는 본질이고, 현상은 본질을 닮아 있는 유사체다. 이데아는 영원불변하는 데 반해, 현상은 가변적이다. 이데아는 빛, 현상은 그림자다. 이데아는 태양 아래에서 볼 수 있고, 현상은 동굴 속 그림자에 지나지 않는다. 현상에 관한 오랜 선입견이다. 칸트 역시 본질인 물 자체(Ding an sich)와 현상(Erscheinung)을 분리했다.

현상은 나타남이다. 그 이상도 이하도 아니다. 어디에 나타나는가? 의식이다. 의식에 나타나지 않는 현상은 없다. 의식은 나타나는 것을 그대로 읽으면 된다. 그게 본질이다. 나타남의 배후에 또 다른 본질은 실재하지 않는다. 우린 눈에 나타나는 것을 의심한다. 눈은 의식이 아니라는 이유로. 하지만 눈 역시 의식의 창이다. 일차적으로 나타나는 것을 의심하는 관습은 근대철학자 데카르트에게 물려받았다.

내 앞의 머그잔은 부정할 수 없는 현상이다. 데카르트는 과도한 의심을 한다. 혹시 잔이 아닌데 잔으로 착각하는 건 아닌가 하고. 하지만 나의 의식에 나타나는 것을 의심할 수는 없다. 다만 머그잔이 머그잔으로 나타날 수 있기 위해 의식은 맑은 거울처럼 명징해야 한다. 의식이 맑지 않으면 현상의 배후에 본질을 따로 숨기고 있는 것처럼 의심한다.

우린 항상 자신의 선입견으로 세상을 본다. 근대과학자는 그만의 관점에서 사물을 본다. 그렇다. 그러니 주어진 현상을 있는 그대로 보지 않고 그 배후의 또 다른 본질을 탐색하고 파헤친다. 이게 인간의 본성이다. 눈에 보이는 현상을 잘 믿지 않는다. 그럴 수밖에. 현상이 자신의 의식에 굴절된 모습으로 보이기 때문이다. 그래서 후설은 '순수 의식' 혹은 '선험적 의식'이란 생경한 어휘로 세상을 보는 태도를 변경할 것을 주문한다.

태도변경

내 앞에 컵이 있다는 사실은 너무나 확실하다. 나의 의식과 무관하게 독립적으로 컵이 존재하는 걸 너무나 당연하게 믿는다. 후설은 이걸 자연적(natural) 태도라 한다. 그러나 한 걸음 물러나서 생각해 보자. 컵이 그 자체로 존재한다는 걸 어떻게 너무나 당연한 것으로 믿을 수 있는가? 후설은 너무나 당연하다고 믿어온 것부터 내려놓으라고 주문한다. 컵이 과연 나의 의식과 별개로 존재한다는 게 가능할까? 이렇게 생각한다면 그건 선입견이다. 어떤 것이든 나의 의식의 대상으로 주어져 있다는 사실을 망각한다.

컵이 나의 의식에 주어져 있다는 사실을 부정할 수는 없다. 더욱 부정할 수 없는 것은 컵을 생생하게 원본적으로(originär) 부여하는 직관이 모든 인식의 원천이 되어야 한다는 사실이다. 이건 무얼 말하는가? 원본적으로 부여한다는 것은 무엇인가? 이 원본적으로 주어진다는 건 가려짐이 없이 있는 그대로 의식에 부여된다는 뜻이다. 그런데 나에게 보이는 건 컵의 일면뿐이다. 이건 원본적으로 주어지는 게 아니다. 컵을 원본적으로 부여하는 건 직관이다. 이 경우 직관은 본질직관이다. 내가 직관하는 건 컵의 의미인 본질이지 컵의 색깔이나 모양이 아니다. 색깔이나 모양은 컵의 일부분의 나타남 혹은 외양에 지나지 않는다. 직관을 통찰이라 해도 좋다. 보이는 것을 넘어 보이지 않은 것까지 통찰하는 게 직관이다.

컵이 내 앞에 존재한다는 걸 당연시하는 소박한 태도에서 벗어나야 한다. 있는 그대로의 컵의 본래 모습이 나에게 주어지도록 하는 방법은 컵을 보는 방법을 바꾸는 것 외의 다른 길은 없다. 이전까지 가졌던 컵에 대한 자연적인 태도를 전적으로 변경하는 게 필요하다. 있는 그대로의 컵의 현출(現出)에 접근하기 위해 그것에 도달하는 방법을 바꾸는 것이다. 물론 그렇다고 컵의 실재를 거부하거나 배제하는 건 아니다.

버스를 타고 시내를 스쳐 지난다. 수많은 간판이 이어진다. 그 간판 중 어느 하나에 주의력을 집중하지 않은 채 그저 스쳐 지나간다. 의식의 중립화다. '중립화(Neutralisierung, neutralization)'란 특정한 입장을 미리 세워 사물을 관찰하는 걸 의미하지 않는다. 중립화는 판단중지의 다른 말이다. 특정한 입장을 미리 세워놓고 사물을 판단할 경우 그 판단은 선입견에 의해 이끌려진다. 선입견 이전에 의식에 직관적으로 주어진 것에 집중하기 위한 태도 변경이 필요한 이유다. 태도(Einstellung)의 사전적 의미는 사람이 어떤 것에 대해 판단하는 방법이나 방식을 의미한다. 자연적 태도에서 선험적(transzendental) 태도로의 변경이다. 변경을 영어 shift로 번역하는데, 질적 대전환을 의미한다. 컵이 나의 의식과 무관하게 실재한다고 당연시하는 경험적 태도 '이전'으로 되돌아간다는 의미에서 선험적(先驗的) 태도다.

태도 변경 이전/이후로 경험적/선험적 자아로 달리 읽힌다. 그렇다고 해서 경험-심리적 자아와 선험적 자아가 다른 자아는 아니다. 생활세계적 자아의 다른 이름일 뿐이다. 생활세계적 자아는 의식과 세계의 분리 이전의 자아다. 자아의 삶의 터인 세계는 더 이상 물리적 세계가 아니다. 자아의 생활과 그 생활의 터인 세계는 분리될 수 없다. 그래서 생활-세계(life-world)다.

선험적 의식의 문턱에 오르지 못한 채 본 세계와 그렇지 않은 세계는 달리 보인다. 세계는 의식과 무관하게 독립적으로 존재한다고 믿었던 세계가 항상 의식의 상관자로 이미 그리고 항상 주어져 있다는 걸 아는 건 이미 자연적 태도에서 선험적 태도로 변경한 것 때문이다. 후설은 데카르트적이면서도 탈(脫)데카르트적인 길을 간다. 나는 1998년 쓴 책《현상학의 이해》(울산대출판부)에서 이렇게 비유한 적이 있다. 후설 자신도 초기에는 의식으로의 환원이라는 데카르트의 길을 걸었다. 하지만 후기로 들어서면서 다른 길을 걷는다. 초기는 모든 번뇌를 끊고 열반을 구하는 길이라면, 후기의 새로운 길은 번뇌를 끊지 않고 열반을 얻는(不斷煩惱得涅槃) 길이다. 무명에 휩싸여도 그 안에 진여가 남아 있고, 아무리 진여의 자성을 간직해도 그 안에 무명의 업이 자리하고 있다. 생활세계를 회복한 자아는 내재/초재, 진여/생멸 어느 곳에도 구속되지 않는다. 서친 띵 위에 살면서도 선험적 관점에서 보면 수정 같은 맑은 자아다. 생멸의 관점에서는 경험적 자아고, 진여의 관점에선 선험적 자아일 뿐이다. 삶의 속도가 아니라 방향이 중요하다. 그 방향은 세상을 보는 태도가 결정한다. 후설 현상학에서 태도변경의 문제는 중요한 실천과제다.

환원

변경은 변화와는 다르다. 세상을 보는 태도를 전적으로 바꾸는 게 변경이다. 이 변경은 사태 자체를 직관하기 위한 것이다. 세상을 보는 눈이 다르면 세상도 달리 보인다. Attitude determines Altitude. 태도가 위상(고도)을 결정한다. 둘레길을 걸으면 그만큼 세상이 보이고 산 중턱을 오르면 좀 더 멀리, 산 정상에서 보면 더 세상이 높고 넓게 보인다. 세상을 보는 눈은 태도다. 어떤 태도로 세상을 보는가에 따라 그 세상은 이러지러하게 달리 보인다. 철학에서도 태도의 문제가 중요한 이유다. 같은 사실을 앞에 놓고도 다르게 보는 이유는 바로 태도가 달라서다. 태도가 사실을 왜곡한다면 그건 문제다. 더 큰 문제는 잘못된 태도를 내려놓기가 어렵다는 거다. 너무나 오랫동안 자신의 태도를 당연한 것으로 생각해 왔기 때문이다. 태도 변경은 이제껏 너무나 당연하다고 여겨온 것부터 내려놓는 것이다.

이러한 태도변경이 환원이다. 환원(Reduktion)은 선입견에 의해 망각되기 이전의 사태로 되돌아가는 것이기도 하고 되가져오는 것이기도 하다. 그런데 환원은 단지 추상적인 일반적 의미만으로는 가능하지 않다. 총체적이고 온전한 인격적 변화와 인류에 부과된 가장 위대한 실존의 변화를 함의한다. 후설은 개종(改宗)만큼이나 어렵다고 한다. 가히 혁명적 전환이다. 지금까지 바로 서서 보던 세계를 물구나무서서 보는 셈이다. 어중간한 변화가 아닌 급진적인 코페르니쿠스적 전환과 같다.

환원은 선(先) 언어적 수행이다. 언어는 원본적으로 주어진 것을 그 생생함 속에서 붙드는 데는 실패한다. 언어에 담기는 순간 그 원본성이 희미해져 버린다. 언어와 실재 사이의 틈이 있다. 라캉(J. Lacan, 1902~1981)의 어법으로 상징계(the symbolic)와 실재계(the real) 사이의 갈라짐이다. 그래서 도(道)를 '도'라 하면 그건 이미 참된 도는 아니다[道可道非常道]. 원본적으로 주어져 있는 것이 사물이든 역사적 사실이든 정신적 현상이든, 뭉뚱그려 '사태'라 하자. 철학은 개념 이전에 그리고 언어적 사유 이전에 미리 주어져 있는 사태 자체로 돌아가 다시 시작하지 않으면 안 된다. 사태가 관념의 옷을 입기 시작하면서 언어적으로 굴절된 사태로 은폐된다. 이 은폐된 사태 자체를 폭로하는 게 현상학의 과제다.

온갖 이념적 장치가 사태를 은폐하는 시대를 살고 있다. 생생한 역사적 사실조차 이념으로 거부하려는 암울한 시대다. 봉오동과 청산리의 주역은 홍범도였다. 그건 이념에 앞서 생생하게 주어진 역사적 사태다. 사태는 이미 벌어진 사건이라 이념으로 포장하거나 은폐할 수 없다. 이념으로 저울질할수록 사태로부터 멀어진다. 이념의 옷을 겹겹이 걸칠수록 사태는 은폐된다. 결국 자신의 어깨 위에 짊어지고 있던 선입견 다발을 내려놓는 일에서 시작하지 않으면 안 된다. 내려놓지 않을 경우, 사태는 실종되고 온갖 이념으로 가득한 사유의 감옥에서 벗어날 수 없다.

지향성

근대철학의 스캔들은 주관과 객관을 분리하는 데서 시작되었다. 근대인들은 자연을 인간과는 독립해서 그 자체로 존재하는 것으로 생각하고, 그 자연에 관한 객관적 인식이 가능할 것이라는 신념을 가지고 있었다. 데카르트에 의해 정교하게 다듬어진 이원론적 구상, 즉 정신은 사유하는 실체(res cogitans) 그리고 자연은 공간적 실체(res extensa)로 서로 독립적으로 존재한다는 소박한 전제는 근대 이후 오랫동안 영향력을 행사해 온 사유습관이 되었다. 그러나 이러한 생각은 자연과는 다른 정신의 고유한 특성을 간과해 버린다. 마치 물질적 자연이 공간을 차지한다는 본성을 가지듯이, 정신 역시 사유한다는 본성을 가질 것이라는 소박한 생각 이면에는 정신과 자연을 서로 무관하게 실재하는 두 개의 실체로 추단하는 이원론이 전제되어 있다. 근대인들은 정신 혹은 의식을 마치 세계와의 외교교섭 능력을 상실한 창이 없는 밀폐된 상자와 같은 것으로 생각했다.

'지향성(Intentionalität)'이란 술어는 스콜라철학에서부터 사용되어 온 어휘다. 특히 후설의 스승인 브렌타노(Franz Brentano, 1838~1917)가 물리적 현상과 심적 현상을 구분하기 위해 심적 현상의 특성으로 지향성을 언급했다. 정신은 항상 자신을 초월하여 세계로 나가며 그것을 자신의 대상으로 가질 수 있다. 정신 혹은 의식은 지금 이 순간에도 그리스 파르테논 신전에 갈 수 있다. 초등학교 시절로 돌아갈 수도 있다. 따라서 의식은 자기초월적이다. 이게 의식의 특성인 지향성이다.

그러나 의식이 세계를 자신의 대상으로 가진다는 브렌타노의 말 속에는 마치 의식 속으로 대상이 들어와서 내재하는 것으로 오해될 소지가 있다. 이것으로는 의식과 대상 사이의 근원직 상관관계를 드러내기는 부족하다. 강조하건대, 의식은 의식의 내용을 담는 그릇이 아니다. 데카르트가 말하는 그런 생각하는 실체가 아니다. 의식은 하나의 활동(Leistung)이며 작용(Akt)이다. 대상을 지향하는 작용이다. 작용으로서의 의식인 노에시스(Noesis)는 항상 자신에 의해 구성되고 의미지워진 대상인 노에마(Noema)를 자신의 상관자로 가진다.

이와 같이 의식과 그에 상응하는 대상이 서로 짝을 이루어 상관적으로 관계 맺고 있음을 표현하기 위해, 후설은 의식과 대상을 각각 '자아–극'과 '대상–극'으로 부르기도 한다. 이 극(Pol) 개념은 상호관계지어져 있음을 나타내기 위한 가장 적합한 단어일 것이다.

좀 더 구체적으로 생각해 보자. 지향성을 이해하는 데 가장 큰 방해물은 마치 의식과 대상이 서로 독립적으로 실재하고, 대상이 '의식'이란 상자 속에 감각직 여긴으로 들어옴으로써 비로소 관계가 형성된다는 오래된 선입견이다. 의식은 대상이 들어오기를 기다리는 것이 아니라 이미 대상으로 향해져 있다. 의식은 항상 자신을 넘어서 대상으로 향한다. 따라서 '의식 속으로 대상이 나타난다'거나 '들어온다'거나 하는 등등의 표현은 의식과 대상 사이의 본래 구조인 지향성을 충분히 읽어내지 못한 근대인들의 편견을 나타내는 표현들이다. 의식과 대상을 두 개의 다른 실체로 전제한다. 근대인이 '실체'를 다른 것에 의존하지 않고 스스로 존재하는 것으로 정의함으로써 생긴 선입견이다.

이 지향적 상관관계를 화가 이우환은 돌과 나무 그리고 철판 등으로 표현한다. 그 역시 현상학에 영향을 많이 받았다. 그의 작품의 방점은 돌과 나무 그리고 철판에 있는 건 아니다. 그들 사이의 '관계'에 있다. 그의 작품의 주제가 '관계항(relatum)'인 이유다. 그는 작품의 소재인 실체가 아니라 그 실체들 사이의 관계를 표현한다. 소재는 단순한 물체들이다. 그 물체들이 만들어내는 관계성을 강조한다. 그의 모노하(物派)가 지향하는 목표다. 나의 책, 《여행, 인문학에 담다》(도서출판 울력, 2020)에서 그가 2014년 베르사유 궁전 앞에서 전시한 작품 〈관계항-대화〉를 소개했었다.

지평

무엇을 본다는 것은 신비스러운 사건이다. 내 앞의 컵을 본다고 하자. 나의 주의력을 컵의 한 부분에 집중해 보자. 하지만 내가 지금 보고 있는 그 부분은 나의 반대편에서는 보이지 않는 부분이다. 나의 주의력이 집중하는 그 부분은 직관적으로 현전한다. 하지만 다른 편에서 보면 주의력이 닿을 수 없는 어두운 부분이다. 생생하게 현전하지 않고 다만 그늘진 모습으로만 주어질 뿐이다. 그런데도 나는 컵의 어느 일부분이 아닌 컵 자체를 지각한다고 한다. 컵을 보고 있지 컵의 어느 일면만 보고 있다고 말하지 않는다. 이런 현상을 어떻게 설명할 수 있을까? 후설은 이것이 가능한 이유는 나의 경험이 지향적이기 때문이라고 말한다. 지향은 항상 보이는 것을 넘어 보이지 않는 것까지 함께 경험하는 지평적 지향성이다. 만약 나에게 보이는 컵의 일부분에만 머문다면 컵 자체를 지각한다고 할 수 없다.

내가 지각할 수 있는 부분은 매우 제한적이다. 지각할 수 없는 어두운 부분이 있기 때문이다. 하지만 나의 지각은 항상 나의 지각을 넘어서까지 확장된다. 지각되지 않아서 현전적으로 주어지지 않는 컵의 어두운 부분까지도 함께 파악되는 것은 분명하다. 그렇지 않으면 컵을 하나의 대상으로 지각할 수 없다. 보이는 컵의 일부분은 기만적일 수 있다. 컵이 아닌 다른 것의 일부분일 수도 있다. 하지만 컵 자체로 지각할 수 있는 것은 보이지 않는 컵의 부분까지도 미리 파악하고 있기 때문이다. 나의 주의력이 모아져서 주제적으로 현전(現前)하는 것과 주의력이 닿지 않아 주제화되지 않은 부재(不在)가 함께 지각된다. 모든 지각은 지각된 것을 넘어서 지시한다. 만약 부재의 지평이 없다면, 현전적 경험도 불가능하다. 그렇다고 후설이 현전보다 부재에 우선권을 주는 것은 아니다. 현전의 배경으로 부재가 이미 주어져 있다는 걸 강조할 뿐이다.

현전과 부재가 지평적으로 함께 주어진다고 할 때 이 '지평'이란 어휘의 외연은 매우 넓고 깊다. 나의 주의력이 컵의 어느 일부분을 지각한다고 하자. 그러나 나의 주의력은 항상 움직인다. 컵이 놓여 있는 책상과 그 책상을 둘러싸고 있는 방과 부엌 그리고 집 바깥에서 들려오는 개짓는 소리와 지나가는 사람들과 구급차의 소리로 지평은 확장된다. 더 나아가 컵에 담겨 있는 커피를 마시면서 여느 카페에서 만났던 지난 사랑의 추억을 떠올리기도 한다. 더 멀리는 2017년 2월 딸과 함께 커피를 마셨던 파리의 여느 카페를 기억하기도 한다. 이처럼 컵을 둘러싸고 있는 지평은 끝이 없다. 가까이 가면 갈수록 더 멀어지는 지평선처럼. 컵은 결코 완전하게 주제화될 수 없는 거대한 지평 속의 하나의 대상일 뿐이다.

후설의 현상학을 이해하는 중요한 키워드 중 하나가 바로 '지평'이란 어휘다. 우린 지평 없이 대상을 지각한다고 말할 수 없다. 지평 없이 노래를 듣는다고 말할 수 없다. 난 노래의 어느 한 부분을 듣는 게 아니다. 이미 지나간 소절이 지금 듣고 있는 소절의 배경으로 주어져 있고, 앞으로 들을 소절을 앞서 당겨 듣고 있다. 듣는 것 역시 지평적 경험이다. 책을 읽을 경우 마찬가지다. 시선을 옮기면서 앞에서 읽은 단락은 스쳐 지났지만, 지금 읽고 있는 단락의 배경으로 주어져 있다. 동시에 아직 읽지 않은 단락도 앞서 미리 파악한다. 맥락적 독서는 결국 지평적 독서다. '현전'에는 부재가, '지금'에는 과거와 미래가 지평적으로 엉켜 있다.

세상이 온통 지평적으로 연결되어 있다. 나와 타자가 분리된 채 존재할 수 없다. 나는 타자다. 타자와의 관계 속에서 내가 존재할 뿐이다. '나'란 존재는 타자의 지평 속에 서 있을 뿐이다. 이 '지평'이란 개념이 함축하는 의미를 메를로 퐁티는 날줄과 씨줄처럼 얽힌 현상인 '교직(交織)'으로 표현한다. 하이데거는 '공존(共存)' 혹은 '세계-내-존재'란 말마디로 인간존재 방식을 표현했고, 해석학자 가다머(H. G. Gadamer, 1900~2002)는 역사 해석을 과거와 현재의 '지평 융합'으로 읽는다. 후기구조주의자 들뢰즈(Gilles Deleuze, 1925~1995)는 '연결'로 버전을 바꾼다.

현전

의식(주관성)을 대상처럼 분석할 수 없다. 특정한 존재처럼 다룰 수도 없다. 그건 대상도 존재도 아니기 때문이다. 그러나 의식에 대한 설명을 포기할 수는 없다. 절대 주관성을 설명하기 위해 후설이 선택한 특수한 어휘가 '현전'이다. 그것도 살아 움직여 부단히 활동하는 현전(lebendige Gegenwart, lived presence)이다. 정지해 있으면 특정한 시간에 구속된다. 이 경우 우리가 통상적으로 말하는 과거도 미래도 아닌 현재다. 현전은 자아가 '자아'란 이름을 가지면서 대상화되기 이전의 익명적 흐름이다. 현재라 하지 않고 현전이라 부르는 이유다. 현전은 '현재'라는 특정한 시간에 구속되어 있는 현재가 아니다. 현전은 과거로 부단히 흘러간다. 과거지향(retention)이다. 미래로도 흘러간다. 미래지향(protention)이다. 현전은 항상 비현전(부재)에 에워싸여 비현전 없이 현전은 있을 수 없다. 비현전인 부재는 현전의 고향이다. 현전은 '현재'와 같은 고정된 실체가 아니다. 후설에 있어 현전은 실체가 아닌 활동이다. 자아를 고정된 실체로 본 근대와는 결이 다르다.

흔적은 부재(不在, absence)가 남긴 자국이다. 흔적은 부재의 현전이다. 현전은 부재를 그 배경으로 한다. 신호등의 빨간불이

꺼지고 녹색으로 바뀌어도 빨간불은 흔적으로 현존한다. 내 손이 피아노 건반의 '도'에서 '레'로 그리고 '미'로 옮겨 가도 '도'와 '레'의 여음(餘音)은 여전히 '미'에 자국으로 남아 화음(和音)으로 현존한다. 내 눈앞에 보이지 않는 아들이지만, 그는 여전히 나의 현전 속에 주어져 있다. 입대해 전방으로 간 아들과의 물리적 부재를 탈취하는 방식으로 그 아들의 존재는 여전히 나의 의식에 현전한다. 내 앞에 없다고 해서 부재한 것은 아니다. 부재가 오히려 아들의 존재를 더욱 또렷하게 현전화(現前化)한다.

우리는 살면서 이런저런 이유로 부재를 경험하며 산다. 나이가 들면서 20년 전 돌아가신 아버님 생각이 잦다. 홀로 남쪽으로 내려오셔서 다섯 자식을 두고 20년 전 주님 곁으로 가셨다. 북에 두고 온 식구들을 2000년 남북이산가족상봉으로 만나고 돌아오셨다. 당신은 남쪽에 살면서도 한순간도 북에 두고 온 가족의 부재를 놓지 않으셨다. 당신에겐 부재는 없는 게 아니라 생생한 현전이었다. 눈에 보이는 게 전부는 아니다. 인간의 눈으로 볼 수 있는 건 지극히 제한적이다. 그렇다. 눈에 보이지 않는 게 더 많다. 눈앞에 현전하지 않는 것이 현전의 배경으로 주어져 있다. 커피잔을 보고 있지만, 나의 시선을 벗어나 있어 보이지 않는 주변의 배경이 함께 경험된다. 이미 지나간 과거지만, 여전히 나의 현전의 배경으로 주어져 있다. 부재는 이미 지나가 없어진 게 아니다. 언제든지 현전화될 수 있는 익명의 지평으로 주어져 있다. 우린 부재에 대한 그리움으로 산다. 부재의 시간이 길면 길수록 현전화에 대한 의지가 강해진다. 나이가 들면서 더욱 그렇다. 부재가 주는 상처가 더욱 깊어진다. 그래서 부재를 붙들고 애무하며 산다.

후설의 현상학은 의식에 생생하게 현전하는 것에서부터 출발한다. 가장 생생한 경험은 현전적 경험이다. 눈앞에서 생생하게 직관하는 경험이다. 이 생생한 경험을 후설은 Leibhaftigkeit란 다소 생경한 말마디로 표현한다. 몸소 살아 있는 듯한 생생한 경험이란 뜻으로 이해하면 될 거 같다. 하지만, 이 생생한 경험의 지평에는 비록 희미하긴 하지만 부재의 경험들이 줄을 잇고 있다. 희미한 옛사랑의 그림자처럼. 우린 한 순간도 현전의 순간을 살지 않는다. 항상 이미 지나가거나 아직 오지 않은 부재와 함께 산다. 아직 오지 않는 죽음이지만 우린 이미 죽어가고 있다. 이미 지나간 부재이지만 그것들에 대한 기억과 상상 때론 착각과 환상으로 살고 있다. 부재는 '흔적'이란 이름으로 현전화한다. 부재와 현전은 시간적으로 서로 엉켜 한 덩어리로 존재한다. 서로 떨어져 산 지 오래된 가족은 서로의 부재를 붙들고 산다. 사랑했던 사람과의 이별이 남긴 부재를 흔적으로 애무하며 산다. 한때 그렇게도 사랑했던 사람은 떠났지만, 그 사랑은 여전히 현전의 밑바닥에 흔적으로 가라앉아 있다. 가끔 현전화되어 되살아난다.

우린 이렇게 부재가 남긴 흔적을 붙들고 씨름하며 사는지도 모른다. 그건 인간은 물리적인 통속적 시간에 붙들려 살지 않기 때문이다. 시간에 관한 의식은 한곳에 정착하지 않는다. 과거를 흔적으로 안고 살며 아직 오지 않은 미래를 가능성으로 기획하며 사는 게 인간이다. 그래서 우린 현재를 살면서도 미래의 사건인 죽음을 붙들고 산다. 현재를 살면서도 과거라는 흔적에 노출된 채 살아가고 있다. 부재와 현전의 물리적 경계는 한갓 통속적 시간 경험이 만든 시간개념일 뿐이다. 자크 데리다(J. Derrida, 1930~2004)는 후설의 현상학을 '현전의 형이상학'으로 고발한다. 하지만 후설의 현상학에서 부재는 낯선 존재가 아니다. '현전'을 절대 시간으로 실체화하는 것으로 고발하는 것은 후설의 시간의식을 통속적으로 읽는 데서 비롯된 것이다.

위기

ChatGPT, 대화형 인공지능이 마치 하늘에서 내려온 해결사처럼 등장했다. 우리가 아직도 과학에 대해서 더 이상 요구할 게 남아 있을까? 과학은 AI라는 기계 신을 창조했다. 우리 시대 과학의 완성은 그 절정을 이루고 있다. 하지만 완성은 항상 그 종말을 잉태하고 있다. 모든 걸 과학이 대신해 줄 것이라는 막연한 신앙은 과학맹신주의를 낳는다. 과학이 아니라 과학맹신주의 혹은 지상주의가 위기다.

후설은 그의 마지막 저서 《유럽학문의 위기와 선험적 현상학》에서 근대과학의 위기를 읽었다. 그가 진단한 위기의 원인은 '단순한 사실 과학은 단순한 사실 인간을 만든다(Bloße Tatsachenwissenschaften machen bloße Tatsachenmenschen)'는 데 있다. 근대과학은 인간조차 하나의 사물처럼 취급한다. 모든 현상은 양화(量化)할 수 있고, 가치는 상대적인 것일 뿐이기에 과학의 객관화를 방해하는 요소로 취급한다. 과학만이 실재를 있는 그대로 기술할 수 있다는 신앙에 빠져 있었다. 이른바 맹목적 객관주의의 덫에 걸려 있었다. 근대철학자 프랜시스 베이컨의 '아는 것이 힘이다(scientia potentia est)'는 결국 과학의 절대권력을 선언한 셈이다.

위기는 생활세계와 학문의 분리에 의해 더욱 가속화된다. 과학이 객관화를 지향할수록 우리의 주관적 삶과 더욱 분리된다. 그런데 과연 학문이 생활세계로부터 분리될 수 있을까? 가장 객관적인 학문인 수학의 학문적 토대는 어디에서 나왔는가? 하늘에서 떨어진 게 아니라면 우리의 구체적인 삶 속에 뿌리를 두고 있다. 숫자 8을 셈하는 방법은 다양하다. 어느 민족은 돌멩이로, 어느 민족은 나뭇가지로 혹은 조가비로 8을 표식할 것이다. 누구는 하나하나 여덟 번을 셀 수도 있고, 두 개씩 네 번을 셀 수도 있을 것이다. 다양한 셈법은 그들만의 삶 속에 뿌리를 두고 있다. 각각의 민족 혹은 인종 수학(ethnomathematics)이란 게 있다. 이처럼 아무리 객관적인 것이라 하더라도 그건 이미 생활세계의 상대적 경험에 뿌리를 두고 있다. 온갖 이념으로 포장되기 이전의 학문은 생활세계의 학문이다. 그런데 유럽과 아프리카 혹은 뉴욕은 각자의 삶의 방식을 지니고 살아가는 구체적인 세계다. 하지만 아무리 상대적인 생활방식이라 하더라도 보편적 인간이 공유하는 삶의 양식이 있다. 그 양식이 쌓여 역사적으로 이루어진 세계가 생활세계다.

근대과학, 적확하게는 근대과학주의는 객관성, 정밀성, 정확성을 담보 받기 위해 질적 모호성, 가치의 상대성을 희생할 수밖에 없었다. 그러나 아무리 정밀하고 정확한 명증(Evidenz)이라고 하더라도 그것의 뿌리는 생활세계적 명증에 있다는 사실을 망각해서는 안 된다. 이걸 망각하고 과학의 객관주의를 맹신하는 게 위기다. 이 생활세계는 선(先)학문적인 세계다. 하지만 생활세계 역시 학문에 영향을 받아 수정될 수밖에 없다. 갈릴레오가 살았던 시대의 생활세계가 지금 그대로 이어져 오지는 않는다. 그때그때 변하고 수정되면서 그 시대의 학문을 가능하게 하는 규범적 틀로서 역사적으로 전승되어 온다. 생활세계는 수정되고 변하는 가운데서도 불변하는 형태학적(morphological) 구조를 갖는다. 생활세계가 지리학적으로 역사적으로 혹은 문화적으로는 상이하지만, 그들 사이의 상호주관적 보편성은 유지된다. 세대를 거치면서 역사적으로 상호주관성이 형성된다. 상호주관적 자아인 '우리'는 나로부터 나와서 동시대의 타자들과 과거의 타자들과 미래의 타자들로 뻗어 나간다. 생활세계는 쿤(Th. Kuhn, 1922~1996)의 패러다임(paradigm)이나 푸코(M. Foucault, 1926~1984)의 에피스테메(episteme)와 같은 것이다. 특정한 시대의 학문이나 지식이 그걸 기반으로 해서 형성되는 담론의 질서나 선험적 조건이다. 후설의 생활세계를 구체적으로 정확하게 정의하기는 힘들다. 분명한 것은 근대과학의 과도한 객관주의가 낳은 위기를 치유하기 위해 요청한 대안이다. 우리의 일상적인 삶의 질이나 가치조차도 객관적으로 수치화하고 양화하는 데서 만족을 느끼는 문화적 질병을 치유하기 위해 회복해야 할 대안으로 요청한 게 그의 생활세계가 아닐까?

생활세계

후설의 현상학은 근본에서부터 다시 시작하라는 요구다. 지금까지 황홀하고 화려한 형이상학이란 궁궐을 짓는 데만 관심을 가졌던 근대철학에 대한 비판이다. 그가 현대철학의 문을 연 철학자로 불리는 이유다. 그가 규정한 근대철학의 한계는 근대과학의 틀 속에 갇혀 있다는 사실이다. 그가 말하는 근대과학의 선입견은 모든 세상을 인과주의, 실증주의 그리고 물리주의로 재단해 온 과학적 가설들이다. 그 한 예가 모든 것을 양적으로 환산하여 법칙화하는 경우다. 양화(量化)할 수 없는 질적인 것들조차 양적으로 취급하는 것은 모든 걸 사물화하는 것과 다름이 아니다. 이런 점에서 현상학은 질적 연구의 문을 열어주었다. 이남인 교수의 《현상학과 질적 연구》(한길사, 2014)가 대표적 연구성과다.

물론 선입견 없이 세상을 볼 수 없다. 먼저 입장을 세우지 않고서는 세상에 관한 그 어떤 판단도 할 수 없다. 그래서 해석학자 가다머는 선입견을 선판단으로 부른다. 말 그대로의 중립적 판단은 가능하지 않다. 어떤 판단을 내리던 난 이미 나 자신의 입장에서 판단할 수밖에 없다. 이 지점에서 후설 현상학과 가다머 해석학이 갈라진다. 하지만 세상을 과도하게 일그러진

창으로 바라보는 편견을 내려놓자는 것이다.

후설은 과도한 선입견을 괄호 쳐 두고 사물을 다시 보라고 주문한다. 세상을 보는 창을 바꾸라고. 이 경우 그가 말하는 선입견은 근대과학이나 합리주의 철학이 신주를 모시듯 해온 인과주의와 실증주의적 사고다. 과학주의는 모든 걸 '과학'이란 이름으로 재단해 왔다. 과학은 분과학문(分科學問)의 준말이다. 가지의 학문이다. 뿌리는 과학 이전의 삶의 세계인 생활세계이다. 생활세계(Lebenswelt)는 과학으로 재단 · 분류 · 분석할 수 없는 중요한 질적인 요소들이 많다. 수학으로 박사학위를 취득한 후설은 그 누구보다도 과학적 사고에 익숙해져 있었다. 그러나 그는 그 사고의 틀을 깨고 과학의 한계를 보았다. 과학 이전/너머의 세상인 생활세계를 본 것이다.

인간에게는 양적으로 분석할 수 없는 감정 덩어리가 있다. 그 감정으로 서로를 이해한다. 공감이다. 남의 아픔을 양적으로는 설명은 할 수 있어도 이해할 수는 없다. 감정이입으로 그와 하나가 되면서 이해하는 길이 열린다. 작가 한강(韓江)이 노벨문학상을 받았다. 가히 놀라움을 넘어 기적에 가까운 일처럼 느껴진 건 나만일까? 무엇이 이 상을 받게 한 모티브인지는 각자가 생각해 볼 숙제다. 하지만 상을 받은 이유는 분명히 있을 것이다. 《채식주의자》를 통해 작가가 무엇을 지향하려는지는 분명하다. '육식'이라는 인간의 본능을 거부하려는 한 소수자의 삶이 사회적 관습에 의해 얼마나 핍박을 받는지를 고발한다. 《소년이 온다》와 《작별하지 않는다》의 주제는 한국의 특수한 역사적 비극인 5 · 18 민주화운동과 제주 4 · 3운동이다.

과연 세계인들이 한국 보통 가족에서 일어나는 육식공포증(카르노포비아, carnophobia)과 대한민국 '광주'와 '제주'라는 특수한 장소에서 일어난 사건에 얼마나 공감할 수 있을까? 그것도 각국 언어로 번역된 것을 읽고 얼마나 공감할 수 있을까? 하지만 공감은 언어적 공감만은 아니다. 작가의 말처럼, '감정은 언어를 초월한다'. 언어 이전의 의식에서 일어나는 감정이입이 더 근본적이다. 정서적으로 서로를 이해하고 공감할 수 있는 건 우린 모두 각자의 고유한 역사적 경험을 가지고 살지만, 함께 아파하고 기뻐할 수 있는 상호주관적 경험을 배경으로 하고 있기 때문이다. 각자의 삶 속에서 역사적으로 습득해 온 수동적 경험을 가지고 산다. 서로 다른 그만의 상대적인 세계 속에 살지만, 그 상대성 속에서 역사적으로 형성되어 온 보편적 세계인 '생활세계'라는 공동체의 일원으로 살아왔다. 번역되는 가운데 의미의 분절이 일어나지만, 인류의 보편적 정서는 언어의 한계를 초월한다. 그래서 그들의 5 · 18로 4 · 3으로 공유되어 있다.

시간

올여름 더위는 유난히 높고도 길다. 대구에서 두어 시간 걸려 경주 감포 어느 카페에 왔다. 동해는 파도치는 바다 바로 곁에서 커피를 마실 수 있는 공간이 많다. 찐한 아메리카노 향을 호흡하며 저 멀리 수평선을 바라본다. 난 '지평'이란 어휘를 좋아한다. 아마 현상학을 공부하면서 얻은 익숙한 어휘라서 그런지 모르겠다. 근대철학의 달갑지 않은 스캔들은 이분법적 사유다. 마음과 육체, 의식과 대상. 인간과 세계 등을 서로 독립된 실체로 본다. '실체'는 다른 것에 의존하지 않고도 스스로 존재하는 것을 뜻한다. 근대철학의 문을 연 데카르트의 실체론적 사유는 두 개의 실체가 서로 의존하지 않은 채 독립적으로 존재하는 것으로 당연하게 생각한다. 현상계와 이데아를 분리한 플라톤의 유산이다.

현상학은 바로 이 실체들 '사이'를 읽는다. '관계'란 개념으로. 모든 것이 독립적으로 홀로 존재하는 건 없다. 서로서로 얽혀 있다. 이 서로 얽힌 형국을 표현하는 메타포가 지평성(地平性)이다. 지평성은 모든 존재가 뫼비우스의 띠처럼 서로 엉키어 있는 형국을 은유하는 메타포다.

카페에 앉은 나의 시선엔 모든 게 지평적 경험이다. 멀리는 바다의 끝과 하늘의 시작이 맞닿아 있다. 가까이는 커피잔과 곡선의 소나무와 아련히 보이는 몇 개의 작은 배들이 함께 경험된다. 이 함께 경험된다(공경험, 共經驗)는 말은 무슨 말인가? 소나무를 주목하면 소나무만 보인다. 하지만 주목되지 않은 다른 것들 역시 나의 의식의 배경으로 함께 주어져 있다. 주의력을 한곳으로 집중하지만, 비록 희미하게나마 주의력의 바깥 배경을 이루는 모든 것들이 함께 주어진다. 그래서 본다는 건 바로 지평적 경험이다. 지평적 경험을 가능하게 하는 배경이 바로 시간의식이다.

대구를 출발해 감포로 오는 내내 작년 이맘때 경주에서 살다가 갑자기 세상을 떠난 친구 생각으로 가득했다. 건축사이면서 평생 음악으로 지역사회에 봉사하던 친구다. 감포 바닷가에서 만났던 지난 일들이 소환된다. 대학 시절 이 친구와 몇이 모여 그룹활동을 잠시 했었다. 친구는 퍼스트 기타를 치는 우리의 리더였다. 친구는 좋아하는 음악으로 그의 전공인 건축에 옷을 입혔다. 그에게 음악은 다름 아닌 얼어붙은 건축이었다. 그러다간 나도 언젠가는 친구를 따라 저 세상으로 또 다른 여행을 떠날 것이라는 생각에 잠시 빠진다.

지금 감포 카페에 앉아 있지만, 나의 의식은 과거와 미래로 여행한다. 시간 경험 역시 지평적이다. 과거는 단순히 흘러가 버리지 않고 현재 의식에 잠재되어 있다. 미래 역시 아직은 아니지만 이미 현재 속에 주어져 있다. 현재 의식은 과거와 미래를 지향하는 의식이다. 지난 일을 다시 기억한다. 과거지향이다. 아직 오지 않은 일을 미리 기대한다. 미래지향이다. 후설은 물리적으로 흘러가는 시간 속에서도 시간의 지속성과 동일성을 구성하는 의식을 '시간의식'이라 부른다. 만약 시간의식이 없다면 과거는 이미 지나간 그리고 미래는 아직 오지 않은 시점(時點)일 뿐이다.

공간

난 2021년 한국출판문화산업진흥원의 우수출판콘텐츠로 선정되어 제작지원을 받아 《욕망으로 성찰한 조선의 공간》(2021, 도서출판 울력)을 출간했었다. 유네스코문화유산으로 등재된 9개의 서원 공간을 권력의 공간으로 분석한 책이다. 한국 서원이 다 그런 건 아니지만, 전저후고(前低後高), 전면은 낮고 뒤로 갈수록 높아지는 구조다. 산에 그대로 얹어 지은 것이라 그럴 수밖에 없다. 산이 70%, 평지가 30%인 우리나라 지형에선 그럴 수밖에 없다. 그러니 높낮이의 공간적 체험이 매우 중요하다.

후설이 공간경험을 설명하는 데 있어 중요하게 사용하는 어휘가 운동감각이라 번역되는 키네스테제(Kinesthese)다. 운동을 뜻하는 kinesis와 감각을 뜻하는 aisthesis의 합성어다. 한 자리에 위치해서 대상의 공간을 경험하는 게 아니라 움직이면서 다양한 방식으로 공간을 경험하는 방식을 뜻한다. 너무나 당연하다. 우리는 몸을 움직여 걸어 다니면서 한 부분이 아니라 여러 부분으로 이루어진 전체 공간을 경험한다.

몸이 움직인다. 그러니 몸이 방위설정의 영점(零點)인 '여기'다. 근대철학의 문을 연 데카르트는 마음과 사물을 두 개의 독립된 실체로 분리했다. 마음은 비공간적인 데 반해, 사물은 공간을 차지하기 때문이다. 그런데 마음이 몸을 통해 공간화된다. 이걸 마음의 체화(Embodiment)라 한다. 몸은 마음이 확장된 것이다. 그러니 마음과 몸은 다른 게 아니다. 마음이 슬프면 슬픈 대로, 기쁘면 기쁜 대로 표정으로 나타난다. 그러니 몸은 마음과 사물 사이의 물리적 거리를 공간적으로 상호연결시키는 통로인 셈이다. 몸을 움직여 가면서 위-아래, 왼쪽-오른쪽, 그리고 앞-뒤와 높낮이 등이 서로 연속된 것으로 전체를 경험한다. 우린 서원의 어느 한 곳을 감각하지만, 이미 전체를 앞서 경험하는 셈이다.

대구 달성군의 도동서원을 건축-조경학적으로 한국 서원의 백미(白眉)라 한다. 이 서원을 예를 들어 우리의 공간 경험이 어떻게 이루어지는지 생각해 보자. 우선 생각할 것은 우리의 의식은 항상 주어진 것을 넘어서 지향하는 특성을 갖는다. 앞면을 지각하면서도 옆면이나 뒷면에 대해 미리 지향한다. 몸을 움직이면서 미리 지향한 것들이 지각을 통해 충족된다. 지향(志向)은 항상 충족(充足)을 겨냥한다. 지향의 志는 의지를 실천한다는 뜻을 함의한다. 실천함으로써 뜻이 실현되는 걸 충족이라 한다. 지향-충족은 후설의 현상학을 이해하는 중요한 키워드다.

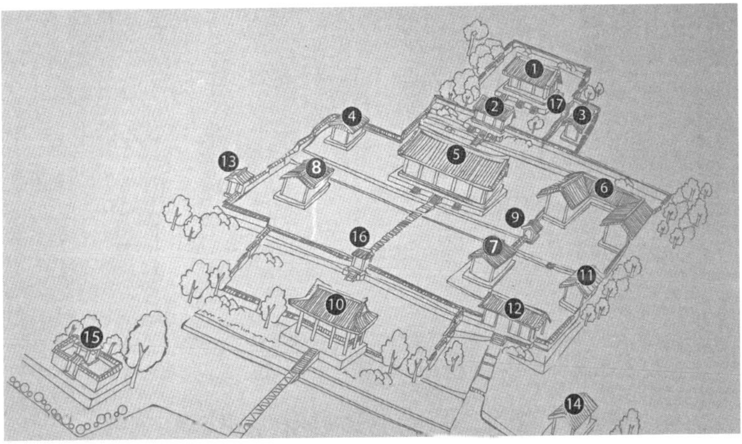

(① 사당 ⑤ 중정당(강당) ⑦ 거인재 ⑧ 거의재 ⑯ 환주문 ⑩ 수월루)

몸을 움식임에 따라 이전에 본 것은 지나가고 새로운 것을 지각한다. 그 새로운 것은 지나간 것이 되고 다시 새로운 걸 지각한다. 하지만 이미 지각한 것들을 기억하면서 새로 지각한 것과 연결한다. 이걸 수동적 연합이라 한다. 수동적 연합이 없다면, 이전의 지각한 것과 새로 지각한 것을 종합해 전체를 경험할 수 없다. 이런 점에서 시간의식과 공간의식은 분리할 수 없다.

도동서원은 한훤당 김굉필을 배향하는 서원이다. 한훤당은 조선 도학의 정점이다. 한훤당(1454~1504)은 한강 정구(1543~1620)의 외증조다. 한강은 외증조의 위상을 도동서원에 또렷하게 각인한다. 한강은 남명과 퇴계의 문하다. 그는 어느 한쪽으로 치우치지 않는다. 그런 점들이 이 서원에 잘 나타난다. 중용의 묘가 잘 구현된 서원이다. 출입문인 환주문에서 사당으로 이어지는 중심축 양옆으로 동재와 서재 그리고 중앙에 강당인 중정당이 자리한다. 중정당 뒤로는 가파른 계단으로 이어지는 사당이 있다.

도동서원의 공간구성은 안동 도산서원과는 다르다. 양자가 전저후고와 전학후묘의 구조를 따랐다. 하지만 퇴계가 직접 지은 도산서당을 허물고 다시 지을 수는 없다. 도산서당과 도산서원의 구조를 이중적으로 배치할 수밖에 없는 이유다. 스승이 직접 지은 농운정사는 서원 전체 구조에서는 이단아처럼 모퉁이에 붙어 있다. 그렇다 보니 도동서원보다 중심축이 확연하게 눈에 띄지는 않는다.

도동서원의 출입문인 환주문을 올라서면서 강당인 중정당과 그 뒤의 사당을 미리 지향한다. 멀리서 보면서 오른다. 환주문을 지나 몸을 좌우, 위-아래로, 그리고 가까이-멀리 움직이면서 동재 거인재(居仁齋)와 서재 거의재(居義齋)를 볼 수 있다. 그러면서 이미 나의 눈은 강당인 중정당에 미리 가 있다. 중정당 뒤로 돌아가면 사당으로 오르는 계단이 있다. 계단을 오르면 내삼문이 있고 사당으로 연결된다. 중정당 뒷문에서 서원 입구의 수월루를 넘어 멀리 낙동강을 내려다보는 감시(瞰視)가 멋지다. 서원 입구에서부터 사당을 올려다보는 앙시(仰視) 역시 일품이다. 도동서원이 서원건축의 백미인 이유는 바로 이러한 아름다운 현상학적 공간체험이 가능하기 때문이 아닐까?

결별

의식은 대상에 의미를 부여하는 지향의 장(場)이다. 그러나 의식을 아무리 갈고 닦아도 대상 자체가 있는 그대로 드러나는 밝음의 장은 아니다. 의식은 대상을 지배하려는 야욕을 여전히 포기하지 않기 때문이다. 하이데거는 스승이 마련해 준 지향성의 성찬식에 참여하기를 거부한다. 그는 오히려 지향성의 구조 바깥에서 존재의 알리바이를 끌어 온다. 의식은 더 이상 존재 자체를 만날 수 있는 빛의 장이 아니다. 존재는 의식의 지향성에 의해 본질로 읽혀지기 이전에 의식의 사유를 가능하게 하는 근원적 사태로 이미 주어져 있다.

대상을 아무런 편견 없이 만날 수 있을 거라고 기대하고 갈고 닦은 의식은 여전히 은폐와 굴절의 메커니즘이다. 하이데거는 후설의 지향성을 존재 자체를 은폐하는 의식의 베일로 읽는다. 그는 지향성에 의해 굴절된 존재 자체를 밝음의 장으로 주제화하기 위해 더 이상 지향성이라는 시소 위에서 곡예를 하지 않는다. 하이데거가 보기에 후설의 철학 속에는 인간의 구체적인 삶, 즉 실존이 들어설 여지가 없어 보인다. 하이데거가 보기엔 철학을 하나의 엄밀학으로 구축하려 한 후설의 현상학은 결국 본질학으로 남고 만다.

당시 유럽의 상황은 철학이 더 이상 본질 물음에 천착하기를 거부한다. 1, 2차 세계대전을 겪으면서 유럽은 더욱 불안에 휩싸여 들어가고 있었다. 후설은 2차 세계대전이 발발하기 1년 전에 세상을 떠난다. 이런 상황에서 하이데거는 스승의 그늘을 벗어날 수밖에 없었다. 이제 철학은 인간의 구체적인 삶에 대한 메시지를 던져주어야 할 때다. 유럽의 지성은 자연스럽게 실존철학으로 옮겨간다. 하이데거의 첫 저서 《존재와 시간》(1927)이 바로 이 상황에서 나온 책이다. 하이데거는 이 책이 출간되기 1년 전 교정본 상태로 존경하는 스승 후설의 생일날 헌정한다. 하지만 이 책을 출간하고 난 1년 후 하이데거는 나치당원이 되어 프라이부르크대학교 총장으로 취임한다. 그 후 《존재와 시간》에서 스승에게 헌정한다는 문구를 삭제한다. 스승과 제자의 결별은 자연스럽게 이어진다.

제자와 스승이 갈라서는 결정적 분기점은 환원이다. 하이데거는 언어 이전의 의식으로 환원하는 것은 불가능하다고 한다. 언어는 피부이고 언어활동은 숨쉬기와 같다. 인간은 말한다. 우리는 깨어 있을 때나 혹은 꿈을 꿀 때도 항상 말한다. 우리는 아무 말도 하지 않고 다만 듣거나 혹은 무엇을 읽고 있을 때도 우리는 항상 말한다. 심지어는 우리가 듣거나 읽지도 않고 오히려 조용히 작업을 하거나 한가롭게 쉴 때에도 우리는 말한다. 우리는 어떤 방식으로든 끊임없이 말한다. 피부 바깥으로 나갈 수 없고 숨을 쉬지 않을 수 없듯이, 언어 이전으로 돌아가는 것은 불가능하다. 언어의 지평을 떠나 존재로 이르는 길은 없다. 언어는 존재의 집이고, 우린 그 안에 거주한다. 인간은 안에 갇혀 있는 수인(囚人)과 같다. 따라서 후설의 선(先)언어적 환원은 필요하지도 가능하지도 않다.

하이데거는 만년에 독일 남서부 전나무와 가문비나무로 울창한 슈바르츠발트 토트나우베르크의 통나무집에서 살았다. 얼마나 음울했으면 검은 숲일까? 그는 이 검은 숲길을 걷는 일로 하루를 소일했다. 그가 숲길을 걸으면서 무얼 생각했을까? 그는 나이가 들어 이 숲길을 걸으면서 젊은 시절 이념에 취해 잠시 망각했던 존재를 회상(回想)했을 법하다. 회상은 망각 이전의 상태로 되돌아가는 것이다. 인간의 존재가 이념이나 민족으로 은폐되기 이전으로 되돌아간다. 권력에 취해 한때나마 스승 에드문트 후설의 존재를 무시했던 시절 이전으로 되돌아가 제자로서의 삶을 회상한 건 아닐까?

존재 앞에 이념과 권력은 무가치하다. 인간의 존재 그 자체보다 더 절대적인 건 없다. 존재 앞에선 모두 겸손할 수밖에 없다. 그 사람이 '있다'는 사실보다 더 절대적인 진리는 없다. 우린 종종 타인의 존재를 무시한다. 덜 배우고 덜 가졌다는 이유만으로. 우린 존재 사유에 인색하다. 오히려 특정한 존재자로 사는 데 더 관심이 있다. 돈과 권력이 있는 자로 살기를 소망한다. 하지만 죽음과 불안 같은 존재 앞에 서 있는 우린, 모두 숲길을 걸으면서 돌아갈 고향을 그리워하는 나약한 존재자다. 죽음이야말로 존재가 개시되는 시간적 사건이다.

(하이데거의 통나무집)

'존재'란 용어가 참 추상적이다. '있음'이란 말 외에 다른 말로 표현할 수 없다. 존재자, 즉 있는 것과는 구별되어야 한다. 존재와 존재자는 숲과 나무로 비유된다. 나무가 숲을 이루지만 숲 자체는 아니다. 그렇다고 숲이 나무들을 떠나 별개로 있는 건 아니다. 존재가 존재자는 아니지만, 존재자의 존재일 수밖에 없다.

나무이면서 숲에 사는 대표적인 존재자가 인간이다. 하이데거는 인간을 현-존재(Da-sein)라 칭한다. Da는 '거기'라는 장소부사다. Sein은 존재다. 그러니 존재의 숲에 인접해 사는 나무가 인간이다. 무얼 말하는가? 인간만큼 자신의 존재를 물으면서 사는 존재자는 없다. 죽음이 무엇이며 왜 불안한지 그리고 어떻게 사는 게 잘 사는 건지를 물으며 산다. 자신의 존재가 자신에게 물음 거리가 되는 존재는 유일한 인간이다. 하이데거기 존재 해명의 실마리를 의식이 아닌 현존재로 규정하는 이유다.

하이데거는 후설의 현상학적 방법을 유산으로 물려받아 존재 자체를 드러내는 방법으로 전용한다. 존재는 존재자의 언어로 표현할 수 없다. 인간의 언어로 표현하면 그건 이미 존재자로 전락된다. 유일하게 존재가 드러나는 장소를 시에서 찾는다. 시인은 언어를 무기로 존재를 지키는 파수꾼이다. 존재가 개시되는 또 다른 장소는 건축과 예술작품이다. 집은 존재가 공간화되는 장소다. 물론 기하학적 '공간'이 아닌 존재의 진리가 개시되는 '장소'다. 그리고 예술작품을 통해 존재가 폭로된다. 하이데거는 반 고흐의 〈구두 한 켤레〉(1886)에 대해 존재론적 각주를 단다. 농부가 일을 끝내고 막 벗어 놓은 듯한 구두에서 느끼는 고단함, 강인함, 근심과 안도감 그리고 고난 뒤에 찾아오는 기쁨과 출산을 앞둔 초조와 전율 등이 개시된다. 이 그림은 고흐가 그린 몇 점의 구두 그림 중 하나인데, 이 구두가 실제 누구의 것인지에 대해선 논란이 있지만 그게 그리 중요한 건 아니다. 구두라는 도구를 통해 개시되는 존재의미를 해명하는 게 중요하다.

몸

사르트르(J-P Sartre, 1905~1980)와 함께 프랑스를 대표하는 현상학자인 메를로 퐁티(Maurice Merleau Ponty, 1908~1961)는 후설이나 사르트르가 의식의 현상학에 머무는 동안 이 의식에서 몸(Leib)으로 옮겨간다. 물론 후설의 후기 사상의 주제 중 하나가 몸이긴 하지만, 메를로 퐁티에게는 여전히 의식으로서의 몸이다. 세계를 대하는 주체는 의식이 아니라 몸이다. 후설의 의식의 지향성은 의식과 대상 사이의 틈을 메꿀 수 없다. 우린 이미 몸으로 세상을 만난다. 메를로 퐁티가 몸의 지향성을 강조하는 이유다.

의식을 세계의 중심으로 생각하는 오래된 편견이 남아 있는 한, 의식과 세계는 이미 몸을 통해 서로 분리될 수 없을 정도로 엉클어져 있다는 사실이 드러나지 않는다. 육화(肉化)된 의식인 몸은 바로 주관과 객관이 분리되기 이전에 서로 엉클어져 있는 애매성의 장이다. 이 애매성은 바로 의식과 세계가 그 경계를 그을 수 없을 정도로 이미 하나로 엉클어져 있는 모습을 표현하는 말이다. 후설의 현상학적 환원이 몸을 배제한 후 만나야 할 순수의식을 향한 인위적 절차라는 점에서, 실존의 주체인 몸이 단지 의식을 감싸고 있는 외피인 육체(Körper, corpse)로 잘못 인식되기 쉽다. 물론 후설의 생활세계적 자아가 실존적 함의를 지닌 구체적 자아이긴 하지만, 메를로 퐁티가 보기에는 어디까지나 '의식으로서의 자아'라는 한계를 넘어서지 못한다.

후설의 지향성에 대한 메를로 퐁티의 해석 역시 이런 맥락에서 이루어진다. 지향성은 의식이 세계에 일정한 의미를 부여하는 활동만이 아니다. 의식이 세계에 작용을 가하여 의미를 구성하기 이전에 이미 세계와 통일성을 이루어 가고 있는 상관적 활동이 바로 몸의 지향성이다. 메를로 퐁티는 후설이 작용-지향성 이전에 이미 수동적으로 세계와 이미 하나로 엉클어져 기능하는(fungierende) 지향성으로 읽은 것을 몸의 지향성으로 다시 읽었다. 이 기능하는 지향성의 주체로서의 몸은 다른 객체들과 나란히 존재하는 또 하나의 객체가 아니라, 세계와 부단히 교섭하는 외교능력을 지닌 실존적 소통의 생생한 채널이다. 의식은 이 생생한 채널인 몸을 통해 세계와 교섭한다. 물론 의식이 몸을 통한다고 해서 의식이 몸에 선행해서 몸을 도구 삼아 세계와 교섭한다는 의미는 아니다. 몸은 육화된 의식이기에 그렇다. 물론 후설에 대한 메를로 퐁티의 이러한 지적이 일면 타당성이 있지만, 사실 후설의 후기 사상은 몸의 지향성을 이미 강조하고 있다. 후설이 죽은 해 메를로 퐁티의 나이 고작 서른이었다. 그러니 메를로 퐁티는 후설의 사유의 끝을 잡고 새로 시작한 셈이다.

2017년 2월 파리에 사는 딸과 파리 20구에 있는 페르 라셰즈 공동묘지를 찾았다. 아름답게 꾸며진 파리에서 가장 큰 규모의 묘지 정원이다. 장례문화를 예술적 경지로 승화시켜 놓은 관광지다. 입구 안내도에 유명인의 이름이 많이 보인다. 내 눈에 처음 들어온 이름이 정치가 생시몽이었다. 그 외 낭만주의 화가 외젠 들라크루아 이름도 보였다. 확인은 못했지만, 쇼팽과 에디트 피아프도 이곳에 잠들어 있다. 메를로 퐁티의 무덤을 찾는 데 거의 한 시간이 걸렸다. 메를로 퐁티는 화려한 다른 묘지와는 달리 소박한 흰 대리석 옷을 입고 1961년 영면에 들었다.

살

메를로 퐁티가 몸을 세계와 소통하는 채널로 가져왔지만, 여전히 남는 문제는 몸과 세계는 다른 것이다. 여전히 몸과 세계 사이의 틈은 존재한다. 세잔(Paul Cézanne, 1839~1906)은 "풍경화는 나를 통해서 스스로 사유하며, 나는 그것의 의식으로 성립한다."고 말한다. 나의 몸인 눈으로 풍경화를 본다면 여전히 풍경화는 몸의 대상이다. 몸과 대상이 분리된다. 하지만몸으로 만나기 전에 난 이미 풍경화가 되었다. 나와 풍경화는 이미 교직(交織)되었다. 몸 이전에 서로가 살이 되어 하나로 엉클어져 있다. 내가 그림을 보고, 그림이 나를 보며, 난 나를 보고 있는 그림을 본다. 메를로 퐁티가 살을 '보이는 것과 보이지 않는 것'의 착종이라 한 이유다. 장자(莊子)의 호접몽(胡蝶夢)을 연상시킨다. 꿈속에서 나와 나비가 하나가 되는 물아일여(物我一如)의 꿈을 꾼 것과 유사하다. 나와 타자는 이미 하나의 살-덩어리로 뭉쳐져 있다. 나와 그림이 합일되는 것처럼.

메를로 퐁티는 근대철학이 남겨 놓은 달갑지 않은 유산인 주관과 객관의 분리를 치유하는 메타포로 '살'을 불러온다. '몸'이라는 어휘로는 만족할 수 없어 가장 원초적인 감각 덩어리인 '살'을 언급한다. 물론 이 살을 피부와 같은 생물학적인 개념으로 이해할 수는 없다. 모든 것이 서로 분리될 수 없을 정도로 애매하게 엉클어져 있는 정황을 은유하는 메타포로 읽어야 한다. 마치 불교의 인다라망(因陀羅網)처럼 모든 것들이 서로를 비추고 비추어지는 방식으로, 옷감의 날줄과 씨줄처럼 교직되어 있는 양상을 은유하는 것이다. 살은 가시성과 비가시성이 가역적으로 교차하는 장(場)이다.

(수프 단지가 있는 정물, nature morte à la soupière, 1877. 유화, 캔버스에 유채, 65×81.5, 오르세미술관, 2017.2 찍음)

회화에서 색은 살과 닮았다. 살이 보이는 것과 보이지 않는 것의 착종이듯이, 색 역시 보이는 것을 통해서 보이지 않는 것을 보이게 한다. 세계는 색의 유기적 조직이다. 메를로 퐁티가 만난 세잔은 색의 현상학자이다. 세잔은 사물의 형태나 선을 주로 그렸던 방식과는 달리 색에 주목한다. 세계는 색으로 빈틈없이 유기적으로 조직되어 있다는 세잔을 따라, 메를로 퐁티 역시 색이 스스로 빚어내는 형태와 원근법을 읽는다. 색은 소묘로는 드러낼 수 없는 근원적인 의미를 스스로 드러내며 동일성과 차이성을 생산해 낸다. 색은 형태나 선이 빚어낼 수 없는 가역성을 갖는다. 배경을 이루는 색들이 주변의 다른 색조들과 가역적으로 교차하면서 형태와 선을 자연스럽게 빚어낸다.

신호등

근대학문의 위기를 생활세계의 복권에서 찾은 후설이다. 그는 객관성과 동일성을 담보해 주는 발생적 토대를 생활세계에서 찾았다. 생활세계가 형태론적인 변형을 하긴 하지만 객관성을 보증해 주는 동일성으로 기능을 해 온 건 사실이다. 탈근대주의자들에겐 후설은 동일성의 철학이라는 근대적 유산에서 벗어나지 못한 것으로 보인다. 후설은 여전히 근대성의 적자(嫡子)인 셈이다.

데리다는 후설의 제자였다. 하지만 스승의 동일성의 철학을 해체한다. 그는 차이성에 방점을 찍는다. 차이가 아닌 차이성이라 한 이유는 차이를 생산하는 활동을 말하는 것이다. 데리다는 차이성을 생산하는 활동을 신조어인 '차연(差延)'이라 한다. 차이(差異)와 연기(延期) 혹은 지연(遲延)을 합한 신조어다. 그는 차연을 차이인 différence와 달리 différance로 표기한다. e를 a로 바꾸었다. 차연을 단순한 차이와 구분하기 위한 표식이다. 차연은 차이를 생산하는 시공간적 활동이다. 시간적 활동으로는 연기하고 지연시키며 우회시키고 유예하고 보류하는 활동이다. 공간적으로는 간격을 만들고 거리를 만드는 분리효과를 만드는 활동인 셈이다. 고전적 구조주의자인 소쉬르나 레비 스트로스가 단순한 구조적 차이를 말했다면, 데리다는 이 구조적 차이가 생성되는 과정을 밝힌다. 그래서 데리다를 포스트(post) 혹은 후기 구조주의자로 분류한다.

후설은 시간의식에 의해 동일성이 구성되는 예를 건반 위에서 찾는다. 도-레-미로 이어지는 멜로디를 듣고 있다고 상상해 보자. 미 소리만 듣고 있다고 상상하자. 그렇다면 앞의 레와 도 소리는 사라지고 없어졌는가? 의식은 이 레와 도의 소리를 여전히 의식하고 있다. 시간적으로 간격이 있는 세 개의 소리가 시간적 지속으로 이어지면서 하나의 멜로디로 동일화되어 들린다. 의식은 지금의 국면에 묶여 있지 않고 지나간 것에 대한 지향[파지]과 다가올 것에 대한 지향[예지]을 종합적으로 구성한다. 아래 그림(단 자하비 지음, 박지영 옮김, 《후설의 현상학》, 한길사, 2017, 151쪽)에서 수평선(X)은 도레미파의 연속을 가리키고, 수직선(Y)은 예지, (지금-국면에 대한 의식인) 근원인상, 파지로 이어진 국면이다. 그리고 대각선(Z)은 앞의 음들이 뒤의 음에 여음으로 침전되는 현상을 보여준다.

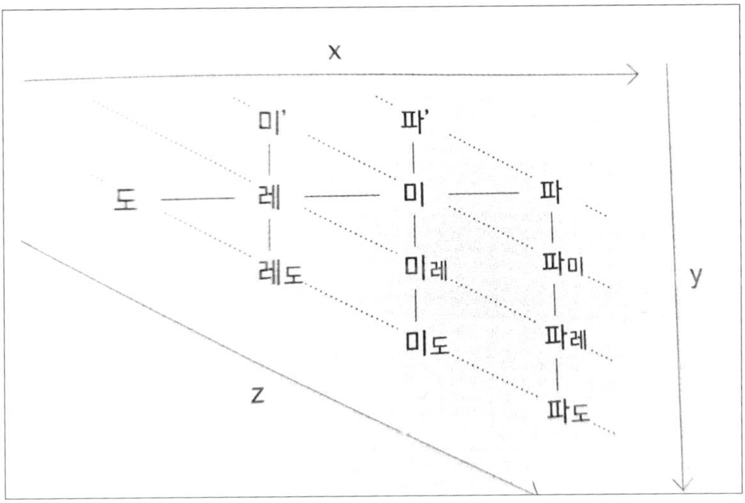

당신이 신호등 앞에 서 있다고 하자. 왜 굳이 녹, 황, 적색으로 구성했는지 나름의 이유는 있을 것이다. 그건 시각적 이미지가 주는 변별적 차이성 때문일 것이다. 만약 녹색과 청색 그리고 보라색으로 구성되어 있다면, 시각적 차이는 효과가 없을 것이다. 그런데 이 차이가 어떻게 구성되는지를 설명하는 방식이 차연이다. 색이 바뀌면서 이전의 색이 다음 색으로 밀고 들어와 서로 하나로 동일화되지 않고, 차이를 생산한다. 공간적으로는 세 개의 색이 약간의 거리를 두고 있어서 서로를 분리하는 활동을 한다. 시간적으로는 녹색에서 황색으로 잠시 바뀌고는 바로 적색으로 바뀐다. 이 시간적 거리를 이어주는 지속성은 없다. 녹색과 황색의 여운이 적색에 남아 있지 않다. 오히려 지연되거나 지체되면서 간격을 만들어 서로를 차이가 나게

한다. 이렇게 생산된 차이성에 의해 녹색은 '가라', 황색은 '속도를 줄이라' 그리고 적색은 '정지하라'는 서로의 변별적 이미지를 갖게 된다.

만약 이 색들이 다른 맥락에서 사용될 경우, 또 다른 이미지가 생산된다. 축구경기에서 심판이 제시하는 카드의 황색과 적색은 경고와 퇴장의 이미지다. 축구경기라는 구조 안에서 결정된 이미지다. 이처럼 주어진 맥락 안에서 차이를 생산하는 지속적 활동이 차연이다. 차이 이전의 차이가 차연인 셈이다. 동일한 의미는 존재하지 않는다. 데리다는 변화 속의 동일성을 사냥한 오랜 전통을 해체한다. 그는 동일성을 지향적으로 구성한 후설과 같은 꿈을 꾸지 않는다. 프랑스의 식민지 알제리에서 유대계 혈통을 가지고 태어나 프랑스로 귀화한 그는 차이를 배제한 자민족중심주의를 해체한다.

모닝빵

후설의 생활세계 역시 시대마다 교정 혹은 보완되고 수정되긴 하지만, 객관적 학문을 근거짓는 보편적 토대라는 점을 포기하지 않는다. 하지만 푸코는 이것은 동일성과 연속성에 대한 근대의 잠꼬대라고 한다. 역사는 결코 연속이 아니다. 동일하게 반복되는 역사는 없다. 푸코는 객관적 학문이라는 근대의 꿈을 해체하기 위해 그 시대의 학문적 지식을 가능하게 하는 불연속적 구조를 고고학적으로 해부한다. 이 구조를 에피스테메(épistémè)라 한다. 그 시대의 사유를 결정하는 일종의 무의식적인 인식 체계라 할 수 있다. 그 시대의 학문적 실천들을 앞서서 결정하는 구조로 이해하면 된다. 르네상스 시기의 에피스테메는 유사성 혹은 유비다. 인간의 신체를 소우주로 부르면서 우주와 유비적으로 이해한다. 우주 전체가 유비적 질서로 짜여져 있는 것으로 이해한 시기다. 그리고 17, 8세기 고전주의의 에피스테메는 '표상'이다. 표상이란 단어는 재현(re-presentation)이다. 표상은 마음속에서 재생된 것이고, 다시 떠올려진 것이다.

모닝빵처럼 잘 팔렸다는 푸코의 《말과 사물》(1966)은 결코 낭만적인 해석을 허용하지 않는다. 인내심이 부족한 독자에겐 악서다. 이 책에서 푸코는 벨라스게스(Diego Velázquez, 1599~1660)의 〈시녀들〉(1656)이란 그림을 해부한다. 스페인 프라도 박물관에 소장된 그림이다. 문제는 이 그림을 이해하기가 쉽지 않다는 것이다. 푸코의 해석이 오히려 더 어렵게 만든다. 이 그림의 중앙에 마르가리타 공주와 양옆에 두 시녀 그리고 두 난쟁이와 또 다른 인물이 그려져 있다. 11명의 인물이 그려져 있다. 그림의 왼편에는 무언가를 그리고 있는 듯한 벨라스게스가 있다. 화가와 공주 그리고 난쟁이의 시선은 화면 바깥의 무언가를 응시하고 있다. 화가가 재현하는 대상이 화면 바깥에 있는 게 상식이다. 그런데 이 그림의 제일 뒤쪽 거울에 희미하게 비친 인물이 있다. 왕 펠리페 4세와 왕비 마리아나다.

벨라스게스의 〈시녀들〉

이 그림의 구도를 간략하게 줄이면, 화면 바깥에 왕과 왕비가 서 있을 것이다. 그래야 거울에 비칠 수 있다. 물론 이런 상황이 아닐 수도 있다. 왕과 왕비만 거울에 비치는 것은 원근법과 배치(背馳)된다. 물론 원근법을 무시하고 그렸을 수도 있다. 아니면 화가가 그린 그림이 거울에 비친 것으로도 읽을 수도 있다. 그런데 직접 그렸다는 증거는 없다. 그렇다면 화가가 왕과 왕비를 그리기 위해 서 있는 게 아닐 수도 있다. 그냥 이들과 함께 찍은 단체 사진으로도 읽을 수 있다. 스페인 합스부르크가는 권력을 대대로 이어갈 목적으로 근친혼을 한다. 그로 인한 희귀성 유전병으로 펠리페 4세의 자식 13명 중 단 한 명만 살아남고 다 단명한다. 마르가르타 공주 역시 단명할 가능성이 크다. 그런 딸을 사랑스럽지만 애잔한 마음으로 보고 있는 왕과 왕비가 거울 속에 비친다. 그러면 왜 화가는 큰 캔버스에 그림을 그리지도 않고 바깥을 응시하며 서 있는가? 궁중 화가로서 이 순간을 함께 하고픈 마음에서 자화상을 그려 넣었다는 해석도 있다. 그 외 다른 해석은 관객의 몫이다.

어떻게 해석을 하든 거울의 등장이 눈에 띈다. 거울은 재현의 도구다. 우린 거울 앞에서 자신의 모습을 재현해 본다. 우리는 화면 바깥에 왕과 왕비가 실제로 있었는지 아니면 궁정화가가 감히 왕과 왕비를 앞에 세워두고 그릴 수 없어 상상으로 재현한 것인지조차 알 수 없다. 어떻든 화가에 의해 재현된 왕과 왕비가 거울 속에서 다시 재현되는 재현의 재현의 구도다. 오직 재현만 있다. 그 어디에도 왕과 왕비의 실재는 없다. 원본이 없는 재현만 있다. 한 번도 아닌 두 번씩이나 재현하는 구도다. 그럴수록 실제의 왕과 왕비의 모습과는 거리가 생긴다. 마치 말과 사물 사이의 거리처럼.

푸코가 이 그림을 분석하면서 정작 하고 싶은 말은, 말은 사물의 재현에 불과하다는 것이다. 후설은 언어와 다른 부호의 차이를 말한다. 언어와 그 언어가 지칭하는 사물 사이에는 어떤 유사성도 없다. 이와는 달리 소크라테스의 동상은 실제 소크라테스와 유사하다. 길이 구불구불하다는 것을 알려주는 도로표지판과 실제 길의 모습은 유사하다. 그리고 비와 먹구름 사이엔 인과적 관계가 있다. 하지만 언어와 사물 사이에는 어떤 유사성이나 인과적 관계도 없다. 그래서 후설은 언어를 특히 기호(symbol)라 칭한다.

'고양이'란 말과 실제 고양이 사이엔 아무런 유사성과 인과적 관계가 없다. 그러니 말과 사물 사이에는 근본적인 불일치가 존재한다. 아무리 명징한 말로 사물을 재현한다고 해도 재현되는 순간 사물 역시 재현된 사물이 된다. 사랑이 '사랑'이라는 말로 재현되는 순간, 이미 사랑은 아니다. 의식은 사물을 있는 그대로 비추는 거울이 아니다. 의식을 아무리 갈고 닦아도 사태 자체를 있는 그대로 재현할 수는 없다. 현상학적 기술(記述)의 한계다.

푸코는 《이것은 파이프가 아니다》(1973)에서 마그리트(René

Magritte, 1898~1967)의 〈이미지의 배반〉(1929)을 비평한다. 이미지가 배반하는 건 무엇인가? 화가가 그린 파이프의 이미지는 재현된 것이다. 재현되는 순간 실제를 배반한다. 재현의 순간 재현하는 자의 의도와 해석이 이미 개입하기 때문이다. 그래서 파이프의 이미지를 그려놓고도 '이것은 파이프가 아니다'라는 텍스트를 붙여 놓았다. 불어 pipe와 파이프의 이미지는 어떤 유사성도 없다. 르네상스 시대의 에피스테메인 유사성을 찾을 수 없다. 말은 사물을 자의적으로 재현한 것이다. 말은 결코 사물에 도달할 수 없다. 말은 사물의 대리자일 뿐이다. 기껏해야 재-재-재현전화할 뿐이다. 아무리 '사랑한다'고 말해도 결코 사랑이란 실재에 도달할 수 없다. 사랑의 원본은 존재하지도 않는다. 그런데 마치 존재하는 것처럼 인공물을 만든다. 이게 시뮬라크르(simulacre)다.

컵을 그린다고 하자. 그 컵은 그 누군가에 의해 재현된 것이다. 그 누군가에 의해 재현된 그 컵 역시 또 다른 누군가에 의해 재현된 것이다. 재현의 재현의 재현이다. 그런데 이렇게 재현을 무한소급할 수 없으니까 '원본'으로 최초로 요청된 것이 플라톤의 이데아이다. 아리스토텔레스의 '순수형상'이나 칸트의 '물자체' 역시 그렇게 요청된 인공물에 지나지 않는 시뮬라크르다. 모든 건 재현된 복제다. 그런데 마치 원본이 있어서 그걸 복제한다고 생각한 게 플라톤이다. 현상계는 이데아라는 원본을 복제한 불완전한 세계다. 하지만 이 둘은 닮았다. 푸코는 이걸 유사(類似, ressemblance)라 한다. 재현된 것과 재현된 것 사이에도 유사성이 있다. 이것은 상사(相似, similitude)다. 〈국어사전〉은 상사를 '종류가 다른 생물의 기관이 발생학적으로 기원은 다르나 형상과 기능이 서로 비슷하거나 같은 것'으로 정의한다. 아무리 동일하게 재현하려고 해도 불가능하다. 동일하게 복제된 것은 없다. 원본이 따로 없으니 그럴 수밖에. 하지만 동일하지는 않지만 비슷하게 재현된 것들은 많다. 우리가 동일성이라고 생각하는 건 이 비슷한 것들이 반복된 것에 지나지 않는다. 동일자로 귀속되기를 거부하는 비유사한 것들 사이에서 생산되는 유사-동일성을 생산하는 것이 반복이다. 들뢰즈의 반복은 데리다의 차연이다. 워홀(Andy Warhol, 1928~1987)은 차이가 반복되면서 생산되는 유사 동일성을 잘 표현한 대표적인 팝아티스트이다. 그가 그린 〈마릴린 먼로 연작〉이나 〈마오쩌둥 연작〉, 그리고 〈캠벨 수프 캔 연작〉이 그렇다.

알

후설의 타자 구성은 전적으로 유비추리에 의존한다. 나를 중심에 놓고 타자를 나와 유사한 존재로 구성한다. 일종의 짝지움(Paarung)이다. 유비는 결국 타자를 나로 재현하는 것에 지나지 않는다. 후설의 현상학을 지배하는 중요한 어휘 중 하나가 유사(Analogie)이다. 유사는 재현의 도구다. 타자를 유사-나로 구성하려는 동일화의 전략이 숨어 있다. 메를로 퐁티의 상호신체성이론도 마찬가지다. 타자의 몸 역시 나의 몸의 유사체로 구성된다. 몸이 소통의 채널이 되는 한, 타자의 몸 역시 나에겐 하나의 신체 기관으로 표상될 뿐이다. 그렇기에 나와 타자의 몸 사이의 가역성(可逆性)이 결여된다. 메를로 퐁티는 보는 행위를 통해 가역성을 회복한다. 보는 행위에서 보는 자와 보이는 것이 상호 교차되어 통합적으로 지각된다. 보는 자와 보이는 것 사이의 가역성을 은유하기 위해 '살'이란 메타포를 가져온다. 살은 존재의 원리이자 존재 그 자체이다. 지향성에 의해 상관적으로 짝지어지기 이전에 이미 살로 서로 얽혀 있는 게 존재의 원리다.

앙리(M. Henry, 1922~2002)는 여기서 한 걸음 더 나간다. 몸은 만지되 살은 만질 수 없다. 살을 만질 수 없다는 것을 어떻게 이해해야 하는가? 물론 살은 생물학적 피부가 아니다. 이 살은 몸과 동일시된 신체의 기관으로서의 피부가 아니다. 오히려 기관으로 표상되기 이전의 근원적인 힘, 그것도 생생하게 살아 있는 힘을 상징하는 메타포다. 살은 대상이 아니다. 살은 자신의 내재적 삶이다. 앙리에게 살은 세계의 존재론적 그물망이기 이전에 나의 삶의 거처이다. 내 살이고 내 삶이다. 앙리의 살은 존재론적 그물망에 포착될 수 없는 특이한 개체의 삶이다. 서로 살을 맞대고 산다고 둘이 하나가 되는 건 아니다. 살을 깎는 고통을 감내해야 하는 것은 나다. 나의 살(삶)과 타자의 살(삶)은 어떤 대칭성도 없다.

후설이나 메를로 퐁티는 나와 타자 사이의 근원적 비대칭성을 외면한다. 대칭성에 근거한 유비추리나 재현은 현상학의 기본 전략이다. 현상학의 지향성은 결국 유사성으로 위장된 동일성을 구성해 내려는 음모를 숨기고 있다. 들뢰즈는 유기체의 대칭적 질서에 저항하는 강한 생명력을 가진 차이와 생성을 강조한다.

들뢰즈는 중국 황제가 즐기던 궁정 놀이 장기를 바둑과 비교한다. 장기의 경우, 말 하나하나는 유기적 질서에 맞게 코드화되어 있다. 그 질서 안에서만 움직일 수 있다. 바둑알은 코드화된 유기적 질서에 따라 이리저리 움직이는 장기의 말과는 다르다. 바둑알은 목적도 목적지도, 출발점도 도착점도 그리고 정주할 지점도 정해져 있지 않다. 그러니 유기적 질서인 영토 바깥에서(탈영토화) 새로운 가능성을 창출해야 한다. 들뢰즈는 한 곳에 정주하여 질서 안에서 안정감을 누리는 삶 대신 허허벌판을 이주하는 노마드적 삶을 선택한다.

들뢰즈의 '기관 없는 신체(corps sans organs)'는 바로 유기체에 예속당하기를 거부하면서 유기체적 질서 바깥으로 발산하는 강한 힘을 상징한다. '기관 없는 신체'에 대해 〈네이버 지식백과〉에서 잘 설명한다. "들뢰즈와 가타리가 앙토넹 아르또에게서 빌려 온 개념으로, 유기체화 되기 이전의 신체를 가리키며 본성적으로 유기체화 되기를 거부하는 신체를 의미한다. 유기체는 이 신체에 포섭과 배제의 어떤 특정한 질서를 부과함으로써 성립되는 것이다. 따라서 '기관 없는 신체'란 하나의 카오스 상태, 즉 어떤 고정된 질서로부터도 벗어나서 무한한 변이와 생성을 잠재적으로 품고 있는 것이다." 이것을 배아 상태의 알과 같은 것으로 은유한다. 알은 입도 없고, 혀도 없으며 이도 없다. 후두도 식도도 없으며 위도 없다. 배나 항문도 없다. 유기적이지 않은 생명 전체일 따름이다. 유기적 기관으로 생성되어 화석화되기 이전의 근원적 생명이다.

들뢰즈는 그의 '기관 없는 신체' 개념을 영국 아일랜드계 화가 베이컨(Francis Bacon, 1909~1992)의 그림으로 대변한다. 그는 자화상을 많이 그렸다. 어느 하나도 유사한 긴 없다. 그럴 수밖에. 신체는 유기적 기관이 아니다. 그러니 신체의 부분들을 디테일하게 그리는 것이 아니라 유기체적 조화를 해체하는 바로 크풍의 일그러지고 주름진 형상(figure)으로 그린다. 유기적 질서에 익숙한 우리에게 그의 얼굴 그림은 흉측할 정도로 일그러져 있다. 거의 우발적인 발작이라 해도 좋을 만큼 강한 생명력을 그린다. 비유기체적일수록 생명력은 강하다.

제2부
후설 현상학과 그 적용

1. 종교 현상학

내가 1994년 번역한 리하르트 사에플러(R. Schaeffler)의 《종교철학》에 의하면, '종교현상학'이란 개념이 학술적 용어로 자리를 잡은 것은 반 데르 레우(G. v. d. Leeuw)의 《종교현상학 입문》(*Einführung in die Religionsphänomenologie*, 1925)에서다. '종교현상학자'라 불리는 몇 안 되는 사람들은 거의 다 에드문트 후설의 《이념들 I》과 같은 방향을 취하고 있다. 후설의 방법은 종교현상을 해명하는 중요안 노구로 시용된디.

특히 후설의 지향성과 노에시스-노에마이론 그리고 현상학적 환원이 그 대표적 개념이다. 노에시스와 노에마의 상관관계는 의식은 항상 무엇에 관한 의식이라는 지향성에 그 근원을 둔다. 노에마가 없는 노에시스는 없다. 노에시스(noesis)는 사유작용이다. 사유작용은 항상 그 무엇에 대한 사유다. 그 무엇이 바로 사유대상인 노에마(noema)다. 종교적 노에시스는 종교적 대상을 가지지 않을 수 없다. 사랑이 그 누구에 대한 사랑이고, 미움이 그 누구에 대한 미움이듯이, 믿음 역시 그 누구에 대한 믿음이다. 종교의식의 지향성이다. 신에 의해 밝혀진 눈만이 신의 실재를 파악하고, 신에 의해 열려진 귀만이 그의 음성을 들을 수 있기 때문이다. 신체(神體)의 현현(epiphany)을 도외시한 채, 신적인 실재를 '초월적인 존재'로서 찾으려 하는 것에 대해 경고하는 메시지다.

17세기부터 신의 존재에 대한 합리적 정당화가 가속화되기 시작하면서, 신에 대한 사랑이 진리에 대한 사랑으로 대체됨으로써 신이 준-과학적인 것으로 취급되었고, 동시에 과학에 의해 묘사된 세계가 준-신적인 것(quasi-divinity)으로 취급되었다. 한편 헤겔 이후, 키르케고르(S. Kierkegaard, 1813~1855)를 거쳐 바르트(K. Barth, 1886~1922)나 브루너(E. Brunner)와 불트만(R. Bultmann 1884~1976)을 통해 부상한 변증신학은 신에 대한 합리적 인식을 거부한다. 이들은 근대 합리주의자들처럼 신을 추상적인 공리로 설정하지 않고 인간의 구체적인 삶의 영역으로 끌어오기는 하지만, 개체적인 결단에 근거한 신앙의 문제를 다룬다. 후설은 이와 같은 변증신학을 한갓 세계관 철학이나 개인이나 집단의 인생관을 의미하는 것으로 규정한다. 근대 합리주의는 신을 수학적 합리화의 대상으로 추상화하였고, 변증신학은 신을 비합리적 대상으로 제쳐두었다.

원본적(originär)으로 주어지는 것에서 시작한다는 현상학의 근본원칙이 종교현상학에서 중요한 원리로 적용된다. '원본적'이란 개념은 파생적이지 않은 생생한 경험이다. 근원적인 명증성이다. 셸러(M. Scheler, 1874~1928)는 종교현상학에서 첫 번째 확실한 진리를 종교적 경험의 근원성과 연역불가능성(Unableitbarkeit)이라 한다. 신을 증명하려거나 신앙을 학문이나 형이상학을 수단으로 반박하려는 것은 우리가 색깔을 보기 전에 색깔의 현존을 증명해야 하고 소리를 듣기 전에 소리의 현존을 증명해야 하는 것만큼이나 모순이다.

신 자체를 있는 그대로 드러내기 위한 방법적 초지는 환원이다. 신에 대한 전통적 태도는 환원되어야 할 선입견들이다. 선입견을 내려놓을 때 신이 명명백백하게 의식의 상관자로 주어질 수 있다. 후설은 《이념들 I》 58절 '배제된 신의 초월'에서 순수의식에 직접적으로 주어지지 않은 세계는 물론 또 다른 초월인 신에 대해서도 또한 환원을 적용해야 한다고 강조한다.

종교적 현상을 인간의 사고로 고안해 낸 비종교적 원리에 의해 구성하거나 논증하려는 모든 독단적 선입견들은 지양되어야 한다. 또한 일정한 방식을 전제로 신의 현존에 대해 증명하려는 전통적인 태도도 지양되어야 한다. 모든 선입견을 버리고 사태 자체가 주어지는 원본적 명증성으로 돌아가야 한다. 후설의 현상학적 환원은 종교적 현상에도 그대로 적용되어야 하고, 이를 우리는 종교적 환원이라 불러도 좋을 것이다. 신에 관한 현상학적 해명은 일차적으로 원본적인 종교현상, 성현(聖顯, hierophany)과 신현(神顯, theophany)에서부터 시작한다.

당신 철학의 근본 문제가 무엇인가를 묻는 잉가르덴(R. Ingarden)의 물음에 후설은 서슴지 않고 "물론 신이다."라고 말한다. 스트라서(S. Strasser)는 후설이 한 인간으로서 그리고 철학자로서 신문제를 다루는 데 모든 삶을 받쳤다는 사실은 의심할 여지가 없다고 말한다. 그런데 이런 사실이 후설의 유고에 대한 소수의 전문가 몇몇을 제외하고는 거의 알려지지 않고 있다. 우리가 후설에게 초기 《논리연구》나 《이념들 I》에서 두드러지게 나타나는 인식론자로서의 인상만을 부각시킴으로써, 자칫 그가 윤리나 사회생활, 종교생활 그리고 신 문제에 대해 가졌던 열정을 도외시할 가능성이 있다. 그에게 있어서 신 문제는 결코 부차적인 문제가 아니다.

후설은 "나는 지금까지 철학자로서 살아왔고 또한 철학자로서 죽기를 원한다."는 유언을 남겼다. 이 유언은 그가 진정한 철학자로 사는 데 실패했다는 뜻을 함축한다고도 볼 수 있다. 철학자로서의 한계를 절감한다. 미발간된 그의 유고들(EⅢ) 속에서 신앙고백이 발견된다. 그는 이미 1886년 4월 오스트리아 빈의 복음교회에서 세례를 받았다. 유대교에서 개신교로 개종했다. 후설의 고백이다. 인간의 삶은 신에게로 나가는 길 이외의 다른 것이 아니다. 나는 신학적 증명 없이, 신학적 방법들과 버팀목 없이 이 길에 이르려고 한다. 즉 '신 없는 신'에게로 나가려 한다. 나는 교회에 대한 확실한 신앙을 갖지 않는 사람들에게 신(하나님)에게로 나가는 길을 열어주기 위해 학문적 신을 배제한다. 이 '신 없는 신'이라는 역설적 표현은 합리적으로 논증되고 비합리적으로 표상된 신이 배제된 신으로 돌아가는 신앙고백이다. 결론적으로 후설이 주관성에 호소하여 신으로 나가는 길은 은총과 신앙 속에서 경험되는 신의 신비스러운 음성을 발견하는 길이다. 후설의 순수 혹은 선험적 의식은 신을 원본적으로 생생하게 만날 수 있는 명징한 플랫폼이다.

2. 현상학과 불교

나는 나의 책 《현상학의 이해》(울산대출판부, 1998)와 《한국불교와 서양철학》(한국학술정보, 2010)에서 후설의 자아론과 불교 유식론, 그리고 보조국사 지눌과 후설을 비교한 적이 있다. 이 인연으로 서울 조계사에서 행사하는 학술대회 발표자나 논평자로 참석한 적이 있다. 이 글은 2년 전 통도사 반야암에서 강의한 걸 요약한 것이다. 스피겔버그(H. Spiegelberg)는 그의 저서 *The Phenomenological Movement*(《현상학적 운동 I, II》, 이론과실천사, 1991, 1992)에서, 1920년대 후설이 칼 노이만(Karl Neumann)의 불경번역서에 감탄하면서 관심을 보였다고 한다.

1) 코나투스

"신은 수동에는 관여하지 않으며 어떠한 기쁨이나 슬픔의 정서에 의해서도 작용받지 않는다. 신은 아무도 사랑하지 않으며 아무도 미워하지 않는다."(스피노자, 《에티카》, 5부 정리 17). 경남 양산 통도사 반야암의 단풍나무도 구름도 누군가를 사랑하거나 미워하지 않는다. 깨달은 자는 사랑하지도 미워하지도 않는다. 사랑도 미움도 정념이다. 인간은 왜 정념에 시달리는가? 동물도 충동은 있다. 하지만 욕망은 없다. 인간만이 욕망의 존재이다. 욕망은 의식을 동반하는 충동이다(《에티카》, 3부 정리 9, 주석). 욕망은 인간의 본질이다. 그 욕망을 뿌리로 수많은 정서가 가지를 친다.

마음은 몸의 변용이다. 마음은 몸으로부터 자유로울 수 없다. 몸이 욕망을 잉태하고 욕망은 기쁨과 슬픔의 정서를 잉태한다. 우리의 수많은 정서는 이 욕망과 기쁨과 슬픔의 변조들이다. 사랑은 외부대상에 관한 관념이 동반하는 기쁨이고, 미움은 외부대상에 관한 관념이 동반하는 슬픔이다. 사랑은 나의 존재를 유지하는 데 이익이 되는 기쁨이고, 미움은 나의 존재를 유지하는 데 이익이 되지 않는 슬픔이다. 인간은 자신의 존재를 유지하려는 욕망이 있다. 이걸 코나투스(conatus)라 한다.

정념(passion)은 수동적(passive)이다. 몸을 통해 주어지는 것이다. 마음이 몸의 영향을 덜 받으면 받을수록 더 능동적으로 된다. 반대로 마음이 몸의 영향을 더 받으면 받을수록 마음이 더 수동적으로 된다. 마음이 몸으로부터 자유로워져 능동적으로 작용하려면 욕망을 내려놓아야 한다. 욕망에 뿌리를 둔 사랑과 미움의 정서를 내려놓으면, 사랑하는 사람과 이별하고(愛別離) 미운 사람과 만나는(怨憎會) 것이 고(苦)는 아니다. 문제는 사랑도 미움도 내려놓는 것이다. 욕망을 에포케하는 것이다. 욕망을 괄호 쳐 두는 것이다. 정확히는 욕망으로 판단하는 것을 잠시 중단하는 것이다. 참 어렵다. 누구나 할 수 있는 일은 아니다. 얼마나 어려우면, 후설은 개종(改宗)만큼 어렵다고 했을까?

세계를 대하는 나의 태도를 철저하게(radikal) 바꾸는 것이다. 가히 혁명적 전환이 요구된다. 태도의 변화가 아니라 변경이다. 물을 얼음으로 바꾸는 것이 아니라 쇳덩어리로 바꾸는 것만큼 어려운 것이 태도변경이다. 어렵지만 가야 할 길이다. "모든 고귀한 것은 힘들 뿐만 아니라 드물다."(《에티카》, 5부 마지막 문장).

2) 내려놓기

욕망 자체를 부정할 수 없다. 인간의 본질이다. 욕망은 긍정적인 에너지다. 다만 욕망에 집착하는 게 문제다. 욕망을 그릇되게 사용하는 데서 모든 고(苦)가 생긴다. 인간의 본질인 욕망을 쉽게 내려놓을 수 있다는 그릇된 생각이 무명(無明)이다. 그 무명을 내려놓는 게 일차적 과제다. 무명으로 생긴 어리석은 생각을 부-정(否-定), 즉 정립하지 않거나 거기에서 시선을 돌리는 것이 내려놓기다. "모든 것을 내려놓는 것이 모든 것을 얻는 것이다."(《제일철학 Ⅱ》, 166)는 후설의 고백은 환원의 불교수행론적 성격을 함의한다.

데카르트는 욕망을 압도하고, 맑은 마음으로 돌아가는 방법적 회의를 실행한다. 하지만 이 환원은 마음(이성)에 대한 그릇된 편견에서 비롯된 것이다. 마음을 아무리 갈고 닦아도 욕망의 그림자는 여전하다. 마음을 닦으면 닦을수록 욕망의 실체는 더 빛난다. 인간이 몸을 가지고 있는 한, 욕망은 사라지지 않는다. 데카르트가 벗어던진 몸은 육체다. 몸(Leib)과 육체(Körper)는 다르다. 몸은 마음과 분리될 수 없다. 몸을 육체로 생각하고, 육체는 마음을 둘러싸고 있는 외피와 같은 것으로 언제든지 옷을 벗듯이 벗을 수 있다고 착각했다. 하지만 마음은 몸의 변용이다. 몸은 마음의 또 다른 마음이다. 몸이 존재하는 한, 마음속의 욕망이 사라지지 않는다는 것을 깨닫는 것이 욕망의 본질에 대한 직관이고 깨달음이다.

환원, 즉 내려놓기는 어차피 욕망의 본질을 인식하기 위한 인위적 절차이다. 이 절차가 목적은 아니다. 깨달은 후 버려야 할 그물이다. 어차피 방법적 절차라면 철저할수록 좋다. 가장 철저한 내려놓기는 너무나 당연하게 생각한 것부터 내려놓는 것이다. 너무나 당연하다고 생각한 근대 이성론자의 선입견을 내려놓는 것이다. 욕망은 헛된 것이고, 악한 것이고 이성에 의해 치료받아야 할 죄악과 같은 것이라는 선입견이다. 그래서 마음만 먹으면 언제든지 벗어던질 수 있다는 선입견부터 내려놓아야 한다.

3) 지향성과 공

지향성은 의식의 특징이다. 의식은 무엇에 '관한' 의식이다. 나의 마음은 지속적으로 대상으로 향한다. 하지만 마음이 향하기 이전에 대상이 마음의 지향을 촉발한다. 의식은 대상에 의해 의식적이게 된다. 일깨워진다. 마음은 대상과 분리된 채 홀로 앉아 있을 수 없다. 부단히 대상으로 향하고 동시에 대상이 촉발하면 마음이 거기로 향한다. 마음은 수동적이다. 대상이 촉발하는 한에서 의식의 지향이 일어난다. 사랑도 미움도 그리움도 아쉬움도 지각도 상상도 항상 대상에 관한 것이다. 사랑은 사랑하는 마음을 생기게 하는 사랑스러운 대상에 의해 촉발된다. 모든 욕망도 욕망을 부추기는 대상으로부터 촉발된 것이다. 내 마음이 대상의 포로인 셈이다. 결국은 모든 지향을 내려놓는 일밖에 없다.

대상을 향한 지향을 끊을 수 없다. 지향은 온전히 충족될 수 없기 때문에 계속 일어난다. 지향은 대상을 나에 대한 의미로 구성하려는 욕망이다. 하지만 존재는 나에 대한 의미로 구성되기를 거부한다. 지향하면 할수록 대상은 더 멀어진다. 지향 자체를 내려놓아야 한다. 집착을 일으키는 마음의 모든 지향을 내려놓을 때 모든 것이 공(空)으로 읽힌다.

주관에 의해 객관은 객관일 수 있고
객관에 의해 주관은 주관일 수 있네.
주객 양단을 알고자 하는가
본디 하나의 공이라네.
(境由能境 能由境能, 欲知兩端 元是一空) – 승찬(僧璨),
《信心銘》)

4) 방하착(放下着)

후설의 지향성을 공(空)으로 읽기는 아직 더 가야 할 길이 남아 있다. 지향은 단순한 지향(指向)이 아니다. 목적을 가지고 대상으로 향하는 지향(志向)이다. 그 목적은 대상의 본질을 구성하는 것이다. 대상의 본질을 구성하려는 의식의 지향이 살아있는 한, 마음의 고(苦)에서 해방될 수는 없다. 지향하는 주체와 지향된 대상이 모두 사라지지 않는 한, 고(苦)는 사라질 수 없다. 대상을 나에 대한 의미로 구성하려는 욕망하는 주체의 지향이다. 하지만 존재는 나에 대한 의미로 구성되기를 거부한다. 지향하면 할수록 대상은 나의 욕망을 더 부추긴다. 지향 자체를 내려놓아야 한다. 지향이 있는 한, 지향된 대상으로 분열된다. 하이데거가 보기에 스승 후설의 지향성은 주-객 분열의 씨앗이다. 그래서 하이데거는 의식의 지향 자체를 내려놓아야 한다고 주장한다. 의식 자체의 내려놓기를 하이데거는 게라센하이트(Gelassenheit)로 표현한다. 내맡김, 방념, 초연 등으로 번역된다. 독일어 동사 lassen을 명사화한 하이데거만의 특유한 어법이다. 비틀즈의 노래 〈Let It Be〉를 소환하는 Gelassenheit다. 불교 용어로는 방하착(放下着)이 적절한 번역인 것 같다.

욕망의 그물에서 단번에 벗어날 수 없다면, 지속적으로 욕망을 내려놓는 수행을 할 수 있을 뿐이다. 비록 그 길을 가는 것이 어렵지만, 어려운 만큼 고귀한 것이다. 스피노자는 이 어려운 길을 '신에 대한 지적 사랑'으로 말한다. 욕망도 희망도 그리움도 아쉬움도 오만도 호기심도 사랑도 미움도 인간의 욕망에 의한 것임을 깨닫는 길은 바로 이 모든 욕망의 고리에서 벗어나 있는 신을 인식하는 길이다. 인식이 바로 깨달음이다. 물론 그의 신은 초월적 인격신은 아니다. 자연이 신이고 나무가 신이다. 모든 욕망은 의식이 대상으로 관심을 돌리는 순간에 잉태된다는 것을 깨닫는 것이다. 단 한 번에 관심을 끊을 수 없는 한, 욕망 내려놓기는 우리가 가야 할 멀고도 험난한 길이다. 하지만 그 길은 우리에게 마음의 평안과 자유를 선사한다. 우린 주어진 이 길을 부단히 그리고 성실하게 가야 한다. 가다가 길을 잃으면 반야암 뜰 큰 은행나무에게 길을 물으면서……

3. 현상학과 탈근대

나는 은사이신 영남대학교 철학과 고(故) 문정복 교수님의 소개로 미국 퍼듀(Purdue)대학교 석좌교수인 슈라그(Calvin O. Schrag) 교수의 책 *The Self After Postmodernity*(Yale University, 1997)를 《탈근대적 자아를 넘어서》(울산대출판부, 1999)란 제목으로 번역했었다. 이것이 인연이 되어 슈라그 교수와 2003년 한국연구재단의 지원으로 공동연구(연구책임자 대구교육대 장윤수 교수)를 했다. 그 연구 성과를 2005년 학술지에 발표했다. 연구주제는 〈근대와 탈근대의 대립을 넘어: 氣철학과 현상학의 대화〉이다. 최근 퍼듀대학교 홈페이지에서 슈라그 교수의 근황을 확인해 보니 2024년 초에 돌아가신 것으로 확인이 된다. 1928년생이니 96세로 생을 마감하셨다. 고인과 공동으로 연구한 글을 이 책에 남겨 두어 고인과의 소중한 인연을 기리고 싶다.

고(故) 칼빈 O. 슈라그 교수(출처: 퍼듀대학교 홈페이지)

연구 과제는 근대에 대한 탈근대의 도전이 남긴 태생적 한계를 극복할 수 있는 대안을 현상학적 관점에서 마련하는 것이다. 특히 고전적 현상학자인 후설의 현상학적 입장을 중심으로 이 문제에 접근한다. 슈라그의 말에 귀를 기울일 필요가 있다. "후설이 경험의 충만성을 폐색시킨 추상화된 경험론과 싸워야 했던 것처럼, 우리는 모든 것을 텍스트주의, 기호학 그리고 이야기주의로 용해시켜 버린 탈근대(postmodernism) 이후 경험을 복원하는 데 온 힘을 쏟아야 한다". 그는 탈근대의 극단적 텍스트주의의 한계를 극복하고 근대/탈근대의 대립을 넘어 양자를 가로지르는 의사소통적 장을 마련해야 할 필요성을 강조한다. 왜냐하면 탈근대의 개념적 도구로 사용되는 텍스트-유비(text-analogue)가 인간행동과 사회적 실천의 조직에 새겨진 세계의 생생한 의미와 함의를 제시하기에는 충분하지 않기 때문이다.

1) 근대/탈근대의 교차로 현상학

근대와 탈근대는 세 개의 주제에서 대립한다. 첫째 근대는 자기 이해와 사회의 발전을 위한 근원으로서 인간 이성의 잠재력을 강조한다. 반면 탈근대는 인간 이성의 잠재력에 회의적이며, 로고스의 파산을 소리 높여 주장하고, 인간사에서 욕망과 권력 관계의 역할을 강조한다. 탈근대는 근대의 인식론적 토대주의와 의식의 영점 기원 이론을 공격한다. 데카르트의 코기

토, 칸트의 선험적 자아, 영국경험론의 감각적 주체 및 헤겔의 역사적 주체 모두 인식론적 기획물로 비판한다.

둘째 근대는 보편성과 필연성에 토대한다. 이를 위해 우연적인 사회적-역사적 실천들을 배제한다. 반면 탈근대는 필연성은 개연성의 연속이며 보편성은 우연성의 다발에 지나지 않는다고 비판한다. 항상 주어진 사회적 실천과 언어적 상황에 의해 그때그때 결정되는 것이 필연성이고 보편성이다. 이성 역시 역사적으로 조건지어진 것이고 합리적 주장 역시 사회적 맥락성에 제한된 것이다. 필연성과 보편성이라는 바벨탑을 쌓으려는 근대적 기획 자체는 이미 실패작이다.

셋째 근대는 통일성과 총체성에 안주한다. 확실성과 보편성을 추구하면서 통일시키고 총체화하는 것에 주목한다. 그들은 목적에 대한 거대서사(metanarrative)를 쉽사리 구성한다. 자연스럽게 낙관적인 진보사관에 익숙해진다. 그들은 인간의 본성과 사회 공학에서의 무제약적 진보에 대한 희망을 피력한다. 반면에, 탈근대주의자들은 통일성과 총체성 대신에 차이성과 다양성을 강조한다. 그들은 상이한 사회의 관습과 다양한 형식의 담론을 강조한다. 이것은 사회 조직과 역사 이해에 관한 그들 견해에 중대한 영향을 미친다. 다양성과 다원성에 대한 강조는 그것이 세속적이든 비세속적이든 통솔적 지배를 향한 기질에 맞서는 최후의 보루들 세공한다. 역사를 통일된 세계 질서를 향한 진보로 보는 근대의 낙관론을 외면한다.

현상학은 근대와 탈근대의 교차로에 서 있다. 하지만 현상학의 외연은 너무 넓다. 나는 고전적 현상학자인 후설에서 교차점을 찾으려 한다. 그는 근대의 끝자락에 서 있으면서 동시에 탈근대의 문을 열었기 때문이다. 그의 마지막 저서《유럽 학문의 위기와 선험적 현상학》에서 후설은 18세기의 소박하다 못해 어설픈 합리론에 대적하기 위해 진정한 합리론을 주장한다. 그는 근대의 합리성을 비판하면서 동시에 탈근대의 반로고스주의를 화해시킬 수 있는 지점에 서 있다. 그 화해의 교차점이 그의 생활세계다. 생활세계로의 환원을 통해 이성이 우리의 일상 언어 및 사회적 실천과 관련되어 있다는 것을 다시 언급할 수 있게 되었다. 근대의 객관성을 구성하는 역사적 조건이 생활세계다. 사변적 이론 의식의 객관화하는 '작용 지향성'에 선행하는 '기능하는 지향성'이 있다. 기능하는 지향성은 객관성을 토대지우는 역사적으로 전승되어 온 선험적 여건이다. 후설이 말하는 습득성(Habitualität)은 능동적 객관화를 근거 짓는 수동적 토대로 역사적으로 수정 · 변경되어 온 선(先) 객관적 역량이다.

2) 횡단적 지향성

근대성에 대한 극단적 알레르기를 표출한 탈근대에 의해 흩어진 삶의 편린들을 추스를 수 있는 대안은 무엇인가? 근대/탈근대라는 또 하나의 이원론적 스캔들을 야기한 탈근대적 도전은 극단적 상대주의라는 사유 굴레를 주조해 내고 말았다. 이러한 상황에서 근대/탈근대를 가로지르는 '횡단적 대안'을 제시할 수 있는 철학적 장치는 무엇인가? 우리는 현상학적 역동성을 통해 이 장치를 재구성하려고 한다. 이러한 역동성을 후기 현상학에서 확인할 수 있다. 현상학은 근대적 의미의 이원론에 대한 불신에서 시작하였다. 하지만 현상학은 모든 유형의 이원론 자체에 대한 불신을 표명하지는 않는다. 오히려 주-객 혹은 정신-물질 사이의 관계를 지향적 성층(成層)관계로 해명한다. 현상학자는 모든 경험의 지향적 성격을 강조함으로써, 근대적 의미의 이원론과는 다른 의미의 역동적 이원론은 인정한다. 이러한 사실은 이원론 자체에 대한 극단적 불신을 표출하는 탈근대와도 궤를 달리한다. 우리는 바로 이 지점에서 근대/탈근대 사이의 의사소통적 장이 마련될 수 있을 것이라 기대한다.

인식론적 기점에 대한 근대의 과도한 집착은 동일성에 대한 극단적인 열정으로 나타나고, 이에 대한 과도한 불신을 표출한 탈근대의 해체론적 접근은 차이성에 대한 근거없는 맹신으로 나타난다. 우리의 주된 목표는 탈근대를 넘어 근대로 되돌아가지 않으면서 건강한 맥락주의의 관점에서 근대/탈근대의 의사소통의 장을 역동적으로 읽어내는 것이다. 이러한 의도에 가장 부합한 개념으로 슈라그는 '횡단성'이란 어휘를 사용한다. 그는 인식의 동일성을 담보해 주는 기점으로서 그 자체 무시간적 초월자로서의 의식이 아니라, 스스로 시간적 흐름에 따라 흘러가면서 그 흐름의 다양성을 가로질러 동일성을 유지하는 의식의 횡단적 지향성(transversal intentionality)을 강조한다. 이 의식의 횡단적 기능은 바로 특정 순간의 동일성으로 응결됨이 없이 과거의 순간들을 가로질러 확장되며 그 순간들을 다시 가져옴으로써 동일성을 달성한다. 이 횡단적 동일성은 근대의 인식론적 근거로 설정된 동일성과는 전적으로 다르다. 왜냐하면 횡단적 동일성을 다수성과 차이성과의 적대적 관계를 유지하기보다는 그것들을 가로질러 포용하는 확장된 동일성이기 때문이다.

슈라그는 들뢰즈(G. Deleuze, 1925~1995)와 가타리(P-F. Guattari, 1930~1992)의 언급 속에서도 횡단성의 메타포를 확인한다. 특히 들뢰즈는 프루스트(M. Proust, 1871~1922)를 플라톤과 대조시키면서 플라톤적 본질 동일성과는 다른 생성하는 혹은 과정 중에 있는 동일성의 개념을 강조한다. 들뢰즈는 프루스트적 회상은 플라톤적 상기와는 달리 과정과 흐름 속에서 동일성을 창조적으로 형성하는 횡단적 기능을 가지고 있다고 강조한다. 이미 만들어진 동일성이 아니라 불변적 일치로 수렴되지 않고 다양한 관점들을 가로질러 성취되는 동일성을 강조한다. 우리는 횡단성의 메타포를 통해 불변적 일치로 수렴됨이 없이 그러면서도 다양성의 구름 속으로 사라지지도 않는 불변적 흐름의 양상을 근대/탈근대의 화해 지평으로 읽을 수 있다.

이 횡단성은 '순수한 수직선의 막다른 골목(근대의 정초주의)'과 '단순한 수평선의 막다른 골목(탈근대의 맥락주의)'을 함께 극복하려고 시도할 수 있는 역동적 메타포이다. 동시에 보편성/

개별성, 동일성/차이성이라는 형이상학적 대립을 넘어설 수 있다. 왜냐하면 횡단적 합리성과 횡단적 의사소통을 타진하는 것은 침투불가능한 동일성에 대한 근대인의 요구와 침투가능한 다원성의 허망함에 대한 탈근대인의 요구를 조정할 수 있기 때문이다. 차이성/동일성, 개별성/보편성 사이의 이분법을 극복할 수 있는 역동성이 '횡단적 합리성'에 있다. 왜냐하면 이 합리성은 패권적인 동일성에 안주하지 않으면서 차이성이란 배경을 가로지를 수 있는 의사소통을 가능하게 하기 때문이다.

생생한 현전으로서의 주체가 지닌 충만한 경험을 추상화시켜버린 근대와 그 충만한 경험을 기호의 그물 속에 폐색시킨 탈근대의 극단적 맥락주의를 넘어 생활세계적 주체를 복권함으로써 근대/탈근대의 의사소통적 장이 열린다. 생생한 경험을 제물로 삼아 '객관적 합리성'이란 이름으로 연명해 온 근대성의 해체를 겨냥한 탈근대적 기획은, 그것의 성공 여부와는 별개로, 그것만으로도 참신한 메타포이다. 그러나 어떤 유형의 이원론도 해체의 제물로 삼은 탈근대는 스스로 자신이 연출한 기호적 캡슐의 수인(囚人)으로 전락된 채 생생한 경험의 충만성을 토해낸 빈곤의 삶을 살아낼 수밖에 없다.

3) 주체/의미/기호의 지향적 얽힘

후설 현상학에 대해 통상적으로 가장 많이 고발하는 것이 언어 이전의 의식으로 환원하는 것이 도대체 가능한가이다. 모든 존재는, 그것이 세계이든 의식이든, 그 자체가 언어적 캡슐 속에 주어져 있는 것이기에 선(先)언어적 환원은 불가능하다는 것이다. 그러므로 모든 기호의 의미는 기호 이전의 의식적 삶에 그 기원을 두고 있지 않다. 기호의 의미는 바로 기호와 기호 사이의 맥락성, 즉 텍스트에 내재한다. 탈근대주의자들은 의미는 주체와 기호 사이의 지향적 성취의 산물이라는 사실을 무시해버렸다. 하지만 텍스트 바깥에서 주체와 기호 사이의 지향적 향연이 화려하게 펼쳐지고 있다. 그러므로 슈라그는 소쉬르(F. de Saussure, 1857~1913)의 랑그(langue)와 파롤(parole)의 구분은 잘못된 이분법에 근거하고 있으며, 경험적 언어활동과 기호체계로서의 언어 사이를 이분법적으로 물화(物化)하는 것이 문제라 지적한다.

후설의 입장을 근대 정초주의와 구분해야 한다. 후설은 의미가 발생되는 지향적 연관성을 해명함으로써 의미는 주체와의 필연적 연관성 속에서 맥락지어진다는 사실을 강조한다. 그러나 탈근대주의자들은 주체와 의미 사이의 지향적 소통을 지나치게 불신함으로써 선(先)술어적 층과 술어적 층 사이의 지향성을 텍스트성으로 읽어내는 데 인색하다. 기호의 의미는 어떻게든 주체와의 흥정 없이 태어날 수 없다.

주체가 언어의 의미를 부여한다는 후설의 의미론에 대해 하이데거는 오히려 '언어가 언어한다'는 언어의 즉자성(卽自性)을 강조한다. 하이데거의 언어관에 덕을 입고 있는 탈근대주의자들은, 언어는 주체와의 관계 속에서만 비로소 의미를 가질 수 있다는 오래된 생각에 종지부를 찍고 주체도 의미도 실재도 모두가 언어적 텍스트 내 존재임을 강조한다. 그러나 탈근대주의자들의 기호학적 편견을 걷어내고 언어 현상 자체로 돌아간다면, 언어는 기호적 측면과 의미적 측면을 동시에 갖는다. 왜냐하면 언어는 다른 물리적 부호와는 달리 의미담지적 기호이기 때문이다. 언어는 바로 정신적 신체성을 가진다. 그러므로 언어의 기호적 측면과 의미적 측면을 구분하여 다루는 것은 당연한 것이다. 언어의 질료적 측면과 형상적 측면에서의 접근은 당연한 것이다.

물론 의미의 동일성의 논리적 타당성을 정초하려 했던 초기 현상학에서는 질료-형상이라는 오래된 형이상학적 접근방식을 취한다. 하지만 의미 발생에 대한 지향적 해명을 주제로 하는 후기 현상학에서는 이 접근방식은 별 의미가 없다. 질료-형상의 이원론적 접근보다는 이들 사이의 지향적 맥락성을 강조하는 일원론적 성격이 더 강하다. 우리가 후설의 지향성을 주체의 지향만으로 이해할 경우, 지향성과 선-지향적 층 사이의 상호맥락성을 놓치게 된다. 언어를 기호적으로 파악하는 지각 역시 일종의 지향작용이고, 이 작용을 토대로 의미지향이 가능하다. 주체에 의한 능동적 의미부여가 가능하게 하기 위해 기호적 측면에 대한 선-지향이 선행되이야 한다.

어떻든 의미의 지향적 구성자로서 주체는 되살아나야 한다.

의미의 구성자이면서 스스로 언어 내적 존재로 구성되는 주체로 살아나야 한다. 이 주체는 의미구성자로서는 근대적 얼굴을, 언어 내적 존재로서 구성되는 자로서는 탈근대적 얼굴을 동시에 가진다. 우리는 바로 이 두 얼굴에서 근대/탈근대를 가로지르는 횡단적 지향성을 확인할 수 있다. 언어의 지평성, 즉 언어는 언어 이전의 경험과 지향적으로 얽혀 있다는 사실을 강조하지 않을 수 없다.

4) 극단적 맥락주의에 대한 현상학적 대응

탈근대주의자들은 근대주의자들이 그들의 정당화의 논거로 삼은 규준들이 이미 역사적으로 특정한 맥락에 조건지어져 있다는 사실을 인식하지 못한 것으로 비판한다. 그러나 탈근대주의자들은 모든 토대가 역사적 맥락에 '조건지어져' 있다는 사실을 지나치게 맥락에 의해 '결정되어 있는' 것으로 규정한다. 그들은 '맥락–조건적(context–conditioned)'과 '맥락–결정적(context–determined)'을 혼동한다. 동시에 인간의 사유는 특수한 맥락에 조건지어져 있다는 사실 자체를 고려하지 않은 반역사주의적 근대주의자들이 보편적, 탈맥락적 규범이나 원리에 호소하는 것 역시 동일한 과오를 범한다. 근대는 맥락–조건성조차도 보편성을 위협하는 요소로 단정하고 탈맥락적, 더 나아가서는 무맥락적(contextless) 토대주의자의 모습을 가진다. 반면 탈근대는 맥락–결정론자다. 자아 역시 맥락성 속으로 사라져 버린다. 하지만 어떻든 자아는 다시 살아나야 한다.

탈근대는 주체 없는 텍스트 속으로 무한 질주한다. 그러나 이 무한 질주는 결국 주체의 생생한 경험조차 언어적 캡슐로 탈생화(脫生化)시킨다. 근대/탈근대를 가로질러 양자의 의사소통을 가능하게 하는 새로운 주체를 자리잡게 하는 것이 중요한 작업이다. 이것은 경험적 자아와 선험적 자아라는 이분법적 경계짓기에 의해 초래된 자아에 대한 형이상학적 논쟁을 화해시키는 작업이다. 경험적/선험적 이분법적 도식을 넘어 스스로 경험적 삶을 살아가면서도 동시에 선험적 자기 구성이 가능한 주체를 현상학 주체개념에서 확인할 수 있다.

경험적 자아와 등을 맞대고 마치 하나의 수학적 공리처럼 자리하고 있는 선험적 자아에 대한 탈근대주의자들의 불신은 '선험적'이란 꼬리표를 철학에서 영원히 추방할 것을 요구한다. 하지만 선험적 자아는 바로 경험적 자아와 동일한 지평 안에서 얼굴을 마주하고 있다. 선험적 자아는 자연과학주의적 편견을 걷어내고 들여다본 자연적 삶을 살아가는 자아의 다른 이름이다. 경험적 자아와 등을 대고 있는 선험적 자아는 근대 인식론자들의 요청에 의해 주조된 형이상학적 원리에 지나지 않는다. 탈근대주의자들의 성급한 해체에 의해 분산된 주체 대신에, 새롭게 자리잡아야 할 주체는 선-인식적 차원에서 이미 경험적 삶을 살아오면서 스스로 역사적 주체로서 형성되어 온 자아이다. 그러므로 선험적 자아는 경험적 자아와 별다른 삶을 살고 있는 자아는 아니다. 다만 경험적 태도로 읽는가 혹은 선험적 태도로 읽는가에 따라 그때그때 다르게 읽은 두 얼굴일 뿐이다. 우리는 이 이중적 얼굴의 자아를 생활세계적 자아로 읽을 수 있다.

후설은 초기 인식론적 수준에서 행한 환원이 가진 한계를 넘어 후기 생활세계 자체로의 환원을 강조한다. 왜냐하면 생활세계는 선-인식적으로 이미 주어져 있는 존재의 지반이기 때문이다. 스스로 경험적 세계를 구성하는 자로서는 선험적 자아의 얼굴을 갖지만 스스로 경험적 세계 속에 살고 있는 역사적 존재란 점에서는 경험적 자아의 얼굴을 갖는다. 그러므로 이 생활세계적 자아는 경험적/선험적이라는 오래된 인식론적-형이상학적 구도 속에서 읽히기 이전의 본래의 자아 모습이다. 이 본래의 자아의 모습은 신체적 자아이다. 구체적인 몸을 가지고 살아간다는 점에서는 경험적 얼굴을 갖는다. 하지만 동시에 모든 경험적 세계를 구성하는 몸은 경험 이전의 선험적 얼굴을 갖지 않을 수 없다. 우리는 자아가 갖는 특이한 이중성, 경험성/선험성, 시간성/영원성, 우연성/보편성, 주체성/대상성 등을 사태에 따라 있는 그대로 읽어야 한다. 모든 형이상학적 인식론적 추론을 괄호 치고 자아의 실상을 있는 그대로 들여다볼 경우, 자아는 생활세계적 주체로서 살고 있다. 이 생활세계적 주체는 근대/탈근대를 자유자재로 횡단하는 자아다. 몸은 선험적 경험이자, 경험적 선험이라는 이중성을 가장 잘 상징해

주는 횡단성의 메타포이다.

근대적 주체에 대한 탈근대의 해체는 결국 자아론적 허무주의를 수반한다. 인식론적으로 요청된 주체에 대한 탈근대의 해체작업은 철저하다. 주체에 대한 근대의 '거대 이야기(meta-narrative)'에 대한 불신은 결국 어떠한 형태의 주체도 이야기의 구조 속으로 유폐시킨다. 그러나 어떠한 방식으로라도 주체가 재정위되지 않으면 안 된다. 극단적인 맥락주의는 모든 형태의 주체를 철학적 사생아로 만들어버린다. 근대적 의미의 주체를 해체시킨 후 다시 거명되어야 할 주체는 누구인가? 만약 주체가 단순히 이야기의 구조 속으로 완전히 해체될 수 없고 또한 해체되어서도 안 된다면, 어떠한 방식으로라도 이야기하는 주체인 호모 나랜스(homo narrans)로 새롭게 살아나야 한다. 슈라그는 이야기하는 주체를 현상학적으로 새롭게 부활시키기 위해 현상학적 '시간성' 개념을 차용한다.

만약 이야기가 누구의 이야기이고 누구에 대한 이야기라면 그리고 과거와 현재와 미래에 관한 이야기라면, 이야기의 시간성을 말하지 않을 수 없다. 이야기하는 주체는 이야기를 통해 스스로 시간화되면서 지속적으로 형성된다. 이야기 속에서 자신을 발견하고 자신의 이야기를 하면서 자기(ipse) 동일성을 형성한다. 물론 이렇게 형성된 주체는 근대적 의미의 자체(idem) 동일성과는 다르다. 라틴어 idem과 ipse를 구분해 준 리쾨르(P. Ricoeur, 1913~2005)를 참고할 필요가 있다. 자체 동일성이 시간을 관통하거나 초월해 불변적 연속성을 지니는 동일성인 데 반해, 자기 동일성 혹은 인격적 동일성은 시간의 생성과 더불어 그리고 그 생성 안에서 구성된 동일성이다. 이야기 속의 주인공과 같은 역할(character)을 연상해도 좋다, 이야기의 시간성(narrative temporality) 속에서 형성된 인격적 동일성이다. 자기 동일성인 생활세계적 주체를 자체 동일성인 데카르트적 주체로 잘못 읽은 데서 비롯된 탈근대의 극단적 해체가 남긴 수렴 없는 분산이 현상학으로 재수렴되는 데서 의미를 찾을 수 있다.

4. 후설과 장재의 동행

1) 기철학의 전통과 장재 기철학의 특징

동아시아 철학에서 기(氣)라는 개념은 그 문명의 역사만큼이나 오래되었다. 동아시아 철학의 거의 모든 주요 개념들이 '주체적 체험'의 표현이기에, 그러므로 그 의미가 다의적(多義的)이다. 그리고 '기' 또한 여타의 주요 개념들처럼 그 의미가 다의적이다. 기 연구에 일가견을 가진 학자들의 고증학적 연구를 참고해 보면, 이 사실은 좀 더 분명해진다. 즉 서로 다르게 사용된 기의 용례가 이미 기개념 발전사의 초기 단계인 춘추전국시대부터 우리를 혼란스럽게 한다. 이러한 기의 개념은 오늘날까지도 실생활과 관련한 수많은 어휘들 속에 살아 숨 쉬고 있으며, 생산성을 담보한 문화적 코드다.

그러나 정작 기가 무엇인지에 대해 명쾌하게 설명해 주는 학자는 드물다. 과연 기란 정신적인 것인가 아니면 물질적인 것인가? 실제적인 내용인가 아니면 어떠한 운행상태를 일컫는 말인가? 본체인가 현상인가? 자연 그 자체의 질서를 나타내는가 아니면 인간이 자연에 가하는 해석의 체계일 뿐인가? 이 모든 것들이 불확실하기만 하다. 이러한 불확실성은 종래 기철학이 갖는 난점 혹은 단점으로 여겨졌으나, 우리는 이 시점에서 바로 이점이 기철학을 돋보이게 하는 특장(特長)이라고 해석한다.

기개념의 기원에 대해서는 여러 이론(異論)이 있지만, 대체로 일반적인 견해는 구름을 만들어내는 기운, 봄에 대지에서 피어나는 아지랑이, 사람이 들이키고 뿜어내는 '숨'과 같은 원초적 생명관으로 이해되었다. 물론 여기에는 다분히 정령적(精靈的), 주술적(呪術的)인 이해방식이 곁들여져 왔지만, 대자연의 기는 인간의 호흡에 의해 인체에 흡입되며 사람을 포함하여 살아있는 모든 것의 생명현상과 관계를 가지고 있으므로, 자연스럽게 '인기(人氣)는 천기(天氣), 지기(地氣)와 동일하다'는 사고가 후대에 정립된다.

역사상 최초로 기의 개념이 등장하게 되는 것은 바로 은주시대(殷周時代)의 갑골문(甲骨文)과 금문(金文) 자료다. 그러나 여기에 나타나는 '기'는 후대 기철학에서의 '기'처럼 나름대로 자기 이론체계를 갖고 있는 것이 아니라, 바람이나 대지의 단순한 작용을 의미하는 정도였다. 그렇지만 전국시대(戰國時代)의 여러 학파에 이르게 되면 기는 곧 생명이나 자연의 근원, 법칙, 질서에 대한 해명 요구 속에서 많은 발전을 하게 된다. 이때 많은 사상가들이 각기 왕성한 활동을 보임에 따라 기개념 또한 다양한 전개와 분화를 하게 된다. 이에 인간 또는 자연만의 소박한 기론에서 인간과 자연을 유기적으로 연결해 주는 한 몸체 대자연의 기론으로 발전하게 된다. 즉 기의 의미가 단순한 생명현상으로서가 아니라 가장 근원적, 보편적인 자연철학의 개념으로까지 격상되어 기의 모임과 흩어짐에 의해 만물의 생성을 설명하기에 이른다. 이때부터 중국인들은 자연, 사회, 인간의 각종 현상을 기로 해석하며 이들 사이의 상관적 관계를 지적해 내고자 애쓴다.

이러한 기개념의 역사적 전통을 가장 잘 계승하고 자신의 철학으로 발전시킨 학자가 바로 북송대의 거유(巨儒) 장재(張載, 1020~1077)다. 장재는 고향은 아니지만, 섬서성(陝西省) 미현(眉县) 횡거진(横渠鎭)에 오래 살아 '횡거선생'으로 불렸다. 미현에 그를 기념하는 횡거서원이 있다. 나와 대구교육대학교 장윤수 교수는 이곳을 여러 차례 방문했다. 이곳에 장재철학를 주제로 한국에서 최초로 쓴 장 교수의 박사학위 논문과 장재의 《正蒙》을 번역한 그의 책 《정몽》(책세상)이 전시되어 있다.

횡거서원 입구(출처: 바이두)

그는 기개념을 가장 모범적이고 체계적으로 논증했으며, 기를 중심으로 인간, 자연, 세계를 체계적으로 이해하고자 애썼다. 그에게 있어서 기는 인간과 그리고 인간을 둘러싸고 있는 모든 세계를 역동적 · 상관적으로 이해하는 가장 보편적이고 기본적인 개념이다. 장재는 '기일원(氣一元)'에 의하여 천지만물의 실상을 설명하려 들며, 또한 이것을 기초로 하여 인륜(人倫)까지도 설명하려 한다. 장재는 우주의 모든 현상들이 기의 모이고 흩어짐에 의해 생겨나고 없어진다고 보았다. 그렇지만 '기' 자체는 무궁한 실재이며, 이러한 기의 본체를 태허로 보고 '태허즉기(太虛卽氣)'를 주장한다.

장재는 우주의 모든 현상들이 기의 모이고 흩어지는 것에 의해 생멸된다고 생각하였다. 그는 태허와 기와 만물의 관계를 상관적 · 유기적으로 이해하였는데, 그래서 '태허에는 기가 없을 수 없고 기는 모여서 만물이 되지 않을 수 없으며, 만물은 흩어져 다시 태허가 되지 않을 수 없다. 이러한 이치를 따라서 드나드니, 이것은 모두 부득이하여 그러한 것이다'라고 하였다. 또한 장재는 이러한 순환이 '필연적[不得已]'이라고 보아서, '태화(太和(太虛의 상태))는 도(道)라고 한다. 그 가운데에 떴다 가라앉았다, 올라갔다 내려갔다, 움직였다 가만히 있다가 하여 서로 감응하는 성질이 있는데, 이것이 바로 음양이 서로 화합하고 작용하여 이기고 지고, 늦추고 줄이고 하는 힘의 시초가 된다. (…) 태허(太虛)는 형체가 없으니 기의 본래 모습이며, 기가 모이고 흩어지는 것은 변화의 일시적 모습일 뿐이다'라고 하였다.

이러한 장재의 우주론은 유물론이 갖추어야 하는 기본 조건들을 충분히 갖추고 있다. 즉 장재는, 기를 우주 구성의 원질(原質)이라 여기며, 그리하여 만물의 생멸을 기의 취산(聚散) 과정으로 설명한다. 그는 기로써 우주의 생성과 구조에 관한 문제, 즉 우주생성론과 구조론을 통일하고자 한다. 장재에게 있어서 기란, 물질의 최초 구성요소일 뿐만 아니라, 우주의 생성 · 변화과정을 설명할 수 있는 기의 운동성을 의미하는 것이기도 하다. 즉 장재는 기의 본성을 운동성인 '신(神)'과 '화(化)'의 두 상대적인 계기로 이해하고 있다. 여기서 바로 장재의 기 개념은 '물질'로 이해되는 중요한 단서를 제공하게 되며, 또한 그가 기의 본체라고 말하는 태허라는 개념도 구체적 형상을 띠고 있지 않다뿐이지, 결국은 물질로 이해될 수밖에 없다.

그런데 문제는 장재 기철학의 심성론과 관련해서 일어난다. 장재는 자연관에 있어서는 우주만물의 기본요소인 '기' 이외에 별도의 '초월적 존재[理]'를 말하지 않았다. 다만 그가 말하는 '이'란 기 자체의 고유한 운동원리, 변화법칙을 의미하는 조리(條理)일 따름이다. 그런데 장재는 심성론을 전개하며 돌연 주관적 이원관념을 제기하게 된다. 그는 '태허일기(太虛一氣)'의 고유본성으로서 모든 인간들이 추구해야 할 바의 도덕적 본성으로 천지지성(天地之性)을 이해하며, 그리고 구체적 형상을 가진 이후 우리에게 확인되는 비도덕적 행위의 근거가 되는 '성(性)'으로서 기질지성(氣質之性)을 언급한다. 그러므로 장재는 악(惡)의 근원이 되는 기질지성을 변화시켜 순수무잡(純粹無雜)한 태허일기의 본성인 천지지성으로 돌아가기를 요구한다. 이것은 분명 맹자(孟子) 이래로 일관되게 주장해 온 성선론적 전통을 일관되게 계승하는 것이며, 또한 이후 송명(宋明) 심성학(心性學)의 관념론적 전통을 확립하게 되는 중요한 계기가 된다. 이러한 관념론적 경향은 그의 심론과 인식론에 이르게 되면 더욱 뚜렷이 나타난다.

장재철학의 이러한 이중성 때문에 그의 사상에 대한 후대 학자들의 평가 또한 엇갈리고 있다. 마르크스 사상에 기초한 현대 중국의 철학자들은 기본적으로 장재의 철학을 유물론으로 해석하고 있다. 반면, 장군매(張君勱, Carsun Chang, 1887~1969)와 같은 현대신유가(現代新儒家) 계열의 학자들은 이러한 해석에 대해 반대 입장을 펼친다. 그리고 그 이유로, 장재의 최초의 전제는 '기'였다. 그는 우주의 조화를 다룰 때는 '기'가 우선한다고 생각하였다. 그러나 그는 결코 유물론자는 아니었다. 그의 철학은 '기' 또는 물질로 시작하지만, 일관성 있게 물질의 이치로써 마음 또는 정신작용까지도 해석하려고 하지는 않았다. 그가 정신의 독립성 또는 도덕률의 자율성을 부정하려고 하지는 않았다는 점을 지적한다. 그러므로 장군매는 장재를 어떠한 고정된 틀 속에도 집어넣지 않겠다고 스스로 다짐하였던 것이다.

우리는 장재 기철학에 대한 이러한 상반된 해석이 결국 자연과 인간이라는 서로 상이한 세계를 바라보는 시각을 통일하기를 요구하는 입장에서 나온 것이라고 생각한다. 즉 天 · 人의 관계론에 있어서 合의 입장만을 강조하는 것이라고 본다. 그러나 장재 기론의 논리적 이중구조가 지니는 이중적 시각이야말로 장재 자신의 사물을 바라보는 이중적 시각에서 나온 결과이다. 즉 인간 자신이 이미 정신과 신체라는 이중적 구조를 가지고 살아가고 있으며, 또한 이질적인 두 세계 사이의 관계가 끊임없이 문제되고 있는 점을 상기해 볼 때, 장재 기철학의 자연관과 인간관이 갖는 이중적 시각은 온당하다 하겠다. 즉 장재는 자신의 철학체계에 있어서 자연관과 인간관의 중심축이 다르다는 점을 깊이 인식하고 있었고, 이러한 인식의 바탕 위에서 이중구조의 기철학을 전개했던 것이다.

이처럼 장재철학은 유물론과 관념론이라는 고정된 이원론적 도식으로부터 자유롭다. 그는 기개념을 중심으로 '자연과 인간의 조화(天人合一)', '정신과 신체의 조화(志氣相養)', '자아와 타인의 조화(民吾同胞)', '인간과 만물의 조화(物吾與也)'를 이루고자 한다. 바로 이러한 점에서 우리는 장재 기철학의 이중구조를 유물론과 관념론 '사이의' 철학으로 읽을 수 있다. 우리는 이제 다음 장에서 어느 하나의 고정된 틀에서 자유로워지려는 장재의 기철학적 사유를 서구의 후설의 현상학적 사유와 비교해 보고자 한다.

2) 몸과 기

기개념은 유가와 도가사상 모두에서 중요한 지위를 차지한다. 그러면서도 유가에 있어서는 이(理)에 의해 왜곡되고, 도가에 있어서는 도(道)에 의해 질식된 형태로 등장한다. 그러므로 이(理)와 도(道)로 상징되는 중심의 권력을 '해체'하고 부당하게 짓눌린 기의 복권을 시도해야 한다. 바로 이러한 점에서 우리는 도가(道家)와 불가(佛家)로 대변되는 근대와 탈근대의 대립을 넘어 하나의 화해의 지평을 마련하려는 계기를 바로 '기' 개념을 통해서 시도해 보려고 하며, 특히 장재 기철학이 갖는 현상학적 메타포를 읽어냄으로써, 아시아적 사유와 서양사상 사이의 횡단적 의사소통의 장을 마련해 보고자 한다.

장재의 기철학은 그 외형상 기일원론적 성격을 갖는다. 하지만 그 내용상 이원론적 관념의 요소를 지니고 있다. 이런 점에서 우리는 장재의 철학을 '이원이일원론(二元而一元論)' 혹은 '일원이이원론(一元而二元論)'으로 부를 수 있다. 장재철학의 역동성은 바로 이러한 이중적 성격, 논리적으로는 다소 애매해 보이는 관점주의적 성격에서 찾을 수 있다. 앞장에서 근대/탈근대의 대립을 넘어서는 의사소통적 지평을 현상학을 통해 제시했다. 하지만 서구적 대안은 그 나름의 태생적 한계를 갖지 않을 수 없다. 이런 점에서 현상학적 사유를 동양적 사유와 접목시켜 그 지평을 넓혀가기를 원한다. 이런 차원에서 장재철학과 현상학의 대화를 '몸'과 '기(氣)'의 메타포로 시도할 것이다.

근대의 이원론에 대한 극단적 불신을 나타내는 탈근대에 대한 현상학적 응전을 주제로 하고 있는 본 연구는 현상학이 함의하고 있는 일원론적 이원론 혹은 이원론적 일원론의 역동성을 강조함으로써 근대/탈근대의 이분법적 대립을 넘어서고자 한다. 특히 후설의 생활세계적 일원론을 강조할 것이다. 우리의 삶의 터전인 생활세계는 일원론/이원론이라는 낡은 대립에 앞서 주어져 있는 장이다. 이 생활세계는 주관적 측면에서 들여다보면 의식적-관념적 세계이고 객관적 측면에서 들여다보면 대상적-물리적 세계이다. 후설은 이런 점에서 생활세계를 은폐시켜 왔던 데카르트식 의미의 이원론은 거부하지만, 생활세계에 근거한 이원론은 부정하지 않는다. 정신적 경험과 물체적 경험으로 더 이상 분리되기 이전의 단적인 생활세계는 내적-외적 경험을 가능하게 하는 근원적인 장이다.

이 생활세계적 경험에는 모든 정신적-물질적 경험의 방울들이 마치 샹들리에처럼 겹겹이 층을 이루고 있다. 서로가 층을 이루면서 겹겹이 구조화되어 있는 모습을 후설은 '지향적 정초관계'로 설명한다. 지향성을 채널로 하여 겹겹이 층을 이루고 있는 존재의 사슬에 귀를 기울인다면, 근대적 의미의 이원론과 이에 대한 극단적 반응을 표출하는 탈근대를 넘어 의사소통이 가능한 지평을 마련할 수 있다. 그러므로 근대적 의미의 이원론은 해체의 표적이지만, 생활세계에 근거한 이원론은 탈근대의 도전에 응전할 수 있는 현상학의 고유한 테제이다.

현상학의 지향적 일원론이 함축하고 있는 장재철학적 성향을 읽어내기 위해서 다음과 같은 사실이 주목되어야 한다. 우선 후설의 철학에 이기론적 메스를 가해 해석한 글이 눈에 띈다.(여종현, 「후설 현상학 형성의 理氣論的 解釋: 주자의 理氣論에 따라서」, 《철학과 현상학 연구》, 제22집, 한국현상학회, 2004 봄호, pp. 261~287쪽). 심리학주의에 대한 후설의 비판을 분석하면서 심리적인 것과 논리적인 것 사이의 관계를 기(氣)와 이(理)의 관계로 해석한다. 논리적 법칙과 심리적 작용 사이의 관계를 이기불상잡(理氣不相雜)과 이기불상리(理氣不相離)의 관점에서 역동적으로 읽은 것은 현상학적 관점에서도 매우 설득력 있는 작업이다. 지향적 함축관계를 단적으로 읽어내기 위한 중요한 실마리를 제공해 준다. 노에시스와 노에마 사이의 이중적 관계를 주자의 이기론으로 해석하는 것은 본 연구를 위해서 중요한 의미를 갖는다. 의미를 구성하는 노에시스적인 심적 작용과 이에 의해 구성된 노에마적 대상 사이를 혼동함으로써 논리적인 것의 심리주의화를 초래한 심리학주의자들에 대해 후설은 비판한다. 논리적 법칙은 그 발생적 뿌리는 심리적인 것에 두고 있더라도 결코 심적인 주관적 작용과는 다른 객관적 대상이다. 마치 나무가 흙에 뿌리를 두고 있더라도 나무가 흙이 될 수 없듯이 논리적 법칙과 심리적 작용들 사이의 관계는 하나이면서 둘인 관계이다. 논리적 법칙의 타당성을 정당화하기 위해서는 논리적인 것과 심리적인 것은 서로 섞일 수 없다. 하지만 논리적 법칙이 발생하는 연관을 물을 경우 이 둘은 결코 떨어질 수 없다.

그러나 이와 같은 주자학의 이기론적 접근은 현상학의 지향적 일원론이 가진 함축성, 즉 이원론을 포괄하는 일원론의 성격을 드러내기에는 한계가 있다. 논리적 법칙과 본질의 타당성을 논리적으로 정당화하는 데 관심을 두었던 초기 정적 현상학에서는 이러한 이기론적 접근이 적절할지 모르지만, 그 본질의 발생연관을 묻는 후기 생활세계적 현상학에서는 그 접근의 한계가 노출되지 않을 수 없다. 후기의 후설은 그 스스로 전통적인 질료-형상이라는 낡은 도식에서 자유로워지기를 원한다. 의미 발생의 근원 사실로 이미 주어져 있는 생활세계라는 지평으로 접근하기 위해서는 이기론적 접근보다 모든 이기론적 분화가 일어나기 이전의 근원 현사실로 돌아가는 것이 중요하다. 그러므로 우리는 정통주자학을 비켜 서 있으면서 이기이원론(理氣二元論) 이전의 근원적 기일원론을 강조한 장재의 철학을 주목할 필요성이 있다.

후설 후기 현상학의 주제인 몸-일원론은 바로 장재의 기일원론으로 연결될 수 있는 교차점이다. 장재의 기일원론이야말로 현상학적 공식, '본질즉현상(本質卽現象)', 혹은 '본질적 현상' 혹은 '현상적 본질'이라는 공식을 가장 역동적으로 이해할 수 있게 해준다. 유무(有無)가 혼융되어 있음을 단적으로 드러내기 위한 장재의 메타포가 태허즉기(太虛卽氣)라고 한다면, 본질(本質)과 현상(現象)의 지향적 함축관계를 가장 역동적으로 해명해 주는 것이 후설의 후기 생활세계의 현상학이다. 지향적 함축관계를 해명함으로써 태허(太虛)=기(氣)=만물(萬物)임을 단적으로 읽어낼 수 있다. 유(有)와 무(無)의 지향적 혼융관계는 부득이한 것이다. 말하자면 아무리 형이상학적으로 추상하려 해도 할 수 없는 가장 단적인 진리이다. 장재에게는 무에만 집착하는 불가와 유에 집착하는 도가와 달리 유와 무가 하나로 혼융되어 있음은 물리칠 수 없는 단적인 신념이다.

후설 역시 형이상학적 추론에 의해 유와 무 어느 하나를 추상하지 않고 지각의 확실성에서 시작한다. 개별적 사물에 대한 지각을 실마리로 하여 그 지각의 배경에 이미 주어져 있으면서 지각 자체를 가능하게 하는 생활세계의 지평을 드러낸다. 개별적 사물에 대한 지각은 바로 생활세계를 지평으로 하여 가능한 것이다. 개별 사물에 대한 지각은 생활세계 속에 살아오면서 이미 가지고 있는 선지식에 의해 가능하다. 마치 해석학적 순환을 의미하는 듯한 이 생각 속에는 장재의 기일원론적 사유가 함께 숨 쉬고 있다. 생활세계 속에서 자아와 세계는 이미 혼융된 채로 존재해 왔다는 사실은 현상학으로서는 부득이한 것이다.

생활세계를 중심으로 전개되는 후기 현상학의 몸 일원론에 대한 탈근대의 성급한 비판은 초기 정태적 현상학기의 의식의 지향성이 지닌 이원론적 성격에 대한 공격에서 비롯된 것이다. 그러나 지향성을 의식 고유의 작용으로 한정함으로써 후기 몸-주체의 '기능하는 지향성'이 가진 의사소통적 실천을 추상화한다. 모든 대상적 존재를 의미형성체로 구성하는 의식의 지향작업, 즉 대상을 능동적으로 정립하는 작용으로서의 작용 지향성에 앞서 이미 수동적으로 기능하는 몸의 지향성에 대해 먼저 이해하지 않으면 안 된다. 세계는 의식에 의해 구성적으로 정립되어야 할 의미체가 아니라, 의식은 이미 몸-의식으로서 세계라는 지평 속에 이미 주어져 있다. 의식이 대상을 구성하는 능동적 활동이 개입하기 이전에 이미 세계 내 존재로서 몸은 수동적 기능을 하고 있다. 몸의 수동적 종합에 의해 가지게 되는 세계에 대한 믿음은 모든 인식의 기반으로서 기능하는 근원신념(Urdoxa)이다. 모든 대상구성적 작업에 선행하여 익명적으로 이루어지는 몸을 통한 선(先)구성적 기능이야말로 장재의 기철학과 연대할 수 있는 중요한 색인이 아닐 수 없다.

3) 현전과 태허

자아의 실체성에 대한 근대/탈근대의 논쟁을 현상학적 화해의 장으로 이끌어가기 위한 본연구의 의도가 장재의 기일원론과 연결되는 이유는 바로 다음에 있다. 천지의 기는 모이고 흩어지고 배척하고 흡수하는 작용이 여러 갈래로 나타나지만, 그 이치는 순리적이고 망령되지 않다. 기는 흩어져서 형체가 없는 상태로 들어가게 되면 본래 모습을 얻게 되고, 모여서 형상을 갖게 되더라도 본성을 잃지 않는다. 태허는 기가 없을 수 없고 기는 모여서 만물이 되지 않을 수 없으며, 만물은 흩어져 다시 태허가 되지 않을 수 없다. 허공이 기인 줄 알면 있음과 없음, 은미함과 드러남, 신(神)과 화(化), 성(性)과 명(命)이 하나이며 둘이 아님을 깨닫게 된다. 기가 모이면 우리의 눈에 뚜렷하게 보여 사물의 형상이 있다고 일컬어지고, 기가 흩어지면 뚜렷이 보이지 않아 형상이 없다고 일컬어진다. 그러나 기가 모였다 하더라도 그것은 일시적인 모습일 뿐이며, 기가 흩어졌다 하더라도 성급하게 '무'라고 할 수 없다. 그러므로 성인은 하늘을 보고 땅을 굽어살펴서 단지 드러남과 드러나지 않음의 까닭을 안다고 말할 뿐이지 있음과 없음의 까닭을 안다고 말하지는 않는다.

후설은 베르나우 원고의 한 구절에서 다음과 같이 쓰고 있다. "이러한 의미에서, 그것〔즉, 자아〕은 '존재'가 이니라 존재하는 모든 것들에 대립되는 것이다. 즉 그것은 대상(Gegenstand)이 아니라 근원상(Urstand)이다. 자아라고 불려서는 안 된다. 그것은 어떤 것으로도 불려서는 안 된다. 왜냐하면 그렇게 되면 그것은 이미 대상이 되어버리기 때문이다. 자아는 말로 나타낼 수 없는 이름 없는 것이고, 정지해 있는 것이 아니고, 떠 있는 것도 아니며, 모든 것의 위에 존재하는 것도 아니다. 그것은 파악하고 가치 평가하는 등등으로서 '기능하는 것'이다."(단 자하비 지음, 박지영 옮김, 《후설의 현상학》, 164쪽).

후설의 자아의 실상이 장재의 태허와 유사하다. 자아의 실상을 단적으로 읽을 때, 있음과 없음, 불변과 흐름을 자유롭게 건너다닐 수 있는 자로서 읽어야 할 것을 강조한다. 자아의 실상은 없음도 있음도 고정된 것으로 파악할 수 없다. 반성된 자아는 있음의 관점에서, 반성되기 이전의 자아는 없음의 관점에서 읽은 두 얼굴일 뿐 사실은 동일한 자아의 실상이다. 이 두 자아, 즉 반성된/반성되기 이전의 자아는 생활세계적 자아의 이중적 얼굴이다. 하나이면서 하나가 아니고 둘이며, 또한 둘로 되지 않고 바로 이 유일한 하나로 남아 있다. 그러므로 자아는 소박한 태도로 전(前)반성적 태도로 보는가 아니면 현상학적-반성적 태도로 보는가에 따라 형체 없음으로 혹은 형체 있음으로 잠시 드러날 뿐이다. 다만 드러남과 드러나지 않음의 일시적 현상일 뿐이다. 후설의 방법 역시 의식에 직접적으로 드러나는 것을 실마리로 하여 그 의식의 배경으로 뚜렷하게 드러나지 않은 채 주어져 있는 것을 지향적으로 해명하는 방법이다. 현상의 원인으로 본질이 따로 실재하는 것이 아니기에 현상을 가능하게 하는 본질을 형이상학적으로 추론해야 할 필요가 없다. 다만 가장 생생하게 지각상으로 주어지는 것을 실마리로 삼아 그 의식의 배경으로 미리 은미하게 주어져 있는 근원적 사실을 지향적으로 해명하는 방법이 장재의 기본입장과 유사하다. 있음과 없음의 시앙적 함축관계에 대한 장재의 생각이 엿보인다.

편의상 그리고 비유상 '헤라클레이토스적 흐름'으로 이름 붙여진 현상학적 자아는 바로 모든 만물의 궁극적 토대인 태허(太虛)와 다르지 않다. 노자(老子)가 '도(道)'를 편의상 이름 붙인 것과 마찬가지로 후설은 이 현상학적 자아를 생생한 '현전'에 비유한다. 특정한 이름을 붙일 수 없는 모든 것이 거기로 되돌아가 존재의 근원을 검증받아야 하는 자아는 순수한 자기 현전(presence)이다. 의식이란 주관성을 아무런 전제없이 직관할 경우 의식보다 생생한 현전은 없다. '현재'라 불리면 이미 특정 시점에 고정된 대상이 되어버린다. 현전은 '현재'라는 이름을 갖지 전의 근원적 자아다. 시간적 양상을 가지면서 비로소 형체를 가질 뿐이지만, 이 흐름 자체는 형체를 갖지 않는 선-시간적인 것이다. 스스로 시간화되어 흐르면서도 동시에 시간을 초월하여 흐르지 않는다. 이 흐름과 흐르지 않음을 자유자재로 넘나드는 순수 수동성은 바로 태허의 자유자재함과 같다. 이 흐름은 그 자체 이름을 갖지 않는다. 하지만 다른 모든 것들이 이름을 가지게 하는 근거이다. '생생한 현전' 혹은 '흐름'이라는 메타포 이외의 별다른 이름을 갖지 않는 그 자체로는 익명성이다. 단지 반성에 의해 그 이름이 붙여짐으로써 비로소 '자아'란 이름을 가질 뿐이다. 태허가 기인 것은 바로 형체를 가진 이후이고 그리고 만물은 태허의 다양한 이름들인 것과 같다.

우리가 장재의 기일원론적 사유와 후설의 지향적 일원론 사이의 연대성을 읽어내기 위해 고려해야 할 사실은 다음과 같다. 장재의 태허즉기는 바로 태허가 시간적 양상을 취하여 노에마적 대상으로 형체를 띠게 됨으로써 기가 형성되고, 더욱 객관화되어 만물의 형상을 취하지만, 모든 것은 태허의 지향적 상관자에 지나지 않는다는 점이다. 순수한 흐름으로서의 태허는 그 자체로서는 기가 흩어져 아직 이름을 갖지 않은 순수 수동적 흐름이다. 기가 모여 만물을 이루어 비로소 이름을 가진다. 기가 흩어지고 모이는 과정에 따라 태허도 되고 만물도 된다. 그러므로 기는 그 자체로서는 순수 수동적 흐름으로서 태허와 만물의 두 얼굴을 함께 가진다. 우리가 장재의 이러한 기일원론을 지향적 관계로 다시 해석할 수 있는 근거는 다음과 같다.

자아와 세계의 선험적 근거가 되는 순수 흐름은 그 자체로서는 능동적 활동 이전에 주어져 있는 것이긴 하지만, 단순히 능동적 활동에 의해 의미가 입혀지기를 기다리는 질료가 아니라 오히려 능동적 활동에 앞서 부단히, 비록 낮은 단계이긴 하지만, 객관적 형상을 취하려는 본능적 지향활동을 한다. 모든 객관적 의미체는 바로 이 순수 흐름의 부단한 지향활동의 성취물이다. 우리는 수동적–능동적 지향관계에 대한 해명을 통해 수동적 흐름으로서의 기가 흩어지고 모이는 양상에 태허 혹은 만물로 이름을 갖게 된다는 사실을 이해할 수 있다.

4) 환원

장재가 왜 기를 모든 것의 궁극적 토대로 이야기하는가? 그는 무(無)나 공(空)으로부터 유(有)를 설명하려는 관념적 태도를 지양하고 더 이상 추상할 수 없이 자명하게 주어져 있는 '기'를 자신의 철학적 사유의 실마리로 취한다. 이것은 의식에 생생하게 현전하는 것을 실마리로 하고 있는 후설과 같다. 우리의 의식에 생생하게 주어져 있는 것에서 시작하려는 후설의 태도는 이전의 모든 형이상학적 추론이 남겨 놓은 사유의 추상물을 괄호 치고 현전하는 것으로부터 시작한다. 장재에 있어서 '형체 있음(氣)'은 그 배경으로 주어져 있는 '형체 없음(太虛)'을 해명하기 위한 지향적 실마리이다. 유(有)는 다만 무(無)를 지향적으로 드러내기 위한 실마리이다. 그렇기에 태허즉기(太虛卽氣)임을 알지 못한다면, 유에 혹은 무에 집착한다. 이처럼 장재는 기의 존재를 인정하면서 시작한다. 왜냐하면 아무리 추상해도 기의 존재는 부정할 수 없는 확실한 사실이기 때문이다. 대상을 의식에 원본적으로 주어지게 하는 직관이 모든 권리의 원천임을 강조한 후설과 마찬가지로, 장재 역시 기의 존재를 떠난 도(道)는 생각할 수 없는 것으로 파악한다.

현전과 태허로 환원하는 이유는 무엇인가? 전통적인 이기론적 접근, 예컨대 체(體)와 용(用)의 접근 방식이 가지는 태생적 이원성 때문이다. 장재는 '드러나는 것(明)'과 '드러나지 않는 것(幽)'의 (지향적) 관계를 강조한다. 드러나는 것을 통해 그 배경으로 이미 주어져 있는 드러나지 않은 것을 해명하는 지향적 해명이다. 태허와 기의 지향적 관계를 전통적인 유와 무의 관계로 이원론적으로 해석하는 것을 비판한다. 태허와 기와 만물이 지향적 동일성을 이루고 있다는 사실이 강조되고 있다. 즉 유와 무는 어느 하나로부터 다른 하나를 연역적으로 추론할 수 없을 정도로 이미 하나로 혼융되어 지향적 동일성을 이루고 있다. 수동적 흐름으로서 그 자체 선시간적-선인식적-선반성적-선존재적 근원사실인 현상학적 자아는 합리적-연역적 추론에 의해 드러날 수 없다, 선술어적 존재인 현상학적 자아는 술어적-개념적 인식방법에 의해 추론되기 이전에 주어져 있는 현전으로서의 절대적 사실이다.

기의 본래적 상태인 태허는 맑아서 형체가 없으나, 감응하여 곧 기가 모여서 형상을 갖게 된다. 형상이 있으면 곧 이러한 형상의 짝이 있게 되고, 짝은 반드시 그 작용에서 형상에 반대되는 것이다. 반대되는 것이 있으면 곧 적(敵)이 있게 되며, 적의 관계는 반드시 화해하여 풀리게 된다. 장재는 태허와 기 그리고 만물 사이의 지향적 동일성을 태화(太和)로 읽는다. 후설 역시 본질과 현상 사이의 지향적 관계를 강조한다. 모든 것의 궁극적 원천인 현상학적 자아는 본질필연성이나 보편성과 대조된 우연적이거나 개별적인 것이 아니라, 모든 기능의 절대적 출발점인 절대적 현사실이다. 즉 모든 것의 궁극적 근거인 현상학적 자아는 개별적 사실과 대조되는 본질이 아니다. 본질과 사실의 대립적 분화 이전의 근원적 사실이다. 모든 것은 바로 이 현상학적 자아로서의 흐름이 시간적 양상을 띠게 됨으로써 비로소 형상을 띠게 되고 이에 상응하는 각각의 사물들이 지향적 상관자로 구성되게 된다. 즉 태허가 감응하여 기가 되고 기가 모여 형상을 갖게 되듯, 순수 흐름으로서의 현상학적 자아는 바로 모든 것들이 형상을 띠게 하는 근원적 기능으로서 활동하는 기능하는 지향성이다.

후설은 이러한 근원적 사태 자체로 돌아가기 위한 방법적 절차를 환원으로 설명한다. 온갖 억척스러운 형이상학적 편견에서 자유로워져 사태 자체를 직관하는 자는 현상학적 신천지를 경이롭게 대한다. 장재 역시 노자나 불가의 간사한 말에 가려 옳지 못한 말에 빠지는 것을 경계하라고 주문한다. '태허즉기' 즉 '본질즉현상'이라는 지향적 사태 자체를 직관하기 위한 올바른 방법을 구할 것을 주문한다. 장재 역시 기라는 사태 자체로 돌아갈 것을 주문한다. 기에 대한 환원의 필요성을 인지하고 있다. 왜냐하면 수동적 흐름으로서의 기의 흐름이라는 사태 자체로 돌아가기 위해서는 주자학적 이기론적 해석을 괄호 쳐야 하기 때문이다. 우리는 이기론적 해석에 의해 추론되기에 앞서 주어져 있으면서 수동적으로 기능하는 자아를 생활세계적 주체로 읽는다. 이는 동시에 장재의 기의 현상학을 가능하게 하는 길이기도 하다. 장재가 불가나 노자의 형이상학적 편견을 괄호 치고 기의 흐름 자체를 드러내는 일에 관심을 가지는 이유가 바로 여기에 있다. '기(氣)를 이(理)와 짝지어 규명해 왔던 오래된 형이상학은 이(理)와 대립된 기(氣) 자체를 초월하는 기(氣)'를 드러낼 수 있을 단계의 철저한 환원을 수행하지 않았다. 현상학적 환원에 의해 개시되어야 할 수동적 흐름은 주관-객관의 상관관계 자체를 초월하는 선험적-절대적 사태이다. 이 절대적 사태는 바로 장재의 기다.

5. 임상 현상학

'치료로서의 철학'이란 용어는 우리 시대의 전문용어가 되었다. 물론 이 용어가 아직은 다소의 애매성을 가지긴 하지만, 우리 사회에서 이제 더 이상 '철학상담'이나 '철학치료' 혹은 '임상철학'이란 용어가 낯설지는 않다. 왜냐하면 철학은 어느 면에서는 그 시작부터 (정신)치료와 무관하지 않았기 때문이다. 소크라테스의 《변명》은 바로 그 시대의 사회적 질환에 대한 치료적 선언이었고, 그의 철학적 실천은 죽음에 대한 두려움을 치료하는 임상적 실천이었다. 아리스토텔레스의 《니코마코스 윤리학》도 인간의 불행을 치유하는 임상 철학이었다. 스피노자의 《에티카》는 감정치료학이다. 철학하는 사람으로서 우리는 이론철학이나 순수철학의 가면을 벗고 구체적 현실에 임상적으로 다가가는 철학적 실천이 요구되는 시대에 살고 있다.

특히 철학은 이제 더 이상 과도한 이념에 사로잡혀 정신적 편견에 빠져 있는 사람에게 요구되는 치유를 외면할 수는 없다. 한국적 현실이 겪고 있는 정신적 문제들에 대한 임상적 진단과 치료가 필요한 때다. 우리 사회에 만연된 정신적 혹은 이념적 질병에 대한 진단은 철학적으로 접근하지 않으면 안 된다. 예를 들어 잘못된 가치판단이나 논리적 오류 혹은 이데올로기적 광신에 의해 야기된 정신적 질병은 철학자가 임상적으로 다루어야 한다. 우리 사회에 만연되어 있지만, 눈에 띄지 않는 심각한 질병은 오직 철학자들에 의해 임상적으로 진단-처방 치유되어야 한다.

그러나 근대 이후 과도하게 발전한 과학주의적 세계관은 철학의 옛 본문을 망각하고 말았다. 과학적 패권주의는 철학적 진단과 처방이 필요한 영역마저 과학적 분석의 대상으로 물화(物化)시켰다. 하지만 이후 임상 과학의 한계를 인식함으로써 임상 철학을 복권하려는 움직임이 일기 시작한다. 나는 이러한 움직임의 시작을 후설의 현상학에서 찾는다. 임상 철학의 가능성을 임상 현상학(clinical phenomenology)에서 찾는다.

1) 임상 과학의 한계

나는 임상적 실천에 현상학이 필요하다는 전제에서 출발한다. 왜 임상적 실천 방법으로서의 현상학이 필요한가? 무엇보다 현상학의 이념은 개념적 사유에 의해 옷 입혀지기 이전의 생생한 경험으로 돌아가기를 요구한다. 정서적 장애나 정신적 질환에 대한 임상 과학적 접근의 한계는 바로 개념과 원리들로 생생한 경험의 장을 은폐하는 데 있다. 그러므로 정신적 질환이나 문제를 치료하기 위해 우선 '문제 자체로' 돌아가기를 요구한다. 문제 자체를 둘러싸고 있는 온갖 형이상학적 수상들이나 선입견에서 벗어나 문제 그 자체로부터 탐구의 추진력을 얻어야 한다. 전통적인 임상 과학적 접근은 인간의 본질에 대한 직관을 결여하고 있다. 후설에 있어서 이 생생한 경험은 의식적 경험이다. 이 의식적 경험으로 돌아가려는 요구를 전통적인 주관주의나 유아론으로 해석하기보다 모든 정신적-정서적 장애에 관한 진단을 객관적 증상에 앞서 환자의 내적 경험과의 관련성 속에서 새롭게 시작하자는 요구다. 나는 이러한 현상학적 요구에 함축되어 있는 정신치료적 함의에 관심을 갖는다.

후설의 무전제의 철학과 기술(Deskription)의 방법론을 요청하지 않을 수 없다. 환자의 정신적 문제 자체로 돌아가기 위해 환자의 문제에 대한 성급한 판단을 유보하고, 사태 자체를 사태 자체에 맞게 충실하게 기술하는 것이 필요하다. 이를 위한 '현상학적 환원'이 요구된다. 의식적 경험의 생생함을 덮고 있는 모든 개념적 원리나 장치들을 일단 괄호 쳐 두고 환자의 문제를 그 원본성 속에서 드러내기 위한 방법적 절차로서의 환원은 문제 자체를 해명하고 치료하기 위한 실천이다. 현상학적 환원에는 이미 임상적 실천성이 담보되어 있다. 근대 자연과학의 주도면밀한 프로젝트에 의해 배제당한 정신성을 회복함으로써 전통적 정신치료의 한계를 극복하려는 임상적 실천이 담보되어 있다. 후설은 근대 유럽학문의 위기를 정확하게 진단하고 치료하는 현상학적 대안을 제시한다.

고대부터 철학은 그 자체가 치료적 실천이었다. 에피쿠로스는 일찍 마음의 병에 대해서는 철학이 그 치료 약을 제공한다고 말해왔다. 하지만 그 임상적 실천이 엄밀한 방법론을 통해 철저하게 논의될 수 있는 것은 현상학, 즉 임상 현상학에 의해서이다. 물론 전통적인 임상 심리학 역시 정서적 장애를 치료하기 위해 환자의 내면으로 들어가는 치료방법을 취한다. 하지만 그 접근방법은 어디까지나 과학적 전제나 가설에서 자유롭지 않다. 원인-결과라는 오래된 과학적 가설에 묶여 있고, 문제 자체를 이분법적으로 재단하는 데 익숙하다.

경험심리학은 이전의 관습적 방법이나 편견을 철저히 보류하고 순수한 경험 자체로 돌아가기 위한 현상학적 환원의 실천을 결여한다. 심리학이나 심리치료란 용어는 그 희랍적 어원에 의하면 이미 의식과 의식의 건강에 대한 연구이다. 경험심리학은 정신치료를 위한 경험적 자료를 제공해 줄 수는 있지만, 그 자료에 대한 분석은 철학적 분석의 도움을 받아야 한다. 철학의 역할은 바로 경험적 자료에 대한 반성과 평가이다.

정신 혹은 정서적 장애에 대한 전통적인 임상적 접근은 주로 전통과학의 기본적 가설에 의존하고 있다. 질병에 대한 전통적인 분류나 정의 역시 과학의 인과적-기계론적 모델에 의존하고 있다. 정신적 문제를 특정한 원인을 진단하여 치료하려는 전통적 접근방식은 정신적 장애나 문제가 하나의 원인으로 단순화될 수 있다는 가설에 의존하고 있다. 하지만 모든 질병, 특히 정신적 질병은 하나의 원인으로 환원할 수 없는 복합적 상황에서 기인하는 것이다. 모든 질병은 그 자체가 사회문화적 질병이다. 예를 들어 간경변 환자의 질환은 알코올중독이 주 원인이다. 만약 알코올음료를 손쉽게 구할 수 없는 문화 속에 살았거나 술을 금기시하는 이슬람 국가는 상대적으로 알코올 중독환자가 적을 것이라 추론할 수 있다. 특히 대표적인 정신질환인 우울증 역시 사회문화적 코드를 떠나 이해할 수 없다. 모든 질병, 특히 정서 장애나 정신적 문제는 기계론적 모델로 일반화하여 분류된 객관적 준거에 의해서만 해명될 수 없는 과학 이전의 의식적 삶이나 주체적 삶의 양식에서 비롯되는 그 자체 생활세계적 경험에서 비롯되기 때문이다.

2) 임상 현상학의 배경

현상학은 임상 철학을 가능하게 한다. 인간 조건에 대한 현상학적 분석은 전문적이고 체계적인 임상 철학을 위해 사용할 수 있는 가장 신뢰할 만한 이론적 토대를 제공한다. 심리치료에서 철학이 공헌할 수 있는 분야 중 하나가 현상학이다. 과학으로서의 임상학을 넘어 설 수 있는 철학적 대안은 현상학의 이념적 토대에서 확인할 수 있다.

임상 현상학의 이념적 토대를 브렌타노에서 찾는 것은 무리가 없을 것이다. 콩트(A. Comte, 1798~1957)와 분트(W. Wundt, 1832~1920)에 의해 제기된 실증주의적 전통에서 자유로워지기 위해, 브렌타노는 정신적 현상의 특성을 지향성에서 확인한다.

그는 정신적 현상은 물리적 현상과는 근본적으로 다른 개별성 및 주체성을 특성으로 갖는다고 강조한다. 따라서 정신적 질환 역시 인과적 추리에 근거한 객관적인 설명의 대상이기 이전에 기술(記述)되어야 할 주관적 경험 양식이다. 브렌타노는 객관적 설명에 앞서 주어진 의식에 대한 정확한 기술이 앞서야 한다고 주장한다. 심리적 실증주의는 이 생생한 경험을 객관적인 분류를 목적으로 재단한다. 주체적 삶의 양식으로서의 경험의 다발을 물리적 실재로 환원할 수 없다. 그러므로 브렌타노는 물리적 실재와 심적 실재가 서로 양립할 수 없다고 주장한다. 그 이유는 의식은 항상 그 무엇을 대상으로 지향한다는 근본적인 특성을 가지고 있기 때문이다.

브렌타노의 제자 후설은 바로 이 지향성 개념을 보다 체계적으로 그 두께를 확장해 나간다. 의식과 대상 사이의 근원적 관계성을 지향성으로 읽어내기 위해, 후설은 의식과 대상 사이를 실재적인(real) 관계로 오인하는 편견을 걷어치우기 위한 철저한 방법론적 성찰을 수행한다. 바로 현상학적 환원이다. 모든 의식작용은 그것이 현존하든 않든 상관없이 항상 그 어떤 것을 지향하는 합목적적 활동이다. 이를 바로 의식의 '지향성'이라 칭한다. 정신적 혹은 정서적 실재를 단순히 물리적 현상처럼 다루지 말아야 할 이유가 바로 이 의식의 특성 때문이다. 정신적 질환이나 장애는 물리적 현상처럼 객관적으로 그 원인을 설명할 수 없는 주체적 동기나 목적연관 속에서 발생하기 때문이다. 그 주체적 동기는 이해의 대상이지 결코 설명의 대상은 아니다. 왜냐하면 모든 정신적 문제는 바로 내담자나 환자 자신의 의도성이나 동기와 무관하지 않기 때문이다. 어떤 동기와 목적으로 그런 문제를 야기시켰는지 이해하기 위해 문제 자체로 돌아가 거기에서부터 새롭게 시작하지 않으면 안 된다.

임상 현상학의 근본적 테제는 바로 의식의 지향성에서 출발하며, 지향성이라는 근본사태에 도달하기 위해, 의식이나 정신에 대한 기존의 모든 선입견에서 자유로워진 상태에서 문제 자체를 직관하고 기술하기 위한 방법적 절차인 현상학적 환원을 요구하지 않으면 안 된다. 현상학적 지평 위에서 모든 질병을 심신상관학적으로, 즉 의식과 세계 사이의 관계성 속에서 이해한 메다르 보스(M. boss)의 심신상관의학(Psychosomatische Medizin)은 바로 임상 현상학의 지평 위에 서 있다. 그는 후설의 지향성을 실존적으로 천착해 들어간 하이데거를 통해 임상 현상학을 더욱 구체화한다. 하이데거의 현존재 분석은 후설의 지향성을 '정상성(情狀性, Befindlichkeit)'으로 실존적 차원에서 구체화한다. 이 정상성은 인간이 이유를 알 수 없는 어떤 기분에 젖어 있는 상태다. 현존재는 근본적으로 세계 내 존재로서 이미 그리고 항상 세계와의 근원적 관계성 속에 던져져 있다. 하이데거의 실존분석을 정신질환에 적용한 대표적인 사람들이 프랑켈, 보스, 빈스방거, 민코우스키, 슈트라우스 등이다. 이들은 우리가 정신분석학자들 중 임상 현상학자라 부를 수 있는 사람들이다. 특히 빈스방거(L. Binswanger, 1881~1966)는 하이데거야말로 정신질환에 대한 기존의 과학적 방법의 한계를 넘어설 수 있는 새로운 지평을 제시해 준 사람으로 이해한다. 빈스방거는 정신적으로 병든 인간을 생물학적 부조화 증후를 나타내는 '병든 유기체(sick organism)'로 규정하는 입장에 반대하기 위해 임상 현상학을 구체화한다.

빈스방거와 같은 임상 현상학자들은 정신질환에 대한 자연주의적 접근을 넘어서려고 한다. 정신질환을 비정상적인 생물학적 기능, 부적절한 사회적 행동 등으로 규정하는 입장을 넘어선다. 정신질환을 무의식의 차원으로 환원하려는 프로이트의 입장 역시 비현상학적이다. 왜냐하면 프로이트는 의식적 경험이 가지는 중요성을 의도적으로 간과하기 때문이다. '이미 주어져 있는 것', '직접적으로 경험되어진 것', '직접적으로 주어진 것' 등으로 지칭되는 생생하게 현전하는 것에서부터 다시 시작하려는 현상학자들은 질병의 원인을 무의식적 욕망에서 찾지 않는다. 모든 것을 무의식적인 성적 욕망으로 환원하는 프로이트적 가설은 의식적 경험의 장(場)에 주어져 있는 생생한 의미-연관(meaning-matrix)을 간과할 위험성이 있다.

생생한 현전에 호소하려는 현상학자들은 정신질환을 앓고 있는 내담자나 환자의 문제 자체로 돌아가서 그 사태 자체로부터 들려오는 소리를 생생하게 듣기 위해 이전의 모든 방법론적 편견을 괄호 쳐 두기를 요구한다. 왜냐하면 내담자의 정신적 문제는 상담자의 자의적 규준에 의해 객관적으로 설명될 수 없는 그만의 주체적 동기나 의미지향과 연관되지 않을 수 없기 때문이다.

로저스(C. Rogers, 1902~1987)의 '내담자 중심의 심리학(client-centered psychology)' 역시 이런 맥락에서 임상 현상학의 대표적 사례이다. 내담자 스스로 자신의 문제를 재평가하는 데 도움을 주기 위해, 치료자는 내담자의 '현상학적 장(phenomenological field)'에 대한 구성적(해석적) 탐구를 시도해야 한다. 왜냐하면 내담자의 행동이나 비정상적인 사고는 바로 그 자신의 의식적 삶과 무관하게 객관적으로 설명될 수 없는 것이기 때문이다. 모든 객관적 행동이나 의미체는 그것을 구성하는 주체의 지향적 연관과 분리해서 설명될 수 없다. 이런 점에서 내담자 중심의 심리치료는 후설의 지향성에 많은 빚을 지고 있으며, 대화를 통한 상호주관적 의미구성의 중요성이 더욱 강조되지 않을 수 없다.

우리가 임상 현상학자라 부를 수 있는 사람들은 어떻든 브렌타노의 지향성과 후설의 현상학적 환원의 이념에 빚을 지고 있는 사람들이다. 물론 후설의 지향성이나 환원의 이념에 묻어 있는 주관주의적-관념적 성격을 비판하면서 현존재분석으로 지향성을 구체화시켜 나간 하이데거나 빈스방거와 같은 사람들 그리고 후설의 상호주관성이론을 상담자중심의 정신치료의 모형으로 비판하고 감정이입의 신화적 차원을 넘어, 하이데거의 현존분석과는 달리, 정신병리학적 차원으로 확장해 나간 야스퍼스(K. Jaspers, 1883~1969) 등이 얼마나 후설의 현상학에 충실한가의 문제는 이미 해묵은 논쟁거리가 되고 있다.

6. 현상학과 정신치료

1) 상호주관적 소통의 단절

후설의 상호주관성(Intersubjektivität)이론이 함의하는 정신치료적 기능을 분석하려고 한다. 특히 후기 생활세계 현상학의 기본적 토대를 이루고 있는 상호주관성이론이 함의하는 치료적 기능을 제시하는 데 목적이 있다. 인간의 공동체적 삶의 지반인 생활세계(Lebenswelt)의 망각을 근대학문의 위기로 읽은 후설은 근대정신의 위기를 위한 치료적 대안을 스스로 제시해 보인다.

현상학적 존재 모델의 해체, 즉 주-객의 근원적인 지향적 상관관계의 파열은 바로 정신분열의 존재론적 근거이다. 정신분열증 환자는 의식의 장(field, 場)이 파열되는 마음 상태에서 발생한다. 상호주관적 세계인 생활세계의 상실을 정신질환, 특히 정신분열의 발생적 기원으로 해석한다면, 정신분열에 대한 현상학적 진단과 치료는 필수적 과제이다. 정신분열증 환자는 자기만의 개별적 의식 속에 갇혀 있다. 상호주관적 세계와 등지고 앉아 의식과 세계 사이의 부단한 지향적 흐름을 차단한 채 살고 있다. 의식의 지향성이 작동하지 않은 상태에서 마치 '기계 속의 유령'처럼 자신만의 의식 속에 갇혀 있다. 지향적 의식이 제대로 작동하지 않은 상태가 바로 정신분열의 상태이다.

정신분열 상태의 대표적 사례인 자폐증이 좋은 예가 된다.

이것은 외부세계와의 단절이다. 유아(唯我)론적 가상에 빠져 있다. 외부세계와 단절하고 자기만의 의식에로 몰입하는 상태다. 우리는 정신분열의 상태를 현상학적 관점에서 역사성의 단절로 규정할 수 있을 것이다. 의식의 지향성이 단절되어 시간적 연속성과 세계와의 관계성이 단절됨으로써 '생활세계'라는 역사적 공동체가 무역사적인 개별적 의식으로 쪼개진 상태이다. 내적 시간의식으로서의 의식의 흐름이 단절되어 흐름으로서, 과정으로서 그리고 장(張, field)으로서 기능이 제대로 작동하지 않은 상태이다. 결국 인격 상호 간의 사랑의 대화가 단절됨으로써 상호주관적 장의 구성이 불가능한 상태이다.

그러므로 임상적 실천의 장에서 우리에게 요구되는 것은 상호주관적 경험이 가능한 상담자-내담자, 치료자-환자 사이의 대화적 구조를 복원하는 것이다. 정신분열증 환자의 치료에 있어서, 환자를 대화나 감정이입을 통해 도저히 이해할 수 없는 타자로 앞서 재단하는 것은 매우 잘못된 접근방식이다. 정신분열증은 바로 치료자와 환자 사이의 상호작용, 상호인격적 대화의 단절로 이해하기에 앞서 성급히 개별 환자의 질병이나 결손으로 규정하는 것은 문제가 있다.

환자를 상호작용에 의해 이해할 수 없는 타자로 규정하는 야스퍼스나, 참되고 진실된 것은 분석가의 능력에 달려 있다고 생각하는 프로이트는 환자의 경험을 치료자의 경험에 종속시킬 위험성을 내포한다. 중요한 것은 환자의 정신적 문제를 단순히 질병이나 기능장애 혹은 결손의 양태로 규정하기보다 치료자와 환자 사이의 대화적 경험의 일탈에서 찾는 것이다. 이에 대한 논의를 위해 후설의 상호주관성이론은 매우 설득력 있는 치료적 대안이 될 수 있다.

2) 존경의 현상학

나는 인도 철학자 모한티(J. N. Mohanty, 1928~2023)의 말을 인용해서 후설의 현상학적 접근을 의심의 현상학과 구분된 존경의 현상학(phenomenology of respect)으로 규정한다. 의심의 현상학은 이론가나 치료자가 환자 경험의 적법성을 의심하는 것이다. 환자의 경험 자체를 자연과학적 가설에 의해 질병으로 분류하기에 앞서 있는 그대로를 인정하는 것이 중요하다. 의식은 모든 실재적인 것의 의미를 구성하는 것으로 그 자체로 인정되어야 한다. 후설에 의하면 모든 경험의 흐름은 그것이 의식에 나타나는 그대로 존중되어야 한다. 경험의 흐름은 그 자체가 존재를 개시하는 것으로 적법하고 신뢰성 있게 존중되어야 한다. 타자의 경험을 불신과 의심으로 대하기보다 모든 경험을 있는 그대로 대하는 것이 중요하다. 환자 자신의 경험을 있는 그대로 인정하고 존중하는 것이 바로 치료자의 기본적 자세다. 환자의 경험을 환자의 입장에서 이해하는 것이 중요한 이유다.

환자의 경험을 환자의 입장에서 그 액면가 대로 평가한다는 것은 무엇을 의미하는가? 전통적인 심리치료가 자연과학에 근거한 원리를 가지고 환자의 경험을 진단하고 치료하는 것에는 한계가 있다. 이것은 정신을 물리적 신체에 단순히 인과적으로 부착되어 있는 보완물로 간주하거나 또는 물리적인 인과계열과 평행하는 것으로 해석하는 데서 비롯된 것이다. 만약 환자의 경험이 학문적인 방법적 추상에 의해 더 이상 제거될 수 없는 근원적인 구체상, 즉 어떠한 개념적 추상에 의해서도 분석될 수 없는 선천적인 필연적 구조를 가지고 있다면, 환자의 경험은 치료자의 편에서 아무것도 덧붙이지 않은 채 존중되어야 한다.

이 선천적인 필연적 구조는 바로 학문적 탐구에 의해 개념으로서 추상되기 앞서 이미 거기에 주어져 있는 보편적 경험 양식이다. 이것은 정신과 자연 그리고 주체와 객체가 분리되기에 앞서 주어진 시원적(始原的) 분야로서 상호주관적 경험의 장이다. 이 보편적 경험 양식에 근거해 치료자와 환자 사이의 상호이해와 공감이 가능해진다. 이런 점에서 환자의 경험은 비록 주체적이고 상대적인 경험이긴 하지만, 언제나 의심할 수 없이 확실하게 '거기 있는 것'으로서 지각된다. 즉 어떠한 이론적 추상에 의해서도 깨어질 수 없는 고유한 존재 의미를 가진 것으로 이미 주어져 있다. 이 미리 주어진 것에서부터 시작하지 않으면 안 된다.

전통적인 심리치료의 관점에서 볼 때, 의식작용은 유기적 과정(특히 신경조직의)이나 다른 모든 물리적 과정과 똑같은 실재 세계에서, 그리고 똑같은 객관적인 시공간 속에서 발생하는 일정한 성질을 지닌 것으로 간주된다. 즉 의식작용이 인과적으로 혹은 생리적으로 생리학적 과정과 연관되어 있다. 따라서 전통적인 심리치료에서 다루는 정신적 문제나 질환은 기능적 장애나 생물학적 결손과 연결되어 설명된다. 이와는 달리 현상학은 의식을 실증과학적으로 다루지 않는다.

의식은 실재 세계와 나란히 존재하는 일상적 영역이 아니다. 물리학주의와 궤를 같이하고 있는 심리학주의는 인간의 의식적 삶을 설명하기 위해 인간의 의식조차 물리적 사건에 작용받는 물리적 체계로 인정하고 있다. 후설은 이것을 '의식의 자연화'로 규정한다. 현상학적 접근은 바로 의식작용이 의식 이외의 다른 물리적 체계에 의해 설명되는 것이 아니라 오히려 물리적-심리적 세계가 의식에 역관계되어 있고, 그 존재 근거가 의식에게 되물어져야 한다는 입장이다. 현상학적 환원은 바로 이를 위해 필요한 조치이다. 현상학적 환원이 수행되지 않고서 의식이 아직도 실재 세계의 한 부분으로서 간주되고 있는 한, 의식작용은 물리적 사건에 인과적으로 의존하고 있는 것으로 해석된다. 환자의 정신적 문제를 인과적 추론의 희생물로 삼지 않기 위해서 문제 자체가 있는 그대로 드러나게 하는 태도로 변경하지 않으면 안 된다. 자연적 태도에서 현상학적 태도로의 환원이 요구된다.

그러므로 현상학적 환원을 철저하게 수행한 자만이 훌륭한 상담자와 치료자가 될 수 있다. 현상학적 시선을 가질 수 있도록 철저한 훈련을 한 자만이 문제 자체로 돌아갈 수 있다. 환자의 어떠한 문제도 그의 의식적 삶과 분리해서 객관적으로 설명될 수 없는 것이기에, 그의 의식적 삶에 대한 이해 없이 문제 자체로의 접근은 불가능한 것이다. 예를 들어 고통이나 중독과 같은 경우가 그렇다. 전통적 의학에서는 고통과 중독이 자아의 배후에서 혹은 신체 너머에서 발생하는 것으로 진단한다. 전통적 치료모델이 환자의 경험이 가진 구체성과 직접성을 손상해서는 안 된다.

치료는 간접적이고 추론적인 절차에 앞서 주어져 있는 생생한 경험에서 시작해야 한다. 일반적인 질병의 경우, 신체 특성 부위에서 발생하는 것으로 진단하는 것은 당연하다. 요통이나 치질은 특정 부위에서 발생한 것으로 쉽게 느낄 수 있다. 하지만 고통은 단순한 육체적 아픔만도 아니고 정신적 아픔만도 아니다. 정신과 세계의 관계성 사이에 그 존재론적 근거를 가지고 있는 '사이-경험(between-experience)'이다.

3) 지향성의 치료적 구조

주체와 타자 사이의 대화적 채널은 의식의 지향성이다. 지향성은 항상 타자로 지향되어 있으며 타자로 다가서려는 사랑과 본능의 지향성이다. 상담자-내담자의 관계 역시 감정이입을 통해 상호이해의 지평을 구성해 가면서 대화 관계를 형성한다. 전통적 심리치료의 방법은 주체인 상담자 중심의 치료적 접근이었다. 그러나 타자는 결코 주체에 의해 객관적으로 설명될 수 없는 그 스스로 주체이다. 그러므로 동일한 생활세계를 살고 있는 두 주체는 상호이해와 감정이입을 통한 유비적 짝지음(Paarung)의 과정을 통해 상호공감적으로 이해할 수 있다.

그러나 후설의 지향성은 주체와 타자 사이의 근원적인 비대칭을 해소할 수 없다고 비판한다. 가깝게는 사르트르나 메를로 퐁티에 의해 멀리는 포스트 구조주의자들에 의해 주체 중심의 전통적 인식론의 패러다임으로 읽힌다. 지향성이 의식의 지향성인 한, 아무리 타자로 향해져 있다고 하더라도, 그 타자는 의식에 의해 하나의 대상으로 표상되어야 할 객체 이상이 아니기 때문이다.

후설의 상호주관성이론은 타자의 신체를 매개로 이루어지는 주체와 타자 사이의 감정이입을 강조하고 있다. 하지만 감정이입과 같은 방법으로는 타자 자체로 직접 접근할 수 없다. 후설 역시 타자의 문제를 중심적으로 다루었고 이를 통해 상호공동체의 구성을 문제삼은 것은 사실이지만, 타자의 신체를 통해 타자성을 충분히 이해할 수 있다는 그의 생각에는 문제가 있다. 왜냐하면 타자가 의식의 지향적 대상으로 표상되는 순간 타자성 자체가 상실되어 버리기 때문이다.

후설의 지향성 구도는 내담자를 상담자의 존재론적 이웃으로 배려하고 내담자의 편에서 문제 자체로 다가가려는 존재론적 지향성이 결여되어 있다는 비판이 제기된다. 포스트구조주의자들에게는 후설의 지향성은 타자를 주체와 동일하게 재현하는 표상활동에 지나지 않는다. 그들은 오히려 주체란 의식은 비로소 타자에 의해 생겨난다고 말한다. 타자의 시선 속에서 주체는 살아날 수 있을 뿐이라고.

그러나 나는 후설의 지향성을 타자와의 대화성이 결여된 유아론적 채널로 읽는 것에 대해 비판적 시각을 갖는다. 지향성은 주체의 속성이 아니다. 주체는 이미 타자와 그리고 타자는 이미 주체와 지향적 지시관계를 이루어 하나의 모나드적 공동체를 형성하고 있음을 단적으로 읽어내기 위한 메타포가 바로 지향성이다. 지향성은 관계성이다. 지향성의 구조는 주체는 타자에 관한 의식(Bewusst-sein)이면서 동시에 타자에 의해 비로소 의식적이게 되는(Bewusst-werden) 쌍방적 구조다.

4) 환원의 치료적 함의

환원은 주-객 분리에 의해 쪼개진 의식을 회복하기 위한 치료적 조치이다. 그러므로 환원의 각 단계는 그 나름의 치료적 의미를 갖는다. 더욱이 선험적 의식을 회복하기 위한 환원의 단계가 깊어지면 깊어질수록 유아론적 가상에 몰입하여 생활세계로부터 등을 돌리고 정신적으로 유리되어 있는 환자를 치료할 수 있는 진정성이 회복될 수 있다. 그러므로 환원을 충분히 수행하기 위한 방법을 아는 것이 중요하다. 상호주관성의 상실 혹은 부재가 정신적 질병의 원인이라는 진단은 결국 상호주관적 의식을 회복함으로써 비로소 치료될 수 있다는 결론을 이끌어 낸다.

우리가 환원의 치료적 함의를 중요하게 다루려는 관점에서 다음과 같은 환원의 두 단계를 언급하지 않을 수 없다. 첫 번째 환원의 단계는 개별적 의식의 영역이다. 이 단계에서 의식은 스스로를 개별적이고 분리된 의식으로 생각한다. 이 개별적 혹은 경험적 의식은 아직 상호주관성을 회복하지 못한, 즉 타자의 의식과 하나가 되지 못한 의식이다. 이 단계에서는 치료자와 환자 사이의 감정, 욕망, 본능 등의 경험적 대상들에 의해 아직 선험적 관계가 수립되지 않은 단계이다. 서로에 대한 신뢰가 형성되지 않은 상태다.

다음 환원의 단계는 자신을 하나의 개별적 자아로 경험하는 단계를 넘어서는 것이다. 이제 이 개별적 의식이 반성의 대상이 되는 단계로서 반성의 주체는 바로 상호주관적 의식이다. 치료자와 환자, 혹은 상담자와 내담자 사이의 소통의 채널은 바로 이 단계에서 경험된다. 비로소 치료자와 환자 사이의 선험적 관계가 이루어진다. 치료자와 환자 사이의 상호 이해와 신뢰가 회복되는 단계로서 치료적 함의는 매우 크다.

모든 치료는 관계(participation)에서 일어난다. 치료자와 환자 사이의 진정한 관계에 대한 논의 없이 단순히 정신치료이론에 의존하는 것은 한계가 있다. 치료자와 환자, 상담자와 내담자 사이의 진정한 인간적 관계가 전제되지 않고서 특정한 규준에 의거해 진단–처방되는 관계는 진정한 대화적 관계가 아니다. 성공적인 치료는 상담자–내담자 사이의 만남의 질에 의해 결정된다고 해도 과언이 아니다.

현상학적으로 요구되는 훌륭한 치료자는 스스로 환원을 수행함으로써 환자와의 선험적 관계를 회복하는 자이다. 즉 환자로부터 인정과 신뢰를 받아야 한다. 권위주의적 태도로 환자를 대해서는 안 된다. 환자의 요구에 귀를 기울이려는 윤리적이고 합리적인 관계를 유지하는 것이 중요하다. 치료자는 상호주관적 경험을 자신의 전문가적 자질로 갖추어야 한다. 그가 오로지 의학적 모델만 의존할 경우, 환자와의 모든 관계는 경험적 관계가 될 수밖에 없다.

치료자의 궁극적 목적은 환자 역시 스스로 환원을 수행하여 치료자와 진정한 상호주관적 관계를 유지하도록 도움을 주는 것이다. 치료자와 환자는 상담 과정 중에 서로 성적으로 이끌리거나 서로 무관심하거나 성을 내거나 후회하거나 무서워하거나 하는 등등의 경험적 관계로 들어갈 수 있다. 이러한 관계들을 넘어 선험적 관계를 수립함으로써 치료자와 환자는 진정으로 하나의 의식의 장으로 들어서게 된다. 이 경우 '선험적'이란 말은 자신이 경험한 것이 쌓여 생긴 각자의 선입견을 내려놓는 태도를 일컫는다.

7. 현상학과 마르크시즘

1) 혁명가 후설

이탈리아 현상학자 파치(Enzo Paci, 1911~1976)는 자신의 《어느 현상학자의 일기》(1961)(이찬웅 옮김)의 머리말에서 이미 후설 현상학과 맑시즘의 화해를 강조하고 있다. 《이탈리아 철학 비평》(Ⅱ, 1961)에 수록된 그의 「현상학과 대상화」란 글에서 인간이 사물로 취급받는 것을 비판한 후설과 노동하는 주체가 부정당하고, 착취받고 소외되는 것을 비판한 마르크스를 만난다.

후설은 유럽학문의 위기를 극복하기 위한 자신의 선험적 현상학의 이념을 '철저한 근본주의(kühne Radikalismus)'로 규정한다. 유럽학문의 위기를 진정한 인간성의 상실로 진단하고, 진정한 인간성을 회복하기 위한 그의 태도는 가히 혁명적이다. 그는 '새로운 종류의 실천'으로서의 진정한 철학을 '모든 생활과 모든 삶의 목표에 대한 보편적 비판, 인간의 삶에 근거하여 이미 발생한 모든 문화적 형성물과 체계들에 대한 보편적 비판, 그리고 인류를 상승시키고 뿌리로부터 새로운 인간성에로 변형시키는 것을 목적으로 하는 실천'으로 규정한다. 그는 자신을 오늘날 말로만 매우 급진적인 태도를 취하는 사람들보다 훨씬 더 급진적이며 혁명적이라고 말한다.

정치적 야만주의와 이념적 패권주의에 식상했던 당대의 지식인들에게는 후설의 '철학적 근본주의'는 하나의 혁명적 대안이었다. 합리적 인간성을 역사적으로 실천하기 위한 새로운 지적 토대를 제시했던 후설은 통상적으로 당연히 타당한 것으로 여겨왔던 이전의 모든 학문, 견해, 신념들을 괄호 쳐 두고 판단을 유보한 채, 모든 이념이나 가치에 앞서 근원적으로 주어져 있는 것으로 돌아가 다시 시작하지 않으면 안 될 상황에 직면해 있었다. 당대의 지적 사유는 철저한 반성을 통한 새로운 출발이라는 혁명적 행보를 요청하고 있었다. 인간성 자체가 하나의 사물처럼 다루어지는 과학만능 혹은 제국주의의 물화(物化) 이데올로기로부터 해방된 자유의 주체로서의 새로운 인간을 회복하는 일에 후설은 누구보다 철저하다.

필자는 후설의 현상학을 관조의 철학으로 이해하는 통상적 독서를 지양하고, 후설의 철학 속에 녹아들어 있는 혁명의 메타포를 읽는다. 이를 위해 우선 후설의 선험적 현상학을 일종의 관념론이나 주지주의로 성급하게 읽어 온 통상적 해석을 넘어, 현상학을 맑시즘과의 화해의 지평으로 안내한 엔조 파치의 해석에 무게 중심을 두면서 논의를 전개한다. 그의 말대로 현상학은 관조가 아니다. 현상학은 사회의 현상을 바꾸는 변형의 활동이며, 혁명의 철학이다.

후설은 근대과학주의에 대한 비판을 통해 인간성의 실현을 지향하고, 마르크스는 자본주의의 비판을 통해 인본주의를 실천한다는 점에서 외형적 차이점은 갖는다. 하지만, 양자 모두 인간을 사물화함으로써 초래된 근대학문과 그에 바탕한 자본주의의 위기를 극복하고 인간성의 해방을 지향한다는 점에서는 혁명의 동반자이다.

2) 지향적 실천

후설은 근대 갈릴레이에 의해 차단된 생활세계를 역사적으로 새롭게 회복함이 없이는 진정한 인간성의 실현이 가능하지 않다고 생각한다. 생활세계의 생생한 경험들이 수학적 이념에 의해 포장되고 차단됨으로써 초래된 인간성의 위기를 극복하기 위한 일차적 과제는 선험적 환원이다. 생활세계를 회복하기 위한 선험적 환원은 이미 그 자체가 근대학문에 의해 초래된 인간성의 위기를 극복하기 위한 혁명적 대안이 아닐 수 없다.

새로운 인간성의 구성은 시간의 변증법 속에서 완수될 수 있다. 시간의식은 그 자체 변증법적 계기를 갖는다. 후설의 시간의식은 이미 지나간 것을 새로운 의미로 구성해 내고 나아가 역사의 목적을 실현하는 데로 나아간다. 지향적 의식은 이미 무엇을 항상 새롭게 구성하려는 역사적 목적을 향해 실천하는 생성-의식(becoming-conscious)이다. 자아는 단지 사유하는 자아(ego cogito)가 아니라 행동하는 자아(I do)이다.

후설의 상호주관성의 구성은 혁명적이다. 나 중심에서 타자 중심으로의 혁명이다. 타자가 처음에는 하나의 물체로서 경험되지만, 나와 유사한 신체-주관으로 새롭게 구성함으로써 비로소 상호주관성을 구성할 수 있다. 인간성의 상실과 소외는 바로 물체로서 경험된 타자를 나와 유사한 신체적 자아로서 의미를 새롭게 구성함으로써 극복될 수 있다. 물체와 신체는 다르다. 물체는 마음을 둘러싸고 있는 물리적 외피지만, 신체(몸)는 마음의 확장이고 현현이다. 신체를 물체(사물)화하는 것은 인간의 사물화이다. 자본가와 노동자의 이원화는 바로 이러한 상호주관성의 지평 위에서 극복될 수 있다. 자본가에 의한 노동자의 착취는 바로 이들 사이의 상호주관적 경험이 차단됨으로써 일어나는 분열 현상이다. 그러므로 후설의 상호주관성이론은 착취없는 진정한 세계를 지향하는 혁명적 실천이다. 상호주관성이론은 후기 후설의 핵심주제다. 이에 대한 논의는 다음 장에서 계속 이어질 것이다.

3) 혁명으로서의 환원

환원은 인간을 사물로 취급해 온 자신의 선입견을 내려놓은 일이다. 세속적 삶으로부터 다시 태어나는 것이다. 다시 태어난다는 것은 바로 인간성의 새로운 혁명이다. 세속적 자아로부터 선험적 자아로 다시 태어나는 것은 총체적 변형(Umstellung)이다. 후설의 말처럼, 전(全)인격적 전환이며, 일종의 개종(改宗)만큼이나 어려운 철저한 실존적 자기혁명이다. 나 자신을 새롭게 발견하기 위해, 나 스스로 선험적 환원을 수행하지 않으면 안 된다. 철저한 자기혁명으로서 환원을 수행함으로써만이 근대과학에 의해 스스로 물화되어 버린 자아의 소외를 극복할 수 있다. 현상학은 새로운 인간 사회를 -변형적으로- 구성하는 실천이다.

환원의 혁명성은 바로 진정한 인간성을 회복하기 위한 철저한 인격적 전회를 요구한다는 사실에 있다. 사회 구성원을 물화(物化)하는 것을 판단중지하고 인간성 회복을 지향한다는 점에 환원의 실천성과 혁명성을 읽을 수 있다. 후설은 '단순한 사실과학은 단순한 사실인간을 만든다'고 진단한다. 그는 극단적 물신주의에 저항하면서 이를 극복하기 위한 근본적(radical) 혁명적 대안을 환원을 통해 마련한다. 아도르노(Th. Adorno, 1903~1969)는 후설의 환원을 비판하면서 호르크하이머의 '중재'의 중요성을 이야기한다. 후설을 당대의 가장 정태적인 사상가로 혹평한다. 후설이 환원의 방법에 의해 세계를 꿰뚫어 보려했지만, 그것은 헛된 노력이었다고 혹평한다. 하지만 환원은 이미 중재성을 함축한다. 환원을 통해 나와 타자 그리고 세계가 이미 상호 지향적으로 중재되어 있음을 드러내기 위한 인위적 절차이다. 환원과 중재는 양립불가능한 것이 아니다.

4) 지향적 변증법

후설의 지향성은 지평적이다. 의식과 세계 그리고 나와 타자는 생활세계라는 보편적 세계에 지평적으로 둘러싸여 있다. 이 지평성이란 말은 모든 것이 서로를 매개하고 중재하는 방식으로 얽혀 있는 형국을 일컫는다. 나는 이 지향성의 지평성에서 변증법의 계기를 확인할 수 있다. 보이는 것과 보이지 않는 것 사이의 지평적 얽힘은 서로에게 중재되어 있는 변증법으로 읽을 수 있다.

현상학적 변증법은 숨겨진 것과 드러난 것 사이의 변증법이다. 즉 이 양자는 이원적으로 분리된 것이 아니라, 이미 서로에게 중재되어 있다. 숨겨진 것과 드러난 것 사이의 중재적 관계를 현상학적으로 해명하는 방법은 이미 변증법적이다. 자연적 세계와 그 배경으로 주어져 있는 생활세계 사이의 관계를 후설의 전경과 배경의 비유로 설명한다. 그리고 과학적 세계와 과학 이전의 생활세계 사이를 '지향적 정초(Fundierung)관계' 혹은 '지향적 지시(Verweisung)관계'로 해명한다. 이는 바로 이 양자가 서로 중재되어 있음을 강조하는 변증법적 관계와 다르지 않다. 후설의 지향적 변증법이 가진 함의를 마르크스적 지평으로 옮기는 데 주저할 필요가 없다.

5) 노동의 지향성

후설이 과학주의에 대해 철저하게 저항한 것과 마르크스가 전통적인 유물론에 저항한 것은 모두 정신의 자연화 혹은 사물화에 대한 저항이다. 정신과 자연으로 분리되기 이전의 구체적인 생활세계적 자아의 회복이라는 공통적 과제를 역사적으로 지향한다. 현상학적 환원에 의해 열려진 주관성은 자연과학주의적 개념에 의해 이념화되기 이전의 생생한 현실적 자아로서 소외될 수 없는 자아다. 프롤레타리아 역시 더 이상 추상할 수 없는, 개념적으로 이념화되기 이전의 가장 현실적 존재라는 점에서 소외 이전의 구체적 자아이다. 이 자아는 인간성의 실현이라는 목표를 향해 나아간다. 이 자아는 자신을 넘어 인격적 타자로 다가가려는 지향적 실천(intentional praxis)의 담지자이다.

우리는 이런 점에서 현상학의 생활세계적 자아와 마르크스의 프롤레타리아를 대립시킬 이유가 없다. 생활세계적 자아는 구체적 자아로서, 지향과 충족의 변증법 속에 살고 있는 프롤레타리아와 무관한 것일 수 없다. 그러므로 마르크스의 프롤레타리아는 실존적 관점에서 읽은 생활세계적 자아이고, 후설의 생활세계적 자아는 관념론적 관점에서 읽은 프롤레타리아이다. 루카치의 말처럼, 의식은 프롤레타리아에 첨가된 무엇이 아니라 프롤레타리아와 분리될 수 없는 것이다. 마치 현상학에서 영혼이 신체와 분리될 수 없고 주체가 그의 세계와 분리될 수 없는 것과 같다.

주체는 항상 자신을 초월해야 한다. 주체는 자기충족적이지 않고 다른 것에 둘러싸여 있다. 주체가 지향적인 이상 항상 자신을 넘어서야 한다. 자신을 부정하고 지속적으로 자신을 변형시키면서 실현해 가야 할 어두운 지평들이 있기 때문이다. 의식이 몸과 인과성에 의존하고 있는 한 경제적 욕구의 영역 속에서 무언가에 의존하고 있다. 경제적 욕구를 가지고 있는 한, 주체는 충족을 필요로 하는 존재다. 시간의 불가역성 속에서 경제적 욕구를 지속적으로 충족시켜가야 한다. 주체는 몸과 세계를 가진다. 특히 살기 위한 환경이 필요하다. 그리고 진리를 향해 지향적으로 나아가기 위해서는 경제적 구조, 노동, 생산, 분배에 조건지어진다. 이 경제적 구조는 더 이상 추상될 수 없는 근본적이고 가장 구체적인 지향성이다. 따라서 지향성은 단순히 무엇에 관한 의식이 아니라 '무엇에 의존하는 의식'이다. 즉 경제적 구조에 조건지어진 의식이다. 의식은 무엇에 관한 의식이기 이전에 존재론적 결여태로서 항상 부족함을 무엇에 의존해서 충족시키려는 의식이다. 후설은 소유하지 못한 것을 지속적으로 충족시키려는 지향성을 본능의 지향성으로 규정한다. 성욕이 그 대표적인 것이다. 의식은 항상 배고픈 의식이고 충족을 필요로 하는 의식이다. 이 욕구와 충족이 생활세계의 영원한 구조이다.

객관적인 학으로서의 정치경제학은 학 이전의 주체로 돌아가는 것을 망각한다. 그럴 경우 인간은 자연과학주의적 범주로서 살아가도록 강요당한다. 인간의 실존이 소모품으로 취급된다. 인간을 객관화(대상화)하는 학으로서의 정치경제학은 위기이다. 이것은 학문의 기능의 와해를 의미한다. 말하자면 객관적 학으로서의 정치경제학은 바로 선범주적 토대인 생활세계의 구체적 삶과 분리됨으로써 스스로 위기를 초래한다. 노동과 인간성의 소외가 바로 위기의 현상으로 나타난다. 객관적인 학으로서의 정치경제학은 인간을 범주적으로 추상화시키고 삶의 구체성을 추상적 원리로 재단한다. 자본주의 생산방식은 바로 이런 추상을 가속화한다. 마르크스는 자본주의의 추상으로부터 해방되기 위해서 주체가 의식적으로 될 것을 요구한다. 이 의식적으로 된다는 것은 실천적으로 된다는 것이다. 마르크스가 자본주의에 있어서 고려한 것은 인간과 사회의 근본적 변형이다. 자본주의 경제학에서 지속되어온 것을 부정하는 경제적 작용자(economic operator)로서의 주체로 돌아가는 것이다. '학'으로서의 경제학은 생생한 현실(actual presence)에서 시작해야 한다. 나는 항상 무엇에 관한 노동을 한다. 노동은 지향적이다. 지향성 속에서는 주체적 활동과 대상 자체 사이에 연속성이 존재한다. 객관적 학으로서의 정치경제학에서는 더 이상 이 연속성이 존재하지 않는다. 대상은 더 이상 나의 것이 아니기에 소외된다. 나의 노동은 다른 사람에 의해 소유된다. 노동 자체의 대상화이다. 이것은 노동의 지향성이 단절될 때 발생하는 위기이다.

8. 디아스포라의 현상학

유대계 독일인 디아스포라(Diaspora) 후설은 이산(離散)의 아픔을 사랑의 현상학으로 승화한다. 후설에 대한 통상적 해석은 지향성의 외연을 지나치게 얇게 그리고 좁게 해석한다. 하지만 그의 지향성은 이성과 감성, 정념 그리고 의지와 본능 더 나아가 사랑으로 확장되는 중첩적인 매트릭스를 연출한다. 역사의 소수자로서 그리고 주변인으로서 겪어야 했던 체험들이 그의 현상학적 환원, 지향성 그리고 생활세계, 사랑의 공동체 등 주요한 개념들에 함의되어 있다.

특히 미발간 유고의 행간 행간에 녹아 있는 디아스포라적 경험들이 사랑의 공동체 이론으로 승화된다. 후설의 현상학을 그 넓이와 깊이를 확장해 나간다면, 근대 민족주의에 의해 양산된 문화적 패권주의를 초월하는 상호문화적 용광로로 재구성할 수 있다. 그의 환원은 나와 타자의 삶이 연대할 수 있는 지평을 회복하는 절차로, 지향성은 타자에 대한 관심과 배려 그리고 사랑과 사회적 공동체를 이루려는 본능 등으로 확장해서 읽는다.

1) 소수자 중의 소수자

유대인 디아스포라로서 나치의 본령에서 생을 마감해야 했던 후설이 철학자로서 무엇을 겨냥했던가? 그의 생활세계나 상호주관성이론이 궁극적으로 의도한 것이 무엇일까? 반유대주의의 주류문화 속에서 소수자로 살았던 그에게 철학은 그저 단순한 이론이 아니라 실천이었다. 가히 혁명적 실천이었다. 그의 철학에는 나치에 의해 실종된 인류문화에 대한 성찰이 함의되어 있다. 나치에 의해 망각된 상호주관적 세계인 생활세계의 회복이 그 목표이다.

후설은 유럽학문의 위기를 치유하기 위한 철저한 대안을 마련한다. 그의 철저한 근본주의의 이념이나 엄밀학으로서의 철학의 이념도 이를 위한 대안들이다. 그는 새로운 종류의 실천을 강조하면서 모든 삶의 목표에 대한 보편적 비판, 모든 문화적 형성물과 체계들에 대한 보편적 비판, 그리고 인류를 상승시키고 뿌리로부터 새로운 인간성으로 변형시키는 것을 목적으로 하는 실천을 강조한다.

이러한 급진적 대안이 시급했던 것은 그에게 가장 큰 상처가 되었던 명예교수로 있었던 프라이부르크대학으로부터 1933년 4월 13일 받은 '휴직' 통고였다. 같은 해 하이데거는 5월 1일 당원번호 3125894번으로 나치당에 입당하고 프라이부르크대학 총장이 된다. 그는 1년 후 총장을 사임한 후에도 《존재와 시간》의 헌정 명단에서 후설의 이름을 빼자는 출판사 요청에 동의했고, 불치병이 든 스승 후설을 찾은 적도 없었고 1938년 장례식장에도 끝내 참석하지 않았다. 후설은 대학의 유대인화를 막기 위해

1933년 제정된 바덴법령의 최초 희생자였다. 아리안족에 의한 유대인의 정신적 학살의 희생자였다. 이를 시작으로 1,600명 이상의 학자들이 교수직에서 쫓겨났다. 이 시기부터 하이데거와의 결별이 시작되었다. 이것이 유대계인 독일인으로서 성실하게 살았던 것에 대한 대가였다.

후설의 고향인 현재 체코의 프로스테요프는 한때 독일 보호지역이었던 메렌(Mähren)주의 프로니츠이다. 체코는 16세기 종교개혁 전쟁으로 합스부르크왕조의 지배하에 들어가 1918년까지 3백 년간 오스트리아–헝가리 제국의 속령이었다. 하지만 오스트리아–헝가리 제국이 제1차 세계대전에 패전함으로써 베르사유조약에 따라 체코슬로바키아 공화국으로 독립한다. 후설이 독일 프라이부르크에서 생을 마감하기 한 달 전인 1938년 3월 나치는 오스트리아를 점령하고 이어서 1938년 9월 뮌헨협정에 의해 1939년 독일은 체코슬로바키아를 점령하여 메렌주로 이름을 바꾸어 보호령으로 삼았다. 체코 내 주데텐란트(Sudetenland)에 살고 있는 독일 게르만족 300만 명을 보호한다는 명분으로 체코로 침입한 것이다. 독일 내에서도 후설이 죽기 전 1935년부터 죽은 해인 1938년까지 유대인에 대한 탄압이 극에 달해갔다. 특히 후설이 죽은 바로 다음 1938년 11월 9일에서 10일 사이에 발생한 크리스탈나흐트(Kristallnacht) 사건을 계기로 유대인 상점 불매 운동과 약탈과 방화 등 대량학살의 전조를 보이기 시작하였다.

제2차 세계대전에 의해 독일이 패망하기까지 후설의 고향은 독일의 보호령으로 관리되었다. 슬로바키아 지역 역시 폴란드와 헝가리에 의해 땅을 빼앗긴다. 현재 체코는 1993년 1월 1일 슬로바키아와 분할되어 독립국으로 유지되고 있다. 나치에 의한 점령으로 체코 내의 유대인에 대한 차별이 심하게 이루어졌다. 후설은 자신의 고향이 나치에 의해 보호령으로 다스려지는 동안 독일에서는 자신의 제자인 하이데거가 1933년 5월 교내에서 반유대주의 현수막을 걸지 못하도록 한 묄렌도르프의 후임으로 나치에 입당하는 조건으로 프라이부르크대학 총장으로 취임한다.

이때부터 스승과 제자라는 인간적 관계는 다수자 독일인과 소수자 유대인의 관계로 바뀌었다. 후설은 생전에 홀로코스트는 경험하지 않았지만, 독일 점령지역 출신인 그가 젊은 시절 모라비아 지역에서 경험했던 것보다 훨씬 더 독일 내의 유대인으로 차별을 받았던 것은 분명하다. 후설은 독일의 문화 패권주의에 희생당했던 체코 내의 유대인의 혈통으로 태어난 것만으로도 소수자의 삶을 살아야 했고, 독일 내 유대인으로 더욱 극단적인 주변인의 삶을 살아내지 않으면 안 되었다. 체코는 당대의 패권주의적 질서에 의해 독일과 헝가리와 폴란드 등에 의해 소수자로 전락되었고, 소수자로 전락된 체코 내의 유대인은 소수자 중 소수자로 차별을 받았다.

후설의 고향인 프로스테요프는 유대인 공동체 중 가장 크고 잘 알려진 곳 중 하나다. 15세기 중엽에 유대인 거주가 시작되었고 중요한 역할을 하였다. 하지만 그에 상응하는 대우를 받지는 못했다. 1869년 공동체 구성원이 1,825명이었고 이 수는 프로스테요프 시 전체 인구 중 여덟 번째다. 제2차 세계대전이 일어나기까지는 유대인 공동체가 중요한 역할을 하지만, 나치에 의해 1,390명의 유대인이 죽임을 당했다. 나치가 유대인을 테레진 수용소로 이동할 때 단지 84명(어린이 10명 포함)만 살아돌아왔다. 후설의 고향 프로스테요프는 지금은 유대인의 흔적이 많이 남아 있지 않다. 그들이 분리되어 살았던 높은 벽은 그대로 남아 있다.

학문적 성숙기인 50대 후반에서 1928년 70세에 이르는 프라이부르크대학 교수 시절, 그는 독일 대학의 교수로서 살았지만, 나치에 의한 유대인의 차별의식을 가장 심하게 경험했던 시기이다. 그러므로 그의 프라이부르크 시절의 주제가 된 몸의 현상학과 상호주관성과 생활세계의 현상학은 그의 이산의 한이 가장 농밀하게 녹아 있는 시기다. 그는 1933년 나치 정권에 의해 유대인이라는 이유로 대학과의 모든 관계를 단절당해야 했고, 모든 공적 활동을 금지당했다. 자신의 교수 자리를 물려주었던 제자 하이데거로부터 당한 인간적 배신감은 그의 노년기의 삶을 더욱 힘들게 하였다. 당시 미국 로스앤젤레스대학으로부터 교수 초빙을 받지만, 나치의 개입으로 포기한다.

비엔나와 프라하 등에서 강연했던 내용이 1936년 유고슬라비아 베오그라드에서 출간되었던 것을 유고집 3부를 포함해 《유럽 인간성의 위기와 선험적 현상학》이란 제목으로 제자인 오이겐 핑크가 편집해 출간했다. 그의 사후 5만 장에 이르는 방대한 미발간 원고들이 나치에 의해 소각될 위기에 처하자, 프란치스코회 소속 벨기에인 신부 헤르만 판 브레다(Hermann van Breda, 1911~1974)가 나치 몰래 빼내어 벨기에 수도원으로 옮겼다. 이후 벨기에 루뱅대학으로 옮겨져 '후설-아카이브(Husserl-Archive)'가 만들어져 지금까지 보관되어 있다. 이 원고 중 일부가 후설 전집(*Husserliana*)으로 1950년부터 2020년까지 43권이 발간되었다. 아직도 원고 상태로 많이 남아 있다.

2) 보편학의 이념

후설 철학의 이념은 인간성의 개조다. 후설이 이산의 상처를 치유하는 길은 오직 철학적 글쓰기다. 비록 그의 성장기는 다문화 시대라 일컬어질 정도로 유대인에게 관대했던 오스트리아 제국 시기였다. 그렇기에 그는 유대인이라는 이유로 차별을 받지는 않았다. 하지만 그에게는 여전히 유대인이라는 역사적 소수자의 유전인자를 벗어날 수 없는 근원적인 트라우마가 잠재해 있었다. 비록 독일에 이주하여 교수로서 다소 편안한 삶을 누렸지만, 그의 삶은 항상 역사적 주변이라는 깊은 한을 품고 살아야만 했다.

그의 학문적 여정은 이와 같은 소수자의 한을 스스로 치유할 수 있는 길을 모색했고 그 길을 꾸준히 걸어 왔다. 모든 인종적 차별을 치유하고 모든 인류나 문화가 '보편적인 것'을 회복하여 그 토대 위에서 사랑의 공동체를 이루어 살려는 그의 학문적 희망이 한 번도 포기된 적이 없었다. 이러한 생각은 초기 현상학에서부터 확실하게 자리잡았다. 그의 '엄밀학으로서의 철학의 이념' 역시 이러한 보편적인 것으로의 회귀를 목적으로 하고 있다. 보편적인 것을 토대로 한 엄밀한 학으로서의 철학은 모든 인종적 차별과 문화적 차이를 넘어서 하나의 보편적인 공동체를 구성하는 학이다.

그가 관심을 보였던 수학은 어느 학문보다 보편적인 학문이다. 피타고라스와 플라톤 그리고 스피노자나 라이프니츠 그리고 프랑스 철학자 알랭 바디우(Alain Badiou, 1937~)에 이르기까지 수학적 존재론은 수학이라는 학문의 엄밀성과 보편성에 토대하고 있다. 알랭 바디우가 들뢰즈와 대결하면서 무기로 사용했던 수학은 바로 보편적 진리를 지켜내기 위한 방법이다.

후설의 박사학위논문 역시 변수 계산에 관한 것이었다. 그의 박사학위논문과 그 후 《엄밀학으로서의 철학》 그리고 초기 대표작인 《논리연구》 등은 모두 수학적이고 논리적인 보편학의 이념을 구축하는 것이 목적이다. 당시의 심리학주의가 결여하고 있는 보편성과 절대성을 논리적이고 수학적 체계 속에서 구축하는 데 관심을 가졌다.

합스부르크 왕조 오스트리아 제국에서 출생한 후설은 볼차노와 함께 사회적 경계를 극복한 논리적 엄격성을 보여준다. 볼차노와 브렌타노의 영향을 받았다. 볼차노로부터는 논리적 명제의 확고부동한 객관성에 대해 배웠다. 어떤 인간의 오류나 정치적 행위도 무너뜨리거나 그 본질을 수정할 수 없는 이념적 객관성을 가진 영역이 있다는 사실을 인식한다. 그리고 브렌타노로부터는 아무리 객관적인 영역이라고 하더라도 인간의 심리적 활동과 무관한 영역은 없다는 사실을 배웠다. 즉 인간이 모든 의미생성의 근원적 영역이라는 사실을 통해 이념이 인간을 초월해서 존재할 수 없다는 것을 깨닫는다.

하지만 1886년부터 이들 사이의 학문적 관심이 달라진다. 후설은 브렌타노의 심리학주의에는 반대한다. 후설은 모든 학문은 어느 누구에게도 무너질 수 없는 객관성을 가진다는 볼차노의 객관주의와 모든 것은 인간의 심리적 활동과 무관하게 존재할 수 없다는 주관주의를 종합한 것이 후설이다. 후설은 논리적 명제가 비록 인간의 심리적 활동의 산물이기는 하지만, 브렌타노와는 달리 지향적 구성의 산물이라는 점에서는 보편적 객관성을 가질 수 있다고 주장한다.

후설은 그 당시 노에시스의 다양성과 그것에 의해 구성된 노에마의 동일성이라는 차이와 동일성을 모두 포용하는 다문화적 시선을 가지고 있었다. 다양한 민족들이 각각의 정체성을 유지하면서 살아가지만, 그들이 보호해야 할 동일성이 존재해야 한다는 정치적 구상이 그의 수학적 사고에 이미 함축되어 있었다. 이 시기부터 마지막 유작 《유럽학문의 위기와 선험적 현상학》에 이르기까지 그의 이러한 정치적 신념은 조금도 흔들리지 않는다. 영원의 철학, 즉 어떠한 정치적 권력으로부터도 무너질 수 없는 보편학으로서의 철학을 구축하려 했던 그의 신념은 단호하다.

우리가 초기 수학에 관심을 보였던 후설을 역사를 거의 무시했던 논리학자로서만 기억할 수는 없는 이유다. 후설이 사회와 관련된 사유를 거부했다는 것은 편견이다. 왜냐하면 수학 역시 생활세계의 역사성의 지평에서 구축된 논리적 형성물이기 때문이다. 그의 현상학의 최종목적은 바로 인류 공동체 구성에 있다. 다수자와 소수자라는 경계를 허물고 보편적 역사의 의미로 되돌아가 거기에서 인류의 보편성을 구성하는 데 조금도 게으르지 않았다.

3) 보편적 상대주의

우리는 모두 동일한 구조인 세계-지평 안에 살고 있는 '지평적 존재(Horizontal Sein)'들이다. 모든 인종적 차별을 치유할 수 있는 계기는 인류 역사의 보편적인 지평으로서의 세계를 해명하는 데서 찾을 수 있다. 이 보편적 지평은 다름 아닌 상호주관성이다. 인류는 그 시원에서부터 모든 주관과 객관의 상관관계를 초월하는 보편적 구조에 토대를 두고 있다. 모든 철학적 대립 명제들이 해소될 수 있는 유일한 근거는 바로 이 상호주관성이라는 선험적 구조다. 이 구조는 주체와 객체라는 낡은 차별의 경계를 넘어 열리는 보편적 구조다. 이 경우 '보편적'이란 의미는 모든 것을 하나로 포용한다는 동화주의적 모델이 아니다. 주관주의와 이에 대립하는 객관주의는 모두 상호주관성이라는 보편적 구조에 의해 비로소 해소될 수 있다. 인종적 차별에 대해 행동으로 혹은 폭력으로 호소하는 것이 아니라, 자신의 철학함을 통해서 해소할 수 있는 길을 걸어온 후설이다.

후설은 동양문화를 부정적으로 규정했던 헤겔과는 달리 동양적인 것에 대해 차별적으로 인식하지 않는다. 후설이 말하는 보편적 상대주의는 모든 문화는 서로 타 문화에 지향적으로 관련지어져 있다는 상호성을 인정하는 것이다. 다만 역사적 발전 과정에서 차이성을 가지고 전개되어 왔을 뿐, 서로서로 지향적으로 얽혀 있는 보편적 지평을 가지고 있다. 헤겔은 동양, 특히 중국을 전제주의의 미숙한 역사를 가진 국가로 평가한다. 중국은 다른 아시아 국가들과 함께 언젠가는 유럽인에 의해 정복되어야 할 운명을 갖고 있다고 말한다. 동양의 문화에 대한 게르만민족의 우월성을 강하게 표출하고 있다.

이에 반해 후설은 각각의 정신적 형태는 본질적으로 보편적인 역사적 공간 속에, 혹은 공존과 계기(繼起)로 역사적 시간의 특별한 통일성 속에 존재하며, 그 자신의 역사를 가진다고 말한다. 유럽인에게 인도의 문화가 생소하고 인도인에게는 유럽 문화가 생소하다. 다만 친숙하고 덜 친숙함의 차이일 뿐, 이것이 유럽과 인도를 경계짓는 보편적 기준일 수 없다. 모든 문화는 그 나름의 가치를 가지면서 인류의 보편적 세계에 관여하면서 공동체를 이루어 왔다.

이 보편적 상대주의는 지향성으로 얽혀져 있는 나와 타자의 상대성에 근거한다. 모든 인류는 지향적으로 얽혀 있는 사랑의 공동체의 구성원이라는 사실에 의해 이산의 아픔이 치유될 수 있다. 디아스포라 후설의 한이 해소될 수 있는 치유의 방편이 바로 지향성이다. 이 지향성은 타자에게로 단순히 나의 시선이 향한다는 소극적 의미는 아니다. 타자에게로 향하려는 의지이고 사랑이다. 모든 인류는 인종과 민족을 넘어 서로를 사랑하는 지향적 본능으로 하나가 되어 있다. 본능적 지향성이다. 이 지향성을 통해 비로소 주체와 타 주체 사이의 상호주관적 관계가 열릴 수 있다. 다수자와 소수자란 이름으로 지배/저항의 대립자로 잘못 인식되어 온 역사적 의미를 사랑의 공동체의 일원으로 새롭게 인식하기 위한 후설의 철학적 치유방안이 바로 지향성이다. 우리가 지향성을 단순한 인식론적 지평을 넘어 상호주관적 존재론의 방법으로 읽어야 할 이유이다.

4) 인격적 환원

타자를 사물처럼 대하는 태도로부터 인격주의적 태도로의 변경이 요구된다. 인격적 태도를 지배하는 법칙성은 동기부여(Motivation)이다. 우린 이미 타자와 더불어 살아왔다. 그러한 정황들 속에서 이미 타자로 향해져 있는 습관을 지니고 산다. 이 습관은 인격적 태도를 가능하게 하는 수동적 습관이고 습관적 지향성이다. 우리 인간은 모두 이러한 수동적 습관의 소유자다. 이 습관을 토대로 타자를 인격적으로 대하는 능동적인 태도가 가능하다. 우린 이미 사회적 동료로서 함께 인격적으로 만나고 소통하면서 살아온 습관을 가지고 있다. "우리는 언제나 더불어 살고 서로 이야기하며 또 손잡고 인사하며, 사랑하면서 미워하고, 관심을 보이고 행동하며, 말을 주고 받으면서 인격주의적 관계 속에서 살아왔다."(후설, 《이념들 II》, 183쪽)

물론 이 습관은 우리의 인격적 평가나 이성적 판단을 가능하게 하는 보편적 토대인 선험적 능력으로서의 습관이다. 우린 이미 타자를 인격적인 동료로 대할 수밖에 없는 상황들에 구속되어 있다. 우리 모두가 타자를 인격적으로 대하도록 동기부여된 존재들이다. 감정이입 속에서의 타자 구성은 타자의 동기부여를 이해하는 것 이외의 다른 것이 아니다. 우린 모두 서로서로에게 동기를 부여하고 부여받는 상호주관적 존재들이다.

인격적 태도는 타자를 사물로 관찰하는 태도가 아니다. 타자는 관찰의 대상이 아니라 배려와 사랑의 대상이다. 근대적 유산은 인간과 인간의 관계를 과학적 방법으로 분석하고 객관주의적 잣대로 저울질하는 비인격적 유산이다. 근대 물리학주의는 인간을 자연처럼 취급하고 인간적 가치를 물리적으로 환원하는 데 익숙한 이데올로기다. 인간의 물화(reification)가 극단에 달했던 나치즘하에서 인간 이하의 취급을 받았던 유대인들은 반문화적인 집단으로 매도되었다. 타자를 지배의 대상으로 분석하고 차별화했던 것이 근대의 문화제국주의다. 나와 타자의 근원적 공생관계를 회복하고 생활세계에 기반한 인격적 공동체를 구성하기 위한 인위적 조치가 바로 '인격적 환원'이다. 기존의 선입견과 편견을 판단중지하고 나 자신의 선입견을 작용하지 못하게 하고 나 자신을 넘어서 타자에게로 다가가려는 관심이 바로 지향성이다. 나 자신을 넘어서, 즉 나 자신을 초월하여 타자에 대한 사랑으로 확장하려는 의식의 근본 성격이 바로 지향성이다. 그러므로 지향성은 타자에 대한 주체의 권력이 아니라 사랑 그 자체이다. 유대인에 대한 나치의 권력이 사랑으로 확장될 때 비로소 우리 모두의 사랑의 공동체인 생활세계가 회복될 수 있다.

9. 후설의 상호문화주의

1) 상호문화주의에 관한 해석

상호문화성은 다문화주의의 가능성을 성찰하는 글로벌 테제이다. 상호문화성에 대한 논의가 오늘날만큼 절박한 코드가 된 적도 없다. 이런 점에서 후설의 상호주관성논의는 다문화철학의 이론적 토대가 된다. 우리가 다문화주의를 '타자이해 철학'으로 규정할 수 있다면, '타자' 문제를 화두로 '상호주관성이론'을 어느 누구보다도 성실하게 그리고 끈질기게 천착한 철학자로 후설을 빼놓을 수 없을 것이다.

후설의 상호주관성이론을 색바랜 동화주의로 읽을 것이냐 아니면 다문화주의적 대안으로 읽을 것이냐에 대한 논의는 이중적이다. 선험적 주관성으로의 환원이 과연 상호주관성과 양립할 수 있는가? 후설의 선험적 타자 구성에서 타자성이 자아의 구성체로 환원되는 것은 아닌가? 우선 후설의 상호문화성이 근본적으로 불가능하다는 입장이 있다. 후설에서 타자경험이 중요하게 다루어지긴 하지만, 타자의 타자성이 주체의 유사경험으로 환원됨으로써 주체와 타자 '사이'의 상호문화적 소통이 차단되어 버린다. 특히 후설은 모든 세계 경험이 '생활세계'라는 보편적인 하나의 세계로 환원하려는 동화(同化)주의적(assimilative) 대안을 버리지 못하고 있다.

이러한 입장은 후설의 '나와 나의 문화는 모든 이방문화에 대해서 근본적인 것(das Primordiale)이다'는 테제를 동화주의적 대안으로 읽는다. 하지만 필자가 보기에, 이 '근본적인 것'이라는 말마디는 타자성을 주체의 유사경험으로 추상화시키기 위한 아르키메데스적 기점이 아니다. 오히려 타자성 앞에서 겸손해져야 할 주체의 윤리적 성찰이 묻어 있다. 타자와의 생생한 대면을 위한 자기성찰의 과정이 바로 환원의 상호문화적 함의이다. 환원은 생생한 원본적 의식에 있는 그대로 비친 타자의 얼굴을 대면하려는 주체의 윤리적인 자기성찰적 환원이다.

만약 문화생태학적 파시즘으로부터 상호문화주의가 자유로워지려면, 문화적 주체에 대한 새로운 성찰이 요구되지 않을 수 없다. 후설의 상호주관성이론을 상호문화주의로 적극적으로 읽기 위해, 상호문화적 소통을 위한 주체의 적극적인 실천적 의지를 간과해서는 안 된다. 문화생태학에서 실종된 주체를 상호문화적 주체로 새롭게 설정하는 것이 필요하다. 이것은 주체와 타자 사이의 상호문화적 소통을 위한 근본적인 전제이다. 주체에 의한 다문화의 이해를 마치 타자의 다양성을 주체로 동질화시키는 것으로 성급하게 읽은 것은 자칫 주체 없는 다양성들의 왕국을 허용하게 될 것이다. 이것은 결국 문화적 발칸화에 의한 분리가 가능하게 되어 중심없는 다양성들이 병존하는 문화복수주의(cultural pluralism)로 이어질 것이다. 다양성은 보편성이 전제될 경우, 다양한 가치들로 인정될 수 있다. 다만 그 보편성의 축으로서 주체는 근대 동화주의의 전리품이 아닌 상호소통적으로 재정위된 윤리적 주체가 되어야 한다.

보편성에 대한 지나친 알레르기로 인해 다양성 자체를 하나의 이데올로기로 주조하는 것은 다양성을 보편적 원리하에 포섭하는 동화주의적 대안보다 더 큰 문제를 노정할 수 있다. 다문화주의가 다양한 소수문화들의 병존(竝存)이 아닌 공존(共存)을 의미하고, 타문화의 차이를 소극적으로 인정하는 것을 넘어 진정한 소통으로 나아가 다문화적 가치를 창조해야 할 주체가 요구된다면, 이는 타자에 대한 강한 윤리적 책임을 부채로 짊어진 상호문화적 주체로 새롭게 재인식되어야 한다.

2) 환원과 상호문화주의

후설의 상호주관성이론을 선험적 유아론으로 읽은 동화주의적 해석은 선험적 환원이 함의하고 있는 상호문화적 함의를 소극적으로 읽는 데서 비롯된 것이다. 필자는 후설의 상호주관성이론을 선험적 유아론으로 소극적으로 읽는 통상적 해석을 넘어 새롭게 읽고자 한다. 특히 선험적 환원을 상호문화적 실천을 위한 자기수행적 성격이 강한 실천적 다문화주의적 대안으로 적극적으로 읽으려 한다.

현상학적 환원은 철저한 자기성찰을 통해 주체와 타 주체 사이의 상호문화적 채널을 열기 위한 총체적이고 전(全)인격적인 태도변경이다. 추상적인 일반적 의지만으로는 불가능한 철저한 자기성찰이 요구되어지는 수행적 실천의 과정이 바로 환원이다. 근대적 주체에 의해 망각된 타자성을 회복하기 위한 철저한 자기성찰의 과정이다. 타자성을 있는 그대로 읽기 위해 타자에 대한 선입견을 내려놓는 것이 환원이다. 왜냐하면 후설의 말대로 '모든 것을 내려놓지 않고서는 모든 것을 얻을 수 없기 때문이다'. 생활세계를 지평으로 살고 있는 자아는 다름 아닌 타자와 소통하고 있는 상호문화적 자아이다. 환원은 타자의 존재 타당성 자체에 대한 판단중지를 의미하는 것이 아니다. 다만 방법상으로 그 존재 타당성을 괄호 쳐 두고, 더 정확하게는 타자에 대한 성급한 판단을 유보하고, 타자를 하나의 사물로 대했던 오만한 주체가 아닌, 타자를 섬기는 주체를 회복하려는 철저한 자기성찰의 과정이 바로 환원의 의미이다. 환원에 함의된 자기수행적 특성을 강조하는 이유는 자기성찰이 없는 타자에 대한 윤리적 배려와 존중만으로는 진정한 타자성에 이를 수 없기 때문이다.

3) 지향성과 상호문화주의

지향성은 주체의 고유한 의식활동으로 소극적으로 규정하는 것을 넘어서야 한다. 지향성은 하나의 활동이되 지속적으로 타자와 교섭하고 있는 흐름이다. 어느 한쪽으로부터 다른 쪽으로의 일방적 흐름이 아니다. 오히려 주체와 타자 사이의 상호주관적 흐름이다. 이러한 논의를 비켜갈 때 우리가 통상적으로 이해하듯, 감정이입을 주체 쪽에서 타자로 향해 일어나는 의식의 일방적 활동으로 규정하게 된다. 그러므로 우리가 후설의 지향성을 객관화하는 표상작용인 능동성의 영역으로 제한해서는 안 된다. 발생학적 관점에서 지향성 이전의 선지향성까지도 포괄하는 넓고 깊은 의미로 확장해 읽어야 한다. 이 선지향적 활동을 통해 나는 이미 타자와 함께 존재하고 있다. 주체에 의한 능동적 지향에 앞서 이미 수동적 차원에서 주체는 타자와 기분상으로 얽혀 있다. 따라서 주체는 타자를 인식하기 위한 단초가 아니다. 주체는 타자에 의해 비로소 주체화된다. 그러므로 지향은 상호문화적 지향이며 이 지향의 주체 역시 상호문화적 자아(Intercultural ego)다. 지향성은 본질적으로 자기초월의 활동이며, 자기의식의 범주에 속하지 않는 여타의 영혼의 활동까지도 포함하고 있는 상호문화적 활동이다.

나나 모든 사람도 다른 인간들 가운데 한 사람으로서 존재한다. 즉 사람은 서로에 대해 상호작용하고 있다. 그러므로 후설의 '타자가 처음 인간이지 내가 아니다'는 표현과 '나와 나의 문화가 모든 이방문화에 대해서 근본적이다'는 표현을 타자중심주의와 주체중심주의의 대립으로 읽을 필요는 없다. 오히려 진정한 타자성을 만날 수 있기 위해 우선적으로 주체에 대한 성찰이 보다 더 근본적이라는 상호문화적 테제로 읽는 것이 바람직하다. 지향성은 주체는 이미 타자에 지향되어 있으며, 의식(나)은 항상 대상(타자)에 의해 비로소 의식적으로(나답게) 된다는 상호문화적 채널이다.

4) 정상과 비정상

타자는 항상 나에게 낯선 존재다. 다만 나의 경험을 기반으로 유추할 수밖에 없는 절대적 타자이다. 결코 나에 의해 온전히 의미가 파악될 수 없는 타자다. 이 타자성인 낯섦(Fremdheit)에 대해 주체는 경외심과 겸손함을 가져야 한다. 타자는 근본적으로 나에겐 신비고 수수께끼다. 이 낯섦은 주체의 타자지배욕망을 괄호 치고 난 후, 주-객 대립이 사라진 순수의식에 현현하는 타자의 생생한 얼굴이다. 나에게 친숙한 경험세계에 대응하는 우선은 비정상적인 것으로 주어진다. 오랫동안 단일민족으로서 살아온 친숙한 경험세계를 지닌 한국인에게 타자성은 더욱 우연적인 비정상(非正常)으로 주어질 수밖에 없다. 하지만 정상(正常)과 비정상은 서로 대립적인 관계가 아니다. 나에게 친숙한 경험세계가 있기에 타자는 나에게는 익숙하지 않은 비정상으로 주어진다. 평상시에는 나의 경험이 나에게 친숙한 정상이라는 것을 모르다가 타자성이 낯섦으로 주어질 때 비로소 정상과 그와 상관적인 비정상의 관계가 형성된다. 코로나를 겪으면서 마스크 쓰기가 처음엔 친숙하지 않은 비정상이었다. 하지만 차츰 익숙해지면서 새로운 정상(New normal)이 되는 거와 같다.

후설의 상호주관성이론의 출발점은 내가 타자를 경험한 것과 타자 자신의 경험 사이에 단절이 있다는 데서부터 시작한다. 나와 타자 사이에는 언뜻 보아도 비대칭이 존재한다. 나를 엄습하는 타자 경험에서 오는 이질감이 나의 자기중심적인 일상적 믿음을 무너트리는 계기가 된다. 나의 친숙한 세계에 침입해 들어오는 낯섦에 대한 충격으로 인해 나는 스스로 자신의 편견을 반성할 수 있는 계기가 생긴다. 바로 상호문화성은 이러한 타자 경험의 이질감에 대한 주체의 자기성찰로부터 시작되어야 한다. 주체인 나는 타자경험에 대해 이질감을 강하게 느끼면 느낄수록 자신의 친숙함에 대해 깊게 반성하고, 자신의 주관적 편견을 치유할 수 있는 기회를 얻는다.

10. 현상학과 인지과학

최근 현상학과 인지과학의 학제적 융합을 시도하는 연구들이 늘어나고 있다. 이 연구 대부분은 메를로 퐁티나 하이데거의 현상학을 인지과학의 철학적 토대로 인용하고 있다. 상대적으로 현상학의 창시자인 에드문트 후설의 현상학을 생물학이나 신경과학 등과 연결하는 것에는 다소 인색한 편이다. 이러한 경향은 후설의 현상학을 1인칭의 자서전적인 현상학으로 규정하는 데서 비롯된 것이다. 후설의 현상학을 의식으로 환원해 들어가는 일종의 내재주의 혹은 내성(內省)철학으로 성급하게 재단하는 데 익숙하기 때문이다.

후설의 현상학에 대한 이러한 평가를 논거로 하여, 바렐라(F. Varela, 1946~2001)와 데넷(D. Dennett, 1942~)은 후설의 현상학을 인지과학과 –방법론적으로든 내용적으로든– 연결할 수 있는 고리를 확인하기 힘들다고 주장한다. 그들은 후설의 현상학을 1인칭의 자기(auto) 현상학 혹은 유아론(唯我論)으로 규정한다. 이들은 후설의 현상학을 '안'의 현상학으로 규정하여, 타 학문과의 연결을 원천적으로 봉쇄하는 자의적인 전략에 익숙해져 있다.

하지만 나는 후설의 현상학을 1인칭의 '안'의 현상학으로 규정하지 않는다. 초기의 이러한 입장이 후기의 발생적 현상학으로 가면서 현상학 자체가 자연화된다. 이 자연화의 과정을 통해 심리학이나 생물학과 연결할 수 있는 고리를 형성한다. 이 고리는 체화된 마음으로서의 몸이다. 몸은 메를로 퐁티에 의해 더욱 구체화되기 이전, 후설의 후기 사상의 핵심적인 주제로 등장한다. 고전적 인지과학이 극복할 수 없었던 의식과 인지의 간극을 메울 수 있는 접점이 후설 현상학의 주제들 속에서 발견된다. 나는 후섬의 '수동적 지향성(passive intentionality)'을 통로로 후설의 현상학과 인지과학이 상호 협력 혹은 상호제약할 수 있는 가능성을 강조한다.

이러한 검토의 배경은 후설의 현상학과 인지과학의 간극을 메우려는 긍정적인 연구들이다. 특히 갤러거(S. Gallagher) · 자하비(D. Zahavi) · 톰슨(E. Thompson)의 연구가 대표적이다. 톰프슨은 바렐라와 로쉬와 공동 저술한 책 *THE EMBODIED MIND: COGNITIVE SCIENCE AND HUMAN EXPERIENCE*(1991)(《몸의 인지과학》, 석봉래 옮김, 김영사, 2013)에서는 후설의 현상학을 유아론으로 규정했다. 하지만 바렐라와 공동으로 저술하던 중 바렐라가 갑자기 세상을 떠나는 바람에, 결국 16년 후 톰슨(1962~) 개인의 저술로 *MIND IN LIFE, Biology, phenomenology, and the Science of Mind*(2010)(《생명 속의 마음-생물학, 현상학, 심리과학》, 박인성 옮김, 도시출판b, 2016)를 출간했다. 이 책은 후설을 유아론으로 비판하고, 그 대안으로 불교와 인지과학의 학제적 연대의 가능성을 연구했던 이전과는 전혀 다른 입장을 취한다. 톰슨은 후설 후기 현상학의 주제들인 몸, 습관, 상호주관성이론, 생활세계 등에 대한 분석을 통해 현상학과 인지과학의 융합의 길을 열어 놓고 있다. 톰슨은 이 책을 출간하고 10년 후 쓴 책 *Why I Am Not A Buddhist*에서 불교를 종교가 아닌 일종의 마음 과학, 치료, 철학 그리고 명상생활로 규정한다. 나 역시 후설의 자아론을 유식론으로 읽은 글이 있다. 그리고 《한국불교와 서양철학》(한국학술정보, 2010)을 통해 양자의 소통 가능성을 검토한 적이 있다. 톰슨의 행보가 나에게 전혀 낯설지 않은 이유다.

1) '안'의 현상학이라는 오해

후설 현상학은 원래 타인의 현상학이다. 타자 및 세계를 이해하기 위해 방법론적으로 의식을 우선적으로 취한 것일 뿐이다. 의식은 타자로 나아가기 위한 실마리(Leitfaden)다. 란트그레베(L. Landgrebe)는 이것을 '실마리의 방법'이라 한다. 후설의 현상학은 이미 '바깥'의 현상학이다. 후설의 현상학을 주관적 관념론으로 읽는 데 익숙한 것은 그의 전 생애를 통해 전개되는 사상의 발달과정을 간과하기 때문이다. 그의 현상학을 주관적 관념론과 객관적 실재론으로 대립시키는 것은 오류다. 그는 이성 대 감성을 대립시키지 않는다. 안과 밖을 구분하지 않는다. 안의 현상학과 바깥의 현상학을 구분하지 않는다. 다만 의식의 현상학으로 읽으면, '안'의 현상학으로, 세계의 현상학으로 읽으면 '바깥'의 현상학이다. '안'의 현상학으로 읽으면, '자기(auto)' 현상학으로 '바깥'의 현상학으로 읽으면, '타자(hetero)' 현상학이다. 후설에게 안팎의 이분법적 경계짓기는 자의적인 것이다.

안팎의 이분법을 허무는 후설의 전략은 수동성과 능동성의 상대적 구분이다. 지각작용의 경우 대상을 의식의 원본적인 생생함 속에서 받아들이는 것은 순수한 수동성이다. 감각의 수용성이다. 그리고 이 원본적인 생생함을 넘어서까지 미치는 지각의 영역 속에서 부각되는 대상들을 능동적으로 파악하는 작용은 능동적 지각이다. 대상을 단순하게 감각적으로 수용하는 것은 순수한 수동성이고, 이것을 파악하는 지각은 이미 능동성이 개입된 수동성이다. 수동성은 자아의 능동성을 촉발한다는 의미에서 낮은 단계의 능동성이다. 의식의 하부단계에서 이루어지는 일련의 수동적 종합과 수동적 지향성은 의식의 높은 단계인 정신과 인격의 능동적 결정을 동기부여 하는 토대다. 높은 단계의 인지활동을 토대짓는 수동적 종합에 대한 분석은 뇌의 인지활동을 연구하는 작업에 선행되어야 할 과제이다. 물론 수동적 종합의 기억과 연상 등이 심리학이나 신경과학에서 말하는 심리-물리적 과정은 아니다. 오히려 심리-물리적인 선입견을 내려놓고 연구한 선험적 감성론이다. 이런 점에서 선험적 감성론과 신경과학이 학제적으로 연대할 수 있다.

후설의 지향성은 바깥으로의 초월이다. 자신을 넘어 외부로(über sich hinaus) 초월한다. 이 외부를 어디까지로 규정하는가? 외부라고 하지만 여전히 의식내재적인 영역이 아닌가? 이런 점에서 후설 현상학을 바깥의 현상학으로 규정하는 데 인색하다. 의식 바깥의 실재 대상이 아니라, 의식내재적인 대상인 노에마를 구성하는 현상학이 아닌가? 이 문제에 대한 오해를 풀어야 의식 바깥의 학문과 연결될 채널이 마련될 수 있다.

2) 노에마와 실제 대상을 분리하는 오류

후설의 지향성은 브렌타노로부터 인용한 개념이지만, 브렌타노와는 다른 함의를 갖는다. 브렌타노는 물리적 현상과 정신적 현상을 구분하기 위해 정신적 현상의 특성을 지향성으로 규정한다. 그러나 후설은 지향성은 의식의 고유한 특성이면서도 의식초월적 대상에로 향해져 있는 대상 지향성이다. 그리고 후설의 현상학을 내재주의로 오해하는 가장 큰 이유 중 하나가 바로 그의 노에마 이론이다. 노에마를 어떻게 규정하는가의 문제이다. 노에마는 한갓 내재적인 것에 지나지 않는다는 드레이퍼스(H. Dreyfus, 1929~2017)나 푈레스탈(D. Føllesdal, 1932~)의 주장과 노에마는 외부 대상과 분리된 내재적 의미체가 아니라 지향된 대상 그 자체라는 소콜롭스키(R. Sokolowski)의 주장이 대립한다.

물론 노에마와 실제 대상이 동일한 것은 아니다. 하나의 대상에 대해 다양한 지향이 가능하고 그에 상응하는 다양한 노에마(의미)가 구성된다. 예들 들어 '7'이라는 수가 2+5로도 3+4로도 지향되어 다른 노에마를 구성할 수 있다. '홍범도'를 독립투사로도 공산주의자로도 지향할 수 있다. 그리스 아테네 파르테논 신전을 직접 지각할 수도 있고 기억 혹은 상상할 수도 있다. 그때마다 '지각된', '기억된', '상상된' 노에마로 다르게 지향된다. 그러니 노에마와 실제 대상은 동일하지 않다. 그렇다고 다른 것은 아니다.

나는 꽃이란 실제 대상을 보고 있지 꽃과 분리된 노에마(의미)를 보지 않는다. 지향된 꽃이 곧 실제의 꽃이다. 후설은 대상의 실재 여부와 관계없이 모든 지향은 지향된 대상을 갖는다고 말한다. 상상된 노에마는 현실 속에는 존재하지 않는다. 그러나 현실 속에는 없지만 상상된 대상 역시 존재한다. 노에마(사유대상)는 다양한 노에시스(사유작용)에 의해 구성된 의미체다. 이 의미체는 현실적 대상과는 다르다. 그러나 우리가 특정한 대상을 지각할 경우, 의미와 실재를 분리하여 시간적 거리를 두고 지각하지 않는다.

물론 인위적으로 혹은 논리적으로는 분리할 수 있다. 대상을 노에마와 분리할 경우 후설의 지향된 대상인 노에마를 의식내재적 대상이라고 규정한다. 하지만 실제로는 의미와 존재는 일치한다. 의미 따로 존재 따로는 자의식 이분법에 의한 분류다. 내가 지각하는 나무는 의식을 초월한 대상이다. 나무를 지각하는 것이 심적 작용이라고 해서 나무가 심적 대상이어야 한다는 주장은, 마치 나무가 흙에 뿌리를 두고 있다고 해서 나무가 흙이라고 억측하는 것과 다르지 않다. 그러므로 지향성에 대한 주관주의적 해석 역시 오류이다. 내가 지향하는 대상은 진짜 꽃이지 꽃에 대한 표상이나 그림은 아니다. 그러므로 후설의 현상학을 1인칭의 내성철학이나 주관주의로 해석하는 것은 오류이다. 그의 관심은 현실이고 실재다. 지향성에 대한 깊고 넓은 이해가 결여될 때, 후설의 현상학을 1인칭의 자기 현상학으로 규정하는 오류를 범한다.

3) 수동적 지향성

나는 후설의 현상학과 인지과학의 학문적 연대의 접점을 수동적 종합에서 확인한다. 정서의 동역학적 구조와 발생적 현상학의 수동적 종합 사이의 공명(共鳴)을 확인하는 것이 중요한 과제다. 후설의 수동적 종합은 선(先)인지적(precognitive) 촉발이 이루어질 때 경험을 형성하는 방식을 기술하는 것이다. 촉발은 대상이 의식에 행사하는 독특한 부추김이다. 인과적 자극-반응이 아니라 자아를 일깨우는 동기부여이다. 수동적으로 항상 '기능하는' 지향성이다. 이 기능하는 지향성은 인지 이전의 정동(affect)의 현상학을 가능하게 하는 토대다. '나는 할 수 있다'는 능력인 자아의 습관적이고 성향적(dispositional) 지향성에 의해 인격적 자아가 동기를 부여받는다. 이러한 발생적 현상학의 주제들은 신경과학의 동역학 체계와 유사성을 띤다.

이 지향성은 의식의 지향성이면서 동시에 몸의 지향성이다. 의식이 능동적으로 작용하기 이전의 근원적인 지향성은 몸의 지향성이다. 몸의 지향성은 습관의 지향성으로 수동적 종합이 일어나는 영역이다. 수동적 지향성은 외부의 자극에 수동적으로 대응하는 지향성이라는 의미이기보다 의식의 능동적 지향을 촉발하는 잠재적인 지향이라는 의미다. 지향성을 수동적 영역으로 그 외연을 확장할 경우, 의식의 능동적 활동에만 초점을 두었던 '안'의 현상학에서 의식활동을 가능하게 하는 '바깥'의 현상학으로 지평을 넓혀갈 수 있다.

수동성은 자아가 개입하기 이전의 활동이다. 자아가 능동적으로 개입하기 이전에 대상으로부터의 촉발이 일어난다. 이에 대한 능동적 대응이 주의(主意)다. 나의 주의력이 한곳에 집중되기 이전에 선(先)자아적으로 이루어지는 잠재적인 활동이 수동성이다. 주의와 촉발은 능동성과 수동성의 양태이다. 의식의 주의력이 한 대상으로 집중하지만, 그 주변에 명료하지 않은 희미한 상태로 주어지는 것을 함께 경험한다. 현실적 체험들에는 그 주변에 현실화되기 이전의 비현실적 체험들이 같이 주어져 있다.

의식의 지향성을 그 발생적 기원으로 허물어 갈 때, 의식의 안과 밖을 분리하는 경계는 해체된다. 정적(statisch, 靜的) 현상학에서 희미하게나마 남아 있었던 안팎의 경계는 발생적(genetisch, 發生的) 현상학에서는 더욱 불투명해진다. 지향성의 외연과 깊이를 더 확장해 갈 때, 현상학은 다른 개별과학, 예컨대 심리학이나 생물학 등과 지향적으로 얽혀 있다. 나는 현상학과 신경과학과 인지과학과의 상호 연관성을 확인하고, 의식 안의 현상학에서 의식 바깥의 질료 혹은 물질의 현상학으로 발생적으로 심화 혹은 확장해 가는 후설의 사유과정을 확인한다.

4) 현상학의 자연화하기

후설 현상학과 인지과학의 학제적 연대 가능성에 대해 소극적인 입장과 적극적인 입장이 있다. 전자는 바렐라의 입장이다. 바렐라는 양자를 직접적으로 연결할 수 있는 고리를 찾기는 힘들다고 생각하면서도 양자 사이의 상호 호혜적인 관계를 강조한다. 후설의 시간의식에 대한 신경현상학적 설명모델을 제시한다. 그는 현상학과 인지과학을 상호 호혜적으로 서로에게 도움이 되는 관계로 규정한다. 현상학적 시간의식을 자연화하여 신경과정의 동역학의 과학적 모델로 전환한다.

신경 현상학의 가능성은 의식과 그 의식의 신경상관물(Neutral Correlate of Conciousness) 사이를 어떻게 규정하는가에 달려 있다. 신경 현상학을 긍정적으로 이해하는 바렐라는 이들 사이에 유사성이 존재한다고 말한다. 그는 시간의식을 신체화하여 거대한 뇌의 동역학적 체계로 상응하게 번역할 수 있다고 말한다. 바렐라는 의식의 경험 구조들이나 형식들과 그것이 신체화된 신경과정들 사이의 비환원적으로 상응하는 사상(寫像)의 관계를 강조한다. 그는 현상학적, 생물학적, 동역학적 분석은 세 갈래로 땋은 머리(triple-braided)와 같다고 말한다. 서로 어느 하나로 환원될 수 없는 방식으로 서로에게 대응하는 관계로 본다. 현상학적 영역과 생물학적 영역을 이형동질적인 관계로 보는 것은 어쩔 수 없다. 하지만 바렐라는 이들 사이를 내용적 이형동질로 보기보다는 현상학적 경험 구조나 형식들이 신경활동의 동역학적 패턴을 찾아가는 길을 안내하는 일종의 발견적 방법으로서 의미를 갖는다고 말하는 것에 그친다.

이에 반해 데넷은 현상학의 자연화 가능성을 적극적으로 분석한다. 이 전략은 의식내재적 분석을 통해 지향성의 본질이 규명될 수 없다면, 거꾸로 행동으로 나타나는 의식의 지향적 체계를 규명하는 '지향성의 외부화(externalizing of intentionality)' 혹은 지향성의 자연화와 과학화하는 전략이다. 데넷은 현상학의 '신체화된 마음'을 그의 필요에 따라 '행동화된 마음'으로 읽는다. 그는 지향성을 지향계(intentional system)로 외연을 확장하여 사용한다. 의식의 속성으로서의 지향성이 아닌 행동으로 나타나는 의식의 과학적 체계로서의 지향성이다. 그는 심신(心身) 사이의 형이상학적 미로를 헤매는 것을 포기하고, 행동으로 나타나는 마음에 대한 과학적 설명을 한다. 행동으로 나타나는 지향성을 지향적 체계로 색관화하여 분석한다.

그의 지향계는 인간뿐만 아니라 인간 이외의 존재, 심지어 사물에 이르기까지 적용한다. 의식의 지향성만이 아니라, 그 무엇이든 합리적인 행위자인 것처럼 행동하면 그것은 지향계에 속한다. 온도조절 장치는 마음이 없는데도 지향적 상태 혹은 지향성을 가질 수 있고, 극심한 자폐증 환자처럼 비록 인간이라도 지향성을 갖지 않는 경우도 존재한다. 다시 말해 지향성이 인간의 전유물은 아니다. 따라서 지향계의 목록에 비인간 행위자를 올리는 것이 그리 낯설거나 놀라운 일은 아니다. 예를 들어 체스를 두는 컴퓨터가 합리적 행동을 하는 것을 예측할 수 있을 때 그것은 지향계다. 데넷은 후설의 지향성을 인공물로까지 확장하여 지향계로 그 외연을 넓힌다. 그의 지향계 이론은 뇌와 마음 사이에 놓인 간극을 잇는 과정에서 주도적인 역할을 할 수 있다. 이게 그의 타자 현상학이다.

데넷의 타자 현상학은 후설의 현상학을 자기 현상학으로 규정하면서 대조해서 붙인 명칭이다. 연구자인 내가 객관적인 3인칭 관점에서 1인칭 현상을 연구하는 현상학이다. 의식에 관한 객관적 연구가 가능한 것은 피험자가 인간이기 때문이다. 인간 피험자를 실험하는 경우, 언어로 상호소통하면서 의식의 경험들 하나도 남김없이 객관적인 데이터로 작성할 수 있다. 이 타자 현상학은 인지심리학이나 신경과학 등에서 이용하는 표준적인 방법을 사용하여 의식의 경험들을 객관적 데이터로 작성할 수 있다. 타자 현상학은 과학적 연구로 접근할 수 없는 의식 현상은 하나도 없다는 등의 신념에 서 있다.

갤러거(S. Gallagher, 1948~)와 자하비(D. Zahavi, 1967~)는 데닛의 전략을 비판한다. 만약 데닛처럼, 의식과 인지에 관한 1인칭과 3인칭 관점을 분리한다면, 의식 자체에 대한 과학은 불가능하다. 의식에 대해 3인칭의 관찰자 입장에서 인지가능한 자료를 산출하려고 한다면, 데닛이 말하는 1인칭의 현상학과 충돌한다. 현상학은 의식의 자연화, 정확하게는 의식의 사물화를 비판하기 때문이다. 1인칭의 의식을 3인칭의 과학적 방법으로 인지할 수 있는가? 데닛의 타인 현상학은 3인칭의 과학적 관점에서 이용가능한 자료들을 토대로 의식에 대한 설득력 있는 이론정립이 가능하다고 주장한다. 바깥에서 의식에 접근하는 것이 가능하다고 주장한다. 의식에 대한 자연과학적 설명이 가능하다는 생각이다. 그러나 데닛의 "타자 현상학은 일종의 환상을 포함하고 있다. 여기서 환상이란 의식이나 마음의 연구에서 과학은 1인칭 관점을 버리거나, 남김없이 중립화할 수 있다는 생각을 뜻한다"(숀 갤러거 · 단 자하비 지음, 박인성 옮김, 《현상학적 마음》, 도서출판b, 43쪽).

후설은 의식의 자연화(Naturalisierung)를 반대한다. 물론 이 경우 '자연화'는 의식을 물리적 자연처럼 취급하는 경우다. 그러면서도 그는 의식과 자연적 실재 사이의 상호연계성을 강조하기도 한다. 특히 《이념들 2》에서 정신과 자연적 실재 사이를 지향적 관계, 즉 정신은 자연적 실재 위에 지향적으로 토대지워진 관계로 해명한다. 이런 생각은 후기로 갈수록 더욱 두드러진다. 따라서 현상학의 자연화 프로젝트의 가능성 여부는 의식의 자연화를 반대한 초기 정적 현상학에 방점을 두는가, 아니면 의식과 자연적 사물 사이의 지향적 성층(成層) 구조를 해명한 발생적 현상학에 방점을 두는가에 따라 결정될 수 있다.

제3부
에세이

가로수 길

집을 나와 10분 걸으면 대구 신천둔치다. 둔치를 걸어 상동교에 이르러 오른쪽으로 빠지면 고산골 가는 길이다. 고산골은 임진왜란 때 훼손된 고산사(高山寺)라는 절 이름에서 유래한 골이다. 고산골 입구엔 약 250미터 길이의 메타세콰이어(수삼나무) 가로수 길이 있다.

11월 중순 가로수는 단풍으로 옷을 온전히 갈아입었다. 가로수 길을 걷는 건 참 행복한 일이다. 양옆으로 늘어선 메디쉐콰이어의 사열을 받으며 걷는 게 여간 즐거운 일이 아니다. 시야가 확 트이면서 모든 게 나를 위해 열린 세상 같다. 참 아름답다. 우린 똑같은 것들이 반복적으로 전개되는 현상을 경험하면 아름답다는 생각을 한다. 동일한 것의 반복은 안정감을 준다.

철학은 오래전부터 동일성/불변성/영원성/절대성/보편성 등에 안주해 왔다. 이유는 단 하나다. 그게 안정적이고 편하다. 다른 게 들어오면 불안해진다. 그래서 '진리'를 그리워하면서 존재의 쉼을 요청해 왔다. 다름과 변화와 일시성과 우연성 그리고 상대성은 본질을 위협하는 철학의 이단아로 취급해 왔다.

세상에 절대적으로 변하지 않는 것은 없다. 다만 그런 것들이 있어야 한다는 목적론적 사고가 만들어 놓은 허수아비에 지나지 않는다. 세상에 변하지 않는 게 어디 있는가? 세상에 다른 것에 의존하지 않고 홀로 존재하는 절대 존재가 어디 있는가? 무엇을 준거로 해 '보편'이라 칭하는가? 당신이 보편이라 생각하는 그게 보편일 이유가 있는가?

가로수 길에 늘어서 있는 나무들은 유사하다. 모든 것들이 공통적으로 갖고 있는 그 무엇이 있어야 유사해 보이는 게 아닌가? 유사성을 추출하기 위해 원본이라는 걸 요청한 게 아닌가? 원본이 먼저 있고 나서 그것을 닮은 수많은 유사한 것들이 있다고 여겨왔다.

그런데 원본이 도대체 실재하는가? 서로 닮은 건 우연의 현상인데 그것들이 한결같이 동일한 그 무엇을 이런저런 방식으로 닮았다고 억측한다. 플라톤이 그 원조다. 하지만 원본은 없다. 다만 우연히 닮은 것들만 존재할 뿐이다. '오늘'과 동일한 오늘은 없다. 오늘 하루도 동일한 순간이 없다. 다른 순간의 연속이다. 인간은 한순간도 동일한 존재로 살지 않는다.

모든 게 다 다르다. 우연히 닮아 보인다. 차이가 반복되면 마치 동일한 것의 연속처럼 보일 뿐이다. 데칼코마니는 없다. 종이 한 면에 물감을 묻혀 반으로 접으면 다른 면에 똑같은 모양이 찍힌다. 하지만 찍히는 순간, 원본과 복제 사이의 경계는 허물어진다. 어느 것이 원본이고 복제인지 알 수 없다. 모든 것은 다 다르다. 다름의 정도가 미세해 서로 닮아 보일 뿐이다. 원본과 닮아서 그런 게 아니다. 그저 우연히 닮았을 뿐이다. 푸코는 원본이 있어 그걸 닮은 걸 '유사'라 하고, 원본이 없는 우연적인 복제들 사이의 닮음을 '상사'라 한다. 유사(類似)는 비슷한 것들끼리 모여 있을 때다. 원본과 비슷한 것들이다. 상사(相似)는 발생이나 기원은 다르나 기능이나 작용이 비슷한 경우다. 서로 다른 것들인데 우연히 어느 면에서 닮은 경우다.

가로수 길에 늘어서 있는 나무 하나하나, 잎새 하나하나, 단풍 색 하나하나 비슷하지만 다 다르다. 우리의 삶에도 원본이 있을까? 예기치 않은 우연이 언제 찾아올지도 모르고 사는 우리가 아닌가? 변하지 않은 채 불변하는 원본이 어디에 있는가?

사건과 주체

나는 도대체 무엇인가? 모든 철학적 문제는 여기서 출발한다. 그러고 나서야 세계나 신의 존재에 대한 물음이 생긴다. 무엇이 나를 '나'로 확인시켜 주는가? 프랑스 식민지 모로코 출생 프랑스 철학자 바디우에게는 더욱 절실한 문제일지도 모른다. 근대 이후 '나'라는 주체의 정체성을 의식, 노동, 정서, 욕망, 의지 등으로 다양하게 규정해 왔다.

그런데 현대철학 이후, 즉 탈근대(postmodern)에 들어오면서 주체의 정체성을 어느 하나로 고정하려는 시도가 해체된다. 무어라 규정할 수 없는, 아니 무엇으로 규정되기 이전의 카오스의 상태로 내버려 둔다. 하나의 고정된 지점에 닻을 내리고 있는 주체가 아니라, 그 어느 곳에서도 정주하기를 거부하면서 지속적 탈영토화를 시도하는 유목민 노마드(nomad)다. 특정한 질서나 구조 속에 갇히기를 거부하는 주체다. 알랭 바디우의 주체론으로 들어가 보자. 그를 이해하려면 '사건'이란 개념에서 시작하지 않으면 안 된다. 그것도 우발적 사건이란 개념에서.

집을 나서 야구장으로 간다. 집을 나서면서 내 마음은 이미 야구장에 가 있다. 지난번 본 경기를 기억하면서 지하철을 타고 간다. 동시에 한 시간 후에 있을 경기를 기대하면서. 가는 내내 나는 시간의 흐름 속에서도 동일성을 유지하는 주체다. '나'란 주체의 동일성에 집착할 때 가능한 상상이다.

상황을 바꾸어 보자. 집을 나서면서 여러 돌발적인 사건과 마주친다. 몇 년 동안 소식이 없던 친구를 만나거나, 지하철을 잘못 타 할 수 없이 택시를 타야 하는 예기치 않은 상황도 만나고, 야구장에서는 내 앞으로 날아오는 홈런볼을 손으로 잡은 사건도 접했다.

이러한 사건과 마주칠 때마다 나란 주체도 변한다. 나는 이미 결정되어 있는 주체가 아니다. 돌발적 사건에 의존하는 주체다. 주체는 특정한 정체성을 띤 주체가 아니다. 무엇으로든 될 잠재적 주체다. 그 어디에도 '나'란 대상은 없다. 친구를 만나선 친구로, 지하철 혹은 버스의 승객으로 그리고 야구장의 관중으로 주체화된다. 그때그때의 사건에 의해 우연적인 '나'로 주체화된다.

가장 돌발적 사건이 사랑이다. 돌발적 사건이라 아무런 계획도 없었다. 그러니 위험에 노출될 수밖에 없다. 위험을 방지하기 위한 계획하에 이루어진 사랑은 이미 사랑이 아니다. 바디우는 이런 사랑을 이기주의적 사랑이라 하고 쾌락의 변형이라 한다.

사랑은 서로의 이익만을 챙기는 단순한 교환이 아니며, 미리 수익성을 기대하고 진행되는 투사처럼 장기간 계산되는 것도 아니다. 사랑은 진정 우연으로 인해 발생한 믿음이다. 그러니 위기가 곳곳에 있다. 위기가 있다는 게 문제가 아니라 그 위기를 헤쳐나갈 의지가 없는 게 문제다. 사랑을 재창조하고 재발명하는 게 중요한 이유다. 사랑은 불가능할 것 같은 것을 가능하게 하는 사건이고 기적이다.

돌발적 사건에 노출되어 있기에 위기는 상존한다. 이 위기를 통해 주체는 새로운 주체로 항상 재발명된다. 주체는 사건적 주체다. 사건에 의해 재발명되고 재창조되는 주체다. 황홀한 만남 자체에만 만족할 수 없기 때문이다.

떠난 사랑에 하염없이 슬퍼했던 내가 우연히 찾아온 사랑에 마주쳐 행복해하는 '나'로 재창조된다. 사건의 연속 속에 산다. 정확하게는 연속이 아니라 연결이다. 연속은 사건들이 끊이지 않고 이어지는 것이라면, 연결은 서로 다른 사건의 우연적 접속이다. 그래서 우린 미래에 마주칠 또 다른 우연을 기대하며 사는지도 모른다.

사물

가끔 다이소에 간다. 다이소에 가 보면 인간에게 필요한 게 이렇게 많은가 하고 놀란다. 없는 거 빼고 다 있다. 그런데 하나하나 인간에게 필요하지 않은 물건은 없다. 물건 혹은 좀 더 넓은 뜻으로 사물은 고유한 쓰임새가 있다. 쓸모가 없는 사물은 하나도 없다. 언어도 마찬가지다 각각의 쓰임새가 있다. 이 쓰임새가 언어의 의미라는 철학자가 비트겐슈타인(L. Wittgenstein, 1889~1951)이다. 요즘 며칠간 비가 온다. 외출하려는데 우산이 없다면 걱정이 된다. 이 걱정이 바로 우산의 존재를 소환한다. 걱정은 바로 관심이고, 이 관심을 철학자 하이데거는 사물에 대한 배려(Besorge)라 한다.

난 평생을 끼던 안경을 관심 밖에 둔 지가 꽤 오래다. 족히 5년은 넘은 거 같다. 서랍 깊숙이 어딘가에 있을 것이다. 나이가 들면서 눈이 좋아졌다. 그래서 안경은 나의 배려에서 멀어졌다. 내가 필요해 다시 찾지 않는 한 그저 하나의 물건으로만 존재했을 뿐이다. 그러다가 최근 내 눈에 맞는 새 안경을 다시 끼기 시작했다.

사물은 무엇인가? 새삼스러운 질문이다. 사물(事物)은 일과 물건을 이르는 말이다. 나의 일과 관련된 물건이다. 나의 일과 관련되지 않은 물건은 그저 하나의 물건에 지나지 않는다. 적어도 이전까지 내 안경은 그저 하나의 물건일 뿐이었다. 하지만 최근 다시 끼면서 나의 사물이 되었다. 나의 사물이 된다는 것은 나에게 필요해 나의 관심을 받는다는 것이다.

만약 나의 걱정거리 혹은 관심되는 대상이 물건이 아닌 사람이라면 나는 그 사람에 대해 심려를 느낀다. '심려(혹은 '고려')'라 번역되는 독일어 Fürsorge는 복지란 의미도 있다. 타자에 대한 관심이다. 우린 이처럼 사물이든 타자든 서로에게 관심을 가지고 적정하며 살아간다.

망치는 못을 치기 위해 필요하다. 못은 옷이나 그 밖의 다른 것을 걸기 위한 것이다. 결국은 나의 존재와 무관한 건 없다. 이제 이 사물들은 나의 도구가 된다. 도구는 나의 존재를 드러내기 위한 수단이다. 필요할 때 찾아서 사용하는 게 도구다.

사물에 관한 관심이 이런데 하물며 타인에 대한 관심은 어떤가? 도구의 존재는 필요할 때 사용하기 위해 찾을 때 드러난다. 타인의 존재는 그에게 관심을 가지고 함께 걱정하고 심려할 때 드러난다. 우린 타인의 존재에 얼마나 귀를 기울이고 사는가? 나의 이웃에 대해 얼마나 심려하고 있는가? 심려(心慮)는 마음속으로 걱정하는 것이다. 타인에 대해 사회적으로 걱정하는 일이 복지다.

인간은 근본적으로 타인과 더불어 산다. 함께 사는 공존재(共存在)이다. 사용하던 물건이 없어져도 걱정거리가 생기는데,

하물며 사회적으로 고립되어 사는 타인이 죽음에 직면해 있다면 걱정거리는 더 깊다. 그래서 심려(心慮)는 심려(深慮), 즉 마음속으로 깊이 걱정하는 것이다.

사물에 관한 배려든 타인에 대한 심려든 모든 게 독일어 조르겐 sorgen이란 동사의 명사형이다. sorgen은 걱정이 되어 보살핀다는 의미다. 우린 근본적으로 타자를 보살피는 존재다. 물건이 없으면 둘러보고 찾아서 사용하듯, 내 이웃이 어려워지면 찾아가 함께 걱정하고 보살피는 게 우리의 공존(共存)의 방식이다. 인간은 다이소에 진열된 사물처럼 병존하는 존재가 아니다. 병존(竝存)은 말 그대로 나란히 진열된 존재일 뿐이다. 우린 모두 더불어 사는 공존의 파트너이다. 서로의 삶을 보살피는 공존의 파수꾼이다. 파수꾼 역할을 성실히 하기 위해 이제 출근할 시간이다. 오늘도 나를 기다릴(?) 이웃을 찾아간다.

호모 파티엔스

“고통은 우리 모두에게 너무나 구체적이고 엄연한 현실이요, 또 심각하고 절실한 문제다. 그러므로 그것이 아무리 분명한 대답을 거부하는 신비요, 그것에 대해 철학이 아무리 무력하다 하더라도, 철학은 그것과 더불어 씨름하지 않으면 안 될 것이다. 고통의 문제를 무시하면, 인간 현실의 가장 중요한 부분을 무시하는 것이요, 고통의 경험을 전제로 하지 않은 인간 이해는 인간의 참모습을 반영할 수 없다.” ‘고통의 철학자’라 불리는 손봉호 교수의 말이다. 2024년 10월 14일, 어제 저녁부터 오늘 아침까지 비가 내린다. 물리적으론 그저 흘러간 하루였다. 하지만 어제와 오늘은 나에겐 전혀 다른 아침이다. 어제 오후 서울 수서역 가는 기차를 탔다. 내려서 서울삼성병원 버스를 탔다. 그리곤 한참을 기다려 의사 선생님을 만났다. 대구에서 찍은 뇌혈관 동영상을 보더니 1년 후 다시 체크해 보자고 한다. 그 이후로 내 마음은 한결 가벼워진다. 이전까지는 머리를 짓누르는 큰 돌덩이 같은 게 나를 괴롭혔다. 근 2주 동안 난 70평생 겪어보지 못한 고통의 시간을 보냈다. 아직도 불안의 끈을 놓아버리지 못하고 있다.

난 철학을 공부하면서 입버릇처럼 ‘내려놓기’를 말해왔다.

물론 내려놓기가 쉽지 않다는 건 잘 알고 있었다. 그래서 불교의 수행이나 종교적 영성(靈性) 차원으로 연장해 생각을 해보기도 했다. 하지만 막상 나에게 닥친 불안은 나를 끈질기게 괴롭혔다. 생전 처음 MRI를 찍는 동안 불안이 급습해 왔다.

근 한 달 동안 겪었던 고통은 나에게 가혹했다. 고도의 긴장성 두통이 아직도 사라지지 않는다. 고통 그 자체는 감각이다. 하지만 고통이 주는 감각을 가지고 그 고통의 의미를 구성하는 것은 의식인 나다. 고통 자체는 비지향적이다. 그 고통을 느끼는 순간 지향적으로 구성된 노에마로서의 고통이다. 하지만 고통의 의미를 아무리 능동적으로 구성한다고 해도, 고통 그 자체는 수동적이다. 고통을 의도적으로 만들거나 피할 수도 없다. 고통의 의미를 아무리 창조적으로 구성한다고 하더라도, 고통은 나를 창조자가 아닌 피해자로 전락시킨다. 고통을 원하는 사람은 아무도 없다. 고통은 주어지는 것이다. 하지만 그 주어짐에는 고통이 주는 긍정적인 의미도 같이 있다. "문제는 고통 그 자체가 아니라 무슨 목적으로 우리가 고통을 당하나에 대한 절실한 대답이 없다는 사실, 즉 고통의 의미 없음이 문제다". 니체의 말이다.

이제 두통은 어느 정도 가라앉았다. 다시는 그런 두통을 경험하고 싶지 않다. 육체적 아픔으로서의 고통은 아무리 노력해도 재현이 불가능하다. 이게 인간에겐 축복이다. 고통은 당하는 순간에만 아프기 때문이다. 하지만 인간은 동물과는 달리 시간 의식을 가진 존재다. 육체적 아픔은 사라졌지만, 정신적 고통은 쉽게 사라지지 않는다. 2025년 10월 13일 병원에 가 재진단을 받아야 한다. 그런데 아직 오지 않은 상황을 앞서 지향하면서 예기(豫期)불안에 휩싸이곤 한다. 예기불안은 아직 오지 않은 죽음에 대한 불안을 앞당겨 경험하는 미래지향(protention)이다.

고통은 수동적 정서다. 고통은 당한다. 그저 피할 길이 없이 짊어질 수밖에 없다. 그 고통의 의미를 아무리 창조적으로 구성해 긍정적 에너지로 승화하려 해도 한계는 또렷하다. 그럴수록 영원한 주권자에게 내맡기는 일밖에 없을 거 같다. 고통을 허락하신 분도 그리고 그 고통을 가두어 가실 분도 그분뿐이라는 상황에 대면하게 하는 것이 고통의 진정한 의미가 아닐까? 인간은 결국 호모 파티엔스(Homo patiens)다. 고통을 감당해야 하는 게 인간이다. 나는 고통스럽다. 고로 존재한다.

호모 나랜스

글쓰는 게 좋아서 쓸까? 적어도 난 그렇지만은 아닌 거 같다. 같이 일을 다니는 안 선생님이 '교수님은 어떻게 매일 글을 씁니까' 하고 묻는다. '매일'에 방점이 있는 거 같다. 그렇다. 요즘 난 거의 매일 하나씩 블로그에 글을 올리는 셈이다. 조금도 망설이지 않고 대답했다. "외로워서요."

"아니 교수님이 왜 외롭습니까?" 하고 반문한다. "늙어서 외롭습니다."고 했다. 덧붙였다. 사람이 늙는다는 건 일종의 재앙이라고. 요즘처럼 나이가 들어서 혼자 살고 계시는 노인분을 보면 더 그렇네요. 누군가는 늙어가는 건 너무나 당연한 이치라고 자위하지만, 늙는다는 건 굳이 선악으로 말하면 악이다. 삶에 대한 의지가 나약한 게 악이니까. 물론 윤리적인 악이 아니라 존재의 불안정에서 오는 실존론적 결핍으로서의 악이겠지요.

난 지난 코로나 동안 세 권의 책을 썼다. 밤낮을 가리지 않고 썼다. 그리곤 책에 넣을 서원과 고택 사진을 찍으러 전국을 다녔다. 지나고 보니 그땐 그리 외롭지 않았다. 참 행복한 시간이있다. 물론 글쓰는 게 좋아서 쓰는 사람도 있을 것이다. 난 요즘 월수금 3일 일한다. 오후 3시면 끝난다. 그러니 시간이 많다. 하지만 시간이 많다고 글을 쓰는 건 아닌 거 같다. 결국은 나이들어 가면서 불현듯 찾아오는 외로움이란 이방인이 나를 책상 앞으로 이끈다.

난 젊은 시절에도 책을 적지 않게 썼다. 하지만 교재를 만든다거나 아니면 연구비를 받아서 의무적으로 쓰지 않을 수 없어서 쓴 글이 많다. 물론 그중에는 그렇지 않은 책도 있지만, 그땐 그래도 글쓰는 게 마냥 즐거웠었다. 내가 글을 쓴다는 건 결국 글이 나를 쓰는 거다. 나로 하여금 글을 쓰게 하는 동기가 있다면, 그건 존재의 불안에서 오는 것이다. 이젠 내 블로그에 글을 올리는 게 일상이 되었다. 마치 숙제하듯이 올린다. 그 누구도 올리라고 주문하지도 않는데도. 나이가 들면서 더 외로운 만큼 글쓰기는 더 마렵다. 누군가 읽어주지 않더라도 글을 쓰는 건 결국 나 자신의 존재를 지속적으로 확인하는 내 나름의 소통방식이다. 대상이 있어 쓰는 게 아니다. 결국 대상은 나 자신이다.

'나'란 주체는 어디에 있는가? 내 앞에 있는 책상처럼 어디엔가 존재한단 말인가? 그렇지 않다면 나는 어디에 있는가? 데카르트는 자아를 생각하는 실체로 규정한다. '나는 생각한다. 고로 존재한다'는 그의 선언은 근대 이후 자아에 관한 모든 담론을 삼켜버리는 블랙홀이 되었다. 하지만 생각도 언어가 없으면 불가능하다. 안타깝게도 데카르트는 언어로 말하고 글쓰는 자아를 괄호 쳐 두고 말았다. 그의 자아는 묵언(默言)의 자아다.

결국 나는 글을 쓰고 소통하면서 존재한다. 글을 쓰면서 나 스스로 쓰여지고 시간이 지나면서 과거와 소통하는 나로 존재한다. 나는 내가 쓰는 글 속에 이미 함축되어 있다. 내가 글 쓰고 글이 나를 쓰면서 나는 글 속의 존재(Being-in-Writing)로 짜여 들어가 있다. 글로 이야기하는 호모 나랜스(Homo narrans)로 그리고 누군가와 글로 대화하는 스토리텔러(storyteller)로 존재한다.

호명(呼名)

'나'란 주체는 나도 모르게 무의식적인 이데올로기에 의해 주체화된다. 그 어디에도 '나'란 자율적 주체는 없다. 나를 주체로 결정하는 이데올로기가 있다. 물론 이 이데올로기는 익명적이다. 그때그때 내가 호명, 즉 이름이 불려지는 맥락에서 비로소 특정한 주체로 결정된다. 그러니 '나는 무엇(what)인가'가 아니라, '나는 누구(who)인가'이다.

'나'란 주체를 결정하는 무의식의 구조는 투명한 게 아니다. 이 구조는 상부구조인 이데올로기가 하부구조에 의해 결정된다는 마르크스의 이분법적 결정론으론 설명할 수 없을 정도로 다층적이다. 나 스스로 모르는 이 거대한 다층적 구조에 의해 나란 주체가 결정될 수밖에 없다. 나란 주체는 어느 하나의 요인에 의해 결정되지 않는다. 이른바 중층 혹은 과잉결정(overdetermination)이다. 다양한, 그러면서도 익명적인 요인들에 의해 나는 나로서 결정된다.

사회란 구성체를 상부구조와 하부구조의 단순한 이분법으로 재단하는 건 이미 한물간 마르크스주의다. 의식과 존재, 의식과 무의식으로 이분화하는 건 인간 의식이 작위적으로 나눈 결과물일 뿐이다.

주체를 결정하는 중층적 원인을 알제리 출신 프랑스 철학자 루이 알튀세르(Louis Althusser, 1918~1990)는 '호명'의 개념으로 설명한다. 우리 시대의 아이들이 '학생'이란 이름으로 불리는 순간 그는 하나의 이데올로기 속에서 주체화된다. 내 아이가 좋은 대학에 들어가서 의사나 판사가 되도록 가족 이데올로기 속에서 호명을 받는다. 그 아이들이 또래의 아이들과 어울려 놀면서 서로 부르는 이름 속에서도 경쟁의 이데올로기는 작동한다.

이제 어느 공직 후보자 청문회가 열렸다. 어제 청문회의 논쟁 중 하나는 도대체 무슨 근거로 특정 영화나 연예인을 좌파로 분리하는가이다. 야당 국회의원들이 아무리 그 근거를 대라고 한들, 후보자는 또렷한 답을 하지 않거나 못한다. 그럴 수밖에 없을 것이다. 후보자 역시 왜 자신이 이른바 극보수주의자로 분류되어야 하는지를 모른다.

그가 청문회장에서 호명되는 순간 극우란 정체성으로 결정된다. 극우로 몰아대는 야당 의원이나 극우가 결코 아니라고 우겨대는 후보자 모두 대한민국이란 사회구성체를 결정하는 거대한 익명의 구조에 그 나름 무의식적으로 순응해 왔다.

누군가 묻는다. 후보자는 왜 극보수가 되었는가? 어리석은 질문이다. 그의 이력이나 행보도 그 당시 특정한 이데올로기가 잉태한 산물이다. 우린 거대한 구조의 바다에 떠 있는 한 조각의 배와 같은 주체다. 주체 스스로 정체성을 형성할 수 없다. 무의식의 바다 위를 유랑하는 희미한 의식일 뿐이다. 극심한

좌우 분별의 시대가 낳은 그일 뿐이다.

나의 정치적 지향성은 보수가 아니다. 하지만 왜 그렇게 되었는지는 알 수 없다. 굳이 들추어 보면 아버지가 홀로 북에서 내려오신 분이라 그런가? 가난하게 살아서 그럴지도? 철학을 공부해서 그런가? 모를 일이다. 다만 이른바 보수의 성지 '대구'에서 70년 이상을 살면서 보수라는 정체성을 자연스럽게 띤 친구들 속에서 나는 상대적으로 진보적 성향을 띤 자로 호명될 뿐이다. 나의 의식을 결정짓는 무의식의 중층요인들에 대해선 알 수 없는 일이다. "당신은 왜 좌파요?" 하고 묻는 것은 "당신은 왜 곱슬머리요?"라고 묻는 것과 다를 게 없다. 그러니 좌/우파는 선악의 문제는 아니다. 태도의 문제다.

호모 네간스

호모 도실리스(Homo docilis), 길들여진 인간이다. 그것도 잘 순응하도록. 순응하기를 거부하는 인간은 호모 네간스(Homo negans), 길들여지기를 거부하는 인간이다.

온통 예능이다. 예능을 싫어할 사람은 없다. 그런데 요즘은 지나치다. 콘텐츠만 살짝 바꾼 프로그램이 우후죽순이다. 삭곡보단 편곡이, 창작보다 패러디가 우세다. 콘텐츠만 살짝 바뀔 뿐 그 나물에 그 밥이다. 우선 사람에 식상한다. 아무리 콘텐츠가 좋아도 그걸 구성하는 인적 자원에 식상한다면, 흥미가 없다.

예능은 자칫 사회를 냉정하게 볼 시선을 무디게 하는 마약일지도 모른다는 생각이 드는 게 나만인가? 단순한 재치나 위트가 아닌 사회를 비판적으로 성찰할 수 있는 유머가 없다. 재치와 유머는 차원이 다르다. 유머는 철학적 에토스가 담겨 있다.

영세상인이 폐업한 수가 100만을 넘었다. 내수부진이다. 그런데 정부는 내수가 진작되고 있다고 한다. 도대체 무슨 말인가? 짜증난다. 짜증날 땐 트로트나 듣고 마음을 진정하라고 그렇게 영상을 무한반복하는가?

내가 만사 부정적인가? 모든 걸 부정적으로만 보지 말라고 충고하는 사람도 있다. 부정적이란 말은 어떤 의민가? 부정은 특정한 선입견으로 미리 입장을 정해서 세상을 보는 걸 거부하는 것이다. 그래서 부-정(否-定)이다. 그러니 부-정은 진리라는 사태를 폭로하는 긍정적인 절차다. 그러니까 부정은 긍정의 반대가 아니다. 부정이 진보만의 특권은 더욱 아니다.

'아니오!'라 말할 수 있는 게 인간이다. 우린 모두 불안하게 산다. 그 불안을 순간적으로 피해가는 메커니즘 중 하나가 순응하는 것이다. 괜히 아니라고 말했다가 당하게 될 일로 불안해하느니 차라리 모든 게 좋다고 긍정하며 사는 게 안정적이라고 생각한다.

어쩌면 우린 실핏줄 하나하나도 조정당하고 사는 줄 모른다. 마치 자동인형처럼. 마르쿠제(H. Marcuse, 1898~1979)가 말하는 일차원적 인간이다. 주어진 체제에 안주하면서 더 이상의 고차원적 사유를 포기하는 인간을 말한다.

찬송가가 그렇고 군가나 행진곡이 그렇듯, 트로트의 무한반복은 듣는 사람의 생각을 동일성에 빠지게 한다. 동일성의 반복인 후렴이 주는 순간의 즐거움은 동일성에 안주하게 한다. 조화가 규범이고 조화를 깨트리는 건 비도덕적 일탈로 간주하도록 길들여진다. 재즈는 흑인의 혼을 담고 있다. 기존 체제에 대한 저항을 노래한다. 거기엔 익숙한 조화와 동일성의 반복이 없다. 극한 애드리브의 연속이다. 조화를 지향하지 않는 음악, 아니 조화를 깨트리는 음악을 무조(無調, aharmony)음악이라 한다. 조성(調性)의 법칙을 적극적으로 부정하고, 익숙한 조(調)와는 다른 구성원리를 지향하는 음악이다.

파리 퐁피두 센터엔 스트라빈스키 광장이 있다. 스트라빈스키의 〈봄의 제전〉을 형상화한 것이다. 이 광장에서는 아무런 조화도 찾을 수 없다. 아무렇게 마구 흩어놓은 듯한 느낌을 받는다. 스트라빈스키의 음악을 처음 들으면 이게 음악인가? 마치 대장간에 와 있는 듯 아무런 질서도 조성(調性)도 없다. 동일성과 조화에 저항하는 그의 음악이 공간화된 곳이다. 이 광장이 왜 퐁피두 센터에 있는가?

파리 퐁피두 센터 건물 자체가 조성을 깨트린다. 안의 구조물이 밖으로 나와 안팎의 질서가 해체되어 있다. 해체는 기존의 질서에 대한 강한 부정이다. 68혁명의 정신이다. 1936년 찰리 채플린의 영화 〈모던 타임즈〉는 그 시대의 질서에 대한 부정이다. 코미디의 사회적 기능을 가장 잘 드러낸 영화다. 마침 오늘 한국의 대표적인 호모 네간스였던 김민기 씨가 향년 73세로 세상을 떠났다. 〈아침이슬〉과 〈상록수〉를 남기고.

비와 철학

이렇게도 반가운 비가 있었나 싶다. 혹독한 무더위를 쓸어가기 위해 하늘에서 내려오는 해결사 같은 비다. 그저께 그리도 더웠던 밤의 열기가 어젯밤에는 사라졌다. 이번 여름만큼 날씨에 민감해 본 적이 없다.

오늘 내리는 비가 더없이 고마운 이유다. 이제 무더위가 곧 사라질 거 같다. 사실은 그 더위 한가운데 이미 가을이 와 있었다. 우리가 느끼지 못했을 뿐이다. 더우면 반드시 시원해진다는 변화의 진리를 미처 느낄 수 없었을 뿐이다. 어느 한순간도 변화하지 않은 채 정지하고 있는 건 없다. 《주역》은 이러한 변화에 관한 탁월한 독해다. 정지된 영원성을 갈구하는 이유는 인간이 영원한 존재가 아니라는 사실 이외는 없다. 그러다 보니 '영원'과 '절대' 그리고 '보편'이란 어휘들로 세상사를 재단해 왔다.

영원성에 대한 우리의 상념이 한갓 망념일 뿐이라고 퍼포먼스를 하듯이 비가 내린다. 내리는 비의 어느 한순간을 포착하면, 적어도 논리적으로는 정지된 것으로 억측할 수 있다. 정지가 이어지는 현상이 마치 움직이는 것으로 착각하는 거라는 고대 철학자 제논의 주장이 역설(逆說)인 이유다.

하지만 우리의 삶 여느 한 매듭도 변화를 피해갈 수는 없다. 유일하게 진리인 것은 모든 게 변한다는 거다. 내리는 비처럼 한순간도 정지된 게 없다. 비를 단순한 물리적 현상으로 설명하는 데 익숙하다. 하지만 비가 실어오는 존재론적 의미는 물리적 현상으로 소급될 수는 없다. 이 비가 선사하는 의미를 하나의 객관적 사실로 취급한 것이 근대과학의 패착이었다. 세상을 양화(量化)가능한 사물들의 총체로 읽은 근대과학이다. 우리의 삶에는 양적으로 환산할 수 없는 질적 영역이 너무나 많은데도. 물리적으로 지수(指數)화한 것으로 우리의 삶을 재단할 수 없는 이유다. 우린 양적으로 너무나 많은 걸 누리고 살지만, 질적으론 궁핍의 시대를 살고 있을지도 모른다.

비는 우산의 존재를 소환한다. 마치 죽음이 우리의 삶을 새롭게 챙겨보라고 소환하듯이. 우산의 부재가 비의 존재를 더욱 강하게 드러낸다. 그렇다. 비 오면 우산 찾듯이, 살다가 어느 날 그렇게 죽음에 맞설 수밖에 없다. 비가 실어오는 존재론적 선물이다.

비는 위에서 아래로 하강한다. 비가 위로 솟구쳐 오를 수는 없다. 하지만 착각이다. 일직선으로 하강하지 않고, 때론 위로 솟구쳐 오르기도 한다. 그러면서 빗줄기들이 서로 부딪히면서 다양한 퍼포먼스를 연출한다. 비의 일탈이다. 그리고 자유다. 마르크스는 여기서 인간의 자유를 읽는다. 비는 데모크리토스의 시각에서는 미세한 원자들의 필연적인 물리적 운동이다. 하지만 에피쿠로스의 눈에는 물리적 운동을 일탈하는 우연이 보인다. 에피쿠로스 역시 원자의 운동으로 우주를 설명하지만,

원자들의 우연한 마주침의 현상으로 읽는다. 필연성으로는 설명할 수 없는 우연한 마주침에서 마르크스는 인간의 자유를 읽었고 알튀세르는 마르크스가 여전히 묶여 있는 필연성의 흔적을 마주침의 철학으로 지우려 한다.

그저 내리는 비이고 빗줄기들의 운동이지만, 철학자의 눈에는 다양하게 보인다. 철학은 결국 하나의 현상을 다양하게 보는 방법이다. 그러니 철학은 이념도 이데올로기도 종교도 아니다. 끝없이 세상을 달리 보는 연습을 하는 학문이다. 어떻게 보는가에 따라 세상은 달리 보인다. 보는 방법이 틀리면 진리에 이를 수 없다. 방법(method)은 그리스어 meta hodos에서 나왔다. 길을 따라 길 저편에 주어져 있는 진리를 발견하는 게 바로 방법이다. 문제는 어느 길을 따라가느냐에 달렸다. 선입견으로 가득한 자기만의 길을 따라가면 진리는 멀어진다.

정치도 결국 진리로 이르는 길을 제시하는 일이다. 그래서 정치가는 단순한 기능인이 아니다. 정치 지도자가 어느 길이 진리로 가는 길인지를 안내할 수 있는 지혜를 갖춘 자이어야 할 이유다. 플라톤은 그를 '철인'이라 불렀다. 방법과 진리는 동전의 양면이다. 그러니 방법은 단순한 수단이나 도구가 아니다. 그물은 물고기를 잡기 위한 도구지만, 도구가 시원찮으면 물고기는 잡지 못한다. 방법은 세상을 읽는 창이다. 내리는 빗줄기를 보면서도 세상을 자기방식대로 읽을 수 방법이 철학이 아닐까?

글쓰기

엘랑 비탈(élan vital), 생(生)의 약동을 의미하는 프랑스 철학자 앙리 베르그송(H. Bergson, 1859~1941)의 용어다. 대구 신천 둔치를 걷는다. 걷다가 잉어 촬영지에 서서 아래를 보니 잉어 떼가 득실하다. 오늘따라 꼬리 움직임이 더 활기차다. 살아 있음을 알리는 약동이다.

'약동'이란 어휘는 생의 특징을 묘사한다. 우리의 삶은 이성에 의해 합리적으로 소실되기를 거부한다. 예측할 수 없는 방향으로 튀어 나가는 게 삶이다. 마치 오랫동안 술을 담아 놓은 통 어딘가에 자그마한 구멍이라도 나면 그곳으로 술이 거세게 튀어나오는 거와 흡사하다. 삶은 예측가능한 방식으로 통제되기를 거부하는 술통 안의 술과 같은 것일지도 모른다.

잉어 떼의 약동을 보면서, 서글픈 생각에 젖는다. '약동'이란 어휘는 나와 상관없는 건 아닌가? 나이가 들수록 무기력해진다. 약동의 주체는 생명이다. 생명의 뿌리는 욕망이다. 욕망의 언어가 희미해지거나 사라지는 듯한 기분이다. 욕망을 잃으면 모든 걸 잃는다. 욕망은 창조의 원질이고 새로움의 원천이다.

욕망의 언어를 망각하면 우린 그저 하나의 고깃덩어리에 지나지 않는다. 그 화석화되어 가는 고깃덩어리를 재성화(再性化,

resexualization)하는 일이 나에겐 고작 글 쓰는 일이다. 글이 마렵다. 쓰고 싶은 욕망은 모두에게 있다. 인간은 호모 스크리벤스(Homo scribens)다. 그런데 나이가 들수록 화장실을 자주 가듯, 글이 더 마려워진다. 그래서 난 거의 매일 하나씩 배설한다. 마려운데 어쩔 수 없다.

매일 올리는 글이 누군가에겐 배설물에 지나지 않을지도 모른다. 글과 행동이 다르다고 비방할지도 모른다. 그래도 할 수 없다. 쓰지 않고서는 견딜 수 없다. 어차피 우린 결국 자위하는 존재다. 자신을 위로해 줄 사람은 자신밖에 없다. 아직도 괜찮다고. 잘 하고 있다고. 인간은 결국 실존적으론 에고이스트다. 결국 홀로 죽음에 마주 서야 할 존재다. 내 죽음 앞에선 가족도 친구도 다 이방인이다.

난 그 홀로 죽어야 할 미래의 사건을 오늘 글을 쓰면서 앞서 맞는다. 우린 결국 살면서 죽어간다. 죽어가면서 살고 있다. 그러다가 언젠가 홀로 내 죽음을 감당해야 할 실존적 고아이다. 실존은 그 누구의 것이 아니라 바로 내 것이다. '실존'이란 말마디가 다소 생소하다. 일상어가 아니다. 그저 '있다' 혹은 '존재한다'로 표현한다. 하지만 잉어가 존재하는 방식과 인간이 존재하는 방식은 차이가 있다. 인간은 존재 자체가 문제인 존재다. 인간은 잉어에겐 쓸데없는 실존적 방황을 하며 산다. 그것도 홀로.

철학자 들뢰즈는 '~임(being)'이 아닌 '~되기(becoming)'를 강조한다. 무슨 말인가? 인간을 이미 확정된 존재로 규정하지 않는다. 인간은 생물학적으론 승산 없는 베팅을 하며 산다. 하지만 실존론적으론 항상 가능 존재다. 그래서 무(無)다. 한곳에 뿌리를 내린 채 기존의 질서에 동화되어 사는 삶은 약동적이지 않다. 지속으로 탈영토화와 탈코드화를 시도하려는 창조적인 힘이 필요하다. 나이가 들어 생물학적으로는 이미 사망선고를 받아둔 인간이다. 그렇다고 주어진 영토에 정착하는 삶은 무기력하다. 지속적인 탈주가 필요하다. 항상 나 아닌 '다른 것 되기'가 필요한 이유다. 생성과 차이의 철학이다.

인간은 항상 '인간'이란 거울로만 인간을 봤다. 이제 잉어 '되기'를 통해 나를 비추어 보자. 잉어에게는 니즈(Needs, 욕구)만 있고, 원츠(Wants, 욕망)는 없다. 최소한의 욕구 이외 다른 욕망은 사치다. 끝없이 되새김질하는 나의 헛된 욕망이 잉어 떼 앞에서 부끄러워진다. 우린 타인이 욕망하는 것을 욕망하며 자신의 바벨탑을 짓고 산다. 그 탑이 언제 무너질지도 모른 채.

나의 글쓰기는 노마드(유목민)로 살기다. 어제와 똑같은 오늘을 살 수 없다. 글쓰기는 새로운 내일을 살려는 본능적 몸부림이다. 쓰지 않으면 마렵다. 나에겐 생존을 위한 최종병기가 글쓰기다.

자인 장날

경상북도 경산시의 '자인(慈仁)'면. 이름만으로도 마음이 따뜻하다. 신라 경덕왕 때 붙여진 이름이다. 자인은 3·8장이다. 2024년 4월 28 늦은 점심을 먹을 겸해서 장에 왔다. 이곳을 올 때마다 보는 단오제 간판이다. 올해 단오는 6월 10일이다. 자인 단오제는 신라말 고려 초 왜적이 침범하자 한(韓) 장군이 누이 동생과 꽃 관을 쓰고 춤을 추며 왜구를 유인해 섬멸한 공을 기리기 위해 시작된 것으로 전해진다. 이팝나무로 둘러싸인 계정 숲에는 한 장군의 묘와 사당이 있다.

중국 단오제의 유래와 비교해도 좋겠다. 초나라 굴원(屈原)에 관련된 얘기가 전해진다. 그는 진(秦)의 침입으로 초가 위기에 몰리자 힘을 모을 것을 주창한다. 하지만 친진파(親秦派)의 모함으로 뜻을 이루지 못하자 음력 5월 5일 멱라수에 몸을 던진다. 그 후 음력 5월 5일 단오(端午)에 쫑즈를 강에 던져주어 물고기가 굴원의 시신을 뜯어먹지 못하게 하는 풍습이 전해진다. 쫑즈는 찹쌀 반죽 안에 대추를 넣고 대나무 잎으로 싸 끓는 물에 찐 것이다. 중국 호텔 조식에 감초처럼 나온다. 난 2023년 중국 후난성 창사(長沙)에서 열릴 예정이던 국제단오학술제에 참석하기로 했지만, 코로나로 무산되었다. 자인 단오제를 소개

할 계획이었다.

말이 나온 김에 음식과 관련된 중국 고사를 하나 더 소개한다. 중국에 가면 가장 흔히 볼 수 있는 음식이 요우티아오(油條)다. 반죽한 밀가루를 길게 늘여 기름에 튀긴 것이다. 중국인들이 아침에 먹는 길거리 간편식이다. 기름에 튀겨 느끼한 걸 달래기 위해 콩물인 또우장에 찍어서 먹는다. 이와 비슷한 게 우리의 공국이다. '요우티아오'를 중국어 사전에 검색하면 교활한 사람이라는 의미가 있다. 남송의 악비(岳飛)와 진회(秦檜)에 얽힌 고사다. 금이 송을 침략하자 악비는 끝까지 싸운다. 하지만 진회는 모함해 악비를 죽이고 금과 화친한다. 이후 악비는 복원되고 진회는 매국노로 평가된다. 남송 수도 항저우의 악비 묘 앞에 진회와 그의 아내 왕 씨와 그 일당이 창살 안에 손을 뒤로 한 채 묶여 있다. 이 고사에서 유래되어 요우티아오를 손으로 찢어 또우장에 짓눌러 먹으면서 악비의 한을 달랜다고 한다.

이 시장의 시그니처는 갈치다. 5천 원어치의 양이 산더미 같다. 작고 길어 그대로 팬에 올려서 구워 먹으면 일품이다. 이 집은 항상 길게 줄을 서야 살 수 있다. 어젠 생각보단 줄이 길지 않았다. 장사가 예전 같지는 않다는 생각이 들었다. 시장에 와 보면 경기를 알 수 있다. 인심 좋은 젊은 사장의 큰 손으로 한 움큼씩 집어 썰어서 비닐봉지에 던져준다. 사장의 인심이 봉지 크기만큼이나 여유가 있다. 이제 '사인길치' 자체가 하나의 브랜드가 되었다. 대구 식당에서 가끔 듣는 소리다. 그거 자인갈치 맞아요?

가끔 시골 시장에 오고 싶을 때가 있다. 시장은 시끄러운 곳이다. 이 시끄러운 소리는 가끔 우리를 혼란에 빠트린다. 자신의 물건을 팔기 위해 과장된 정보를 난발하거나 선동을 하기도 하는 곳이 시장이기도 하다. 그래서 영국 철학자 프랜시스 베이컨은 잘못된 언어 사용으로 해서 생기는 편견을 '시장의 우상'으로 은유한 듯하다. 무언가를 말하는지는 모르지만, 자신의 물건을 팔기 위한 말 잔치로 가득하다. 우린 가끔 잡담 혹은 빈말(공담, 空談)에 휩쓸릴 때가 있다, 그 누군가의 애매한 말에 귀를 쫑긋하기도 한다.

언어는 인간 존재를 소환하는 가장 진솔한 통로이다. 유튜브에서 배설되는 정치토크는 말 그대로 빈말의 잔치다. 그런데 우린 이상하게 이 잡담에 귀를 기울인다. 잡담은 인간 존재를 개시하는 통로가 아니다. 잡담에 빠져드는 우리의 모습을 철학자 하이데거는 '일상성 혹은 평균성으로의 퇴락'이라 한다. 그러나 이 잡담이 무의미한 것은 결코 아니다. 잡담에 휩쓸려 있는 자신을 돌아보고 본래적인 태도로 돌아가게 하는 힘이 잡담에서 생긴다. 다른 사람들이 쏟아내는 애매한 말에 호기심을 갖는 자신의 비본래적인 실존을 성찰하고, 본래적 실존을 기획하는 계기가 잡담이 주는 선물이라고 할 수도 있겠다.

태양은 가득히

영화 〈태양은 가득히〉(1960년)의 줄거리다. 일확천금을 꿈꾸는 톰은 고등학교 동창인 필립의 아버지로부터 부탁을 받는다. 이탈리아에서 방탕 생활하는 필립을 샌프란시스코로 데려오는 조건으로 5천 달러를 받기로 한다. 그러나 프랑스 애인 마르주와 밀월을 즐기고 있는 필립은 귀국을 재촉하는 톰의 말을 무시한다.

세 사람은 요트 여행을 떠나는데, 필립은 톰을 하인처럼 대하며 모욕하고 조롱한다. 복수를 결심한 톰은 필립과 마르주 사이를 이간질해 마르주를 배에서 내리게 한 다음 필립을 살해하고 시신을 돛 조각에 감싸 바다에 버린다.

톰이 필립 행세를 하다 필립의 친구 프레디가 찾아와 들통나게 되자 그도 살해한다. 톰은 프레디의 시체를 유기한 다음, 마치 필립이 프레디를 살해하고 죄책감을 견디지 못해 자살한 것처럼 정황을 조작한다. 그리고 마르주에게 접근하여 집요하게 구애 공세를 펼쳐 결혼 약속을 얻어낸다. 그러던 어느 날, 필립의 보트를 매각하기 위해 육지로 끌어올리는 과정에서 선미에 줄이 얽혀 매달려 있던 필립의 시체가 발견된다. 톰의 완전범죄에 대한 꿈은 무너지고 만다.

세기의 미남 배우 알랭 들롱이 톰 역할을 한다. 아니 저런 얼굴로 저런 악행을 저지르다니! 선악에 관한 상식적 감수성이다. 과연 선악을 가르는 경계가 어디인지를 의심케 할만한 게 아닌가? 미남 살인자를 선악이라는 두 가지 기준으로 평가하는 건 너무 인색하다는 지극히 상식적이 견해다. 물론 꽃미남이 저지른 살인이 죄가 아니란 건 아니다. 다만 선악의 평가 역시 평가자의 관점에 제한을 받는다는 걸 말하고 싶을 뿐이다. 알랭 들롱이 톰 역할을 했다는 이유로 톰의 살인죄가 면죄부를 받을 수는 없다. 우린 합리적 판단을 내려야 할 때, 종종 정서에 호소할 때가 있다.

알랭 들롱의 비주얼이 그의 사악한 행위를 사해주는 건 아니지만, 그의 비주얼이 그의 악한 행위에 정서적인 면죄부를 허락할 수 있다는 건 지극히 상식일 뿐이다. 미남이 저지른 살인 역시 법의 칼날을 피할 수 없다. 다만 선악에 관한 도덕적 감수성이 관점에 따라 다를 수 있다는 것은 상식이란 걸 말할 수 있을 뿐이다.

묻지 않을 수 없다. 과연 선악의 경계는 어디인가? 선도 악도 아닌 행위는 없는가? 어제 선이었던 것이 오늘 악이 되고, 이것이 훗날 다시 선이 되는 도덕 허무주의와 무정부주의가 판을 치고 있는 게 아닌가? 우린 선악의 경계선에 서서 한번은 이렇게, 한번은 저렇게 정서적으로 기웃거리는 건 아닌가? 정의는 스마트하지도 아름답지도 않다. 정의는 미학적 판단 대상이 아니다. 정의는 드라이한 것이다.

영화 〈태양은 가득히〉는 지중해의 태양처럼 이글거리는 인간의 욕망을 성찰하기 위한 영화다. 그렇다고 욕망에 대한 도덕적 판단을 얘기하는 건 아니다. 선악이라는 인위적 기준으로 판단할 수 없을 정도로 욕망은 태양처럼 이글거린다. 욕망은 선악 이전의 인간 본성이다.

카페 철학

현상학자 후설은 자신의 제자들과 함께 커피의 현상에 대해 기술하는 걸 좋아했다고 한다. "지금 커피는 검고 따뜻하며 수증기가 보이며, 마시면 씁쓸하지만, 나의 기분을 상쾌하게 만든다." 후설이 커피를 항상 곁에 두고 즐겨 마셨던 거 같다. 베토벤 역시 커피 마니아로 알려져 있다. 커피에 관한 그의 습관은 잘 알려져 있다. 정확히 60알을 직접 손으로 센다. 60알을 세어서 손으로 가는 시간은 길다. 그 순간 그는 이미 커피와 하나가 된다. 커피를 마시는 동안 그의 집중력이 살아난다. 커피는 각성제 효과가 있다. 진할수록 더 그렇다. 그에게 진한 커피는 창작의 원동력이 되었을 것이다.

난 변변한 드립 도구도 없다. 그래도 내리는 순간만은 나름 진지하다. 핸드드립의 장점은 만들면서 이미 커피 향에 젖어들 수 있다는 점이다. 만들면서 커피와 호흡한다. 그러는 동안 커피는 이미 내 속에 들어와 있다. 나와 카피가 하나가 되는 물아일여(物我一如)라 하면 지나친가? 만드는 절차가 느리고 길다. 그러는 동안 여러 가지 생각에 잠길 수도 있고, 같이 마시는 사람과 이런저런 대화를 이어갈 수 있다. 모든 걸 머신에 맡기면 할 수 없는 일들이 가능해진다.

오스만 제국이 커피의 원산지 예멘을 정복하고 이슬람 성지 메카, 이집트 카이로를 거쳐 유럽으로 나가면서 자연스럽게 커피도 전해진다. 특히 오스만 제국의 술레이만 1세는 커피를 제국 전역으로 퍼지게 한 인물이다(커피의 원산지를 에티오피아로 보는 견해도 있음). 이슬람 수도사 수피들이 잠을 깨우기 위해 마시기 시작한 커피다. 중세 가톨릭 사제들은 커피를 '이교도의 음료' 혹은 '악마의 유혹'이라 하여 금기시하지만, 결국 커피 향에 취하고 만다. 이렇게 카흐바 하네, 즉 '커피를 마시는 집'이란 뜻의 카페가 이슬람의 성지 메카에서 처음 들어서고 차츰 유럽 전역에 퍼져 나간다.

카페에서 연대(連帶)가 가능했고 혁명의 실마리를 찾을 수 있었던 이유를 의식을 깨어 있게 하는 커피 때문이라고 추론하면 너무 지나친가? 근대 계몽주의가 카페에서 태동했다고 하면 어떨까? 계몽(enlightenment)은 말 그대로 무지몽매함에서 이성이 이끄는 빛의 세계로 나가는 것이다. 무지몽매함에서 자유로워지도록 각성하게 하는 커피다. 그래서 술이 감성의 음료라면 커피는 이성의 음료다.

2017년 2월 파리의 한 카페를 가 본 적이 있다. 1884년 파리 6구 생제르맹 데프트에서 문을 연 '카페 드 플로르'다. 사르트르, 시몬 드 보부아르, 알베르 까뮈, 헤밍웨이, 피카소 그리고 당시 파리에서 유학하던 중국의 저우언라이(周恩來) 등이 단골이었다. 상상은 가능하다. 레이몽 아롱과 사르트르 그리고 시몬 드 보부아르가 현상학에 관해 대화한 장소가 이 카페였다고. 아롱은 자신의 컵을 가리키며 사르트르에게 말한다. "보라고 자네가 현상학자라면 이 칵테일에 대해서 말할 수 있다는 걸세. 그리고 그것이 바로 철학인 거지." 사르트르는 감동으로 새파래졌다. 헤겔의 관념 철학에 찌들어 있던 프랑스 청년들에게 철학은 현실이어야 한다는 걸 선언한 두 지성이었다. 프랑스 실존 철학은 바로 이곳에서 태어났다.

중국 베이징 뒷골목 샤징후퉁(沙井胡同)을 가 본 적이 있다. 우물 井이 있는 걸 보면 우물이 있는 곳을 중심으로 동네가 만들어졌다. 오랑캐 '胡' 자가 붙어 있는 걸 보면 역사의 주변인들이 모여 살던 골목 동네다. 이곳이 혁명과 연대의 불씨가 피어난 곳이다. 수많은 후퉁이 문화 혁명 때 불도저에 파괴된 이유다. 지금 이곳엔 길거리 카페로 변신해 관광객을 맞는다.

프랑스 혁명의 발상지 파리 4구 바스티유 광장 부근 한 카페에 가 보았다. 최초의 철학 카페(Bistrot Philo)가 이곳에 있는 건 우연이 아니다. 비스트로(Bistrot)는 '카페'란 뜻인데, 나폴레옹 몰락 이후 러시아군이 카페에 들어와 빨리빨리 마실 것을 달라고 외친 데서 연유한 어휘이다. 현재 철학 카페는 파리에만도 20군데나 되고 니스, 스트라스부르, 마르세유, 투르, 리용 등 전국적으로 50~60군데가 넘는다. 이에 힘입어 회지발간과 철학 카페 모임을 주관하는 단체 '필로협회'가 탄생하기도 했다.

철학의 대중화가 아쉬운 우리의 현실이다. 특히 시니어들을 위한 스터디 카페가 아쉽다. 노인을 길기리로 내모는 세상이 모질다. 옹기종기 모여 장가와 바둑으로 소일하는 까마귀 떼를 보면, 늙음 자체가 재앙이고 악인 거 같다. 오늘 아침 내리는 비가 반가우면서도 을씨년스럽다.

웃는다 고로 존재한다

사진 출처: 나무위키(움베르트 에코)

웃음을 금기시한 전통은 오래다. 고대 그리스 희극작가 아리스토파네스의 〈구름〉에 등장하는 소크라테스이다. 이 작품에서 소크라테스는 아테네 젊은이를 도덕적으로 타락하게 만든 장본인으로 묘사된다. 물론 이것 때문에 사형을 선고받은 건 아니지만, 이 작품이 사형을 선고받도록 한 원인(遠因) 중 하나일 것이다. 이를 지켜본 소크라테스의 제자 플라톤이 희극을 좋아할 이유가 없다. 그는 희극을 철학의 이단으로 여겼다. 냉정한 지성의 학문인 철학이 천박한 웃음으로 오염되는 걸 좋아할 수 없었다.

이에 반해 플라톤의 제자인 아리스토텔레스는 희극에 관해 쓴 저서가 있다. 물론 이 저서가 실제로 발견되지는 않았다. 아리스토텔레스의 〈시학〉「2권」이 희극에 관한 것이다. 에코(Umberto Eco, 1932~2016)는 이 책이 발견되지 않은 이유를 한 수도원의 살인사건을 다룬 《장미의 이름》에서 입증한다.

천박한 웃음이 청빈과 함께 할 수 없다. 웃음을 청빈을 훔쳐가는 괴물처럼 여겼다. 이 수도원의 경건한 수도사 호르헤는 〈시학〉「2권」에 독을 묻혀두었다. 누군가 이 책을 읽을 때 오른손 손가락에 침을 묻혀 다음 페이지를 넘길 때마다 손가락에 묻은 독약이 몸에 퍼져나가 결국은 죽어갔다.

살인사건의 음모가 윌리엄에 의해 밝혀지자, 호르헤는 장서관에 불을 지른다. 〈시학〉「2권」 역시 불에 타버린다. 아리스토텔레스가 비극을 다 쓴 후 희극을 쓴다고 계획한 걸 보면 분명 희극 작품이 있을 법(?)하다. 하지만 발견되지 않은 이유를 에코는 이렇게 추리소설의 형식을 빌려서 입증한다.

몰래 숨어서 웃어야 했던 수도사들이었다. 그들은 죽음과 웃음을 맞바꾼 셈이다. 호르헤가 왜 웃음이 청빈과 양립할 수 없는지에 대해 설득력 있게 추론한다. 하지만 사람에겐 웃음이 필요하다는 걸 역설(逆說)로 역설(力說)한 셈이다. 종교적 이데올로기가 웃음본능을 억누를 수는 없다.

옆 좌석에서 곁들은 일상의 잡담 하나만으로도 웃을 수 있는 게 인간이 아닐까? 희극보단 비극이 카타르시스(영혼정화)에 도움이 된다는 걸 부정할 이유는 없다. 헤프게 웃는 것보단 진솔한 눈물 한 방울이 마음을 후련하게 할지도 모르겠다. 하지만 작위적인 웃음이 아니라면, 자주 웃으면 좋다. 나는 웃는다. 고로 존재한다.

이해

사람이 사람을 안다는 게 얼마나 어려운 일인지를 살수록 더 실감한다. 이것보다 더 어려운 게 나 자신을 안다는 거다. '너 자신을 알라'가 소크라테스의 말인 것 같지만, 사실은 델포이의 아폴론 신전 현관에 새겨진 격언이다. 자기 자신을 안다는 게 얼마나 어려운 것인지를 성찰하라는 뜻을 담고 있다. 소크라테스만큼 이걸 실천한 사람이 없으니 이 말의 저작권을 그에게 돌려주는 게 마땅할지도 모른다.

나 자신을 모르는데 어떻게 다른 사람을 알 수 있는가? 최근에 나온 책 《사람을 안다는 것》의 저자 데이비드 브룩스는 "상대를 정확하게 읽어내는 경우는 약 20%밖에 되지 않으며 가까운 친구나 가족이더라도 35%에 그친다."고 한다. 이 수치가 얼마나 정확한 것인지는 제쳐두고라도, 사람을 이해하는 게 어려운 일이라 그만큼 노력이 필요하다는 사실은 인정하지 않을 수 없다. 이 통계에 의하면 우린 상대를 이해한다고 하지만 사실은 거의 다 오해에 지나지 않는다.

지난주 친구의 마음을 상하게 한 일이 있었다. 물론 나 때문이다. 그를 이해하려고 얼마나 노력했는지를 돌아보게 하는 기회가 생겼다. 우린 누군가로부터 이해를 받기를 원하지 그를 이해하려고 노력하는 데는 인색한 거 같다. 내가 그렇다.

우린 '이해한다'는 말을 자주 사용한다. 더군다나 말 안 해도 상대의 마음을 벌써 이해했다고 단정해 버린다. '이해한다' under-stand는 under와 stand의 합성어다. 여러 가지 해석이 가능할 것이다. 난 상대를 내 입장 밑에(under) 세우는(stand) 게 이해라 생각한다. 그러니 이해는 오해(misunderstanding)의 다른 이름이라 해도 지나치지 않은 거 같다. 이해와 오해 사이엔 백지장 한 장이 겨우 있을 정도다.

사람이 사람을 아는 일은 감정이입을 통해서 가능하다고 말한다. 상대 역시 나와 같은 생각이라 쉽게 공감할 수 있다고 전제한다. 사람과 사람 사이에 대칭적 소통 채널이 있다고 전제한다.

하지만 사람과 사람 사이에는 건너지 못할 강이 있는 것도 사실이다. 그것도 비대칭적인 머나먼 강이다. 난 이렇게 이해했지만, 상대는 저렇게 오해한다. 서로가 살아온 배경이 다르다. 생각도 다르다. 정치적 지향도 다르다. 어느 하나도 같은 게 없다. 말 그대로 인간은 서로에게 비대칭적 거울이다. 상대를 거울삼아 나를 돌아본다는 것도 쉽지 않은 이유다.

그러니 누군가에게 완전히 이해받고 이해한다는 건 미션 임파서블이다. 다만 그 다름의 거리를 좁히는 노력이 필요할 뿐이다. 말로는 친구라 하지만, 사실 나와는 전적으로 다른 사람인 타인이다. 그렇기에 인정하고 존중해야 한다.

타인(他人)의 他 자보다 佗(다를 타) 자가 먼저 쓰였다고 한다. 佗 자에 쓰인 它(다를 타) 자는 뱀의 형상을 본뜬 것이다. 여기에 사람 人이 결합해 佗 자가 만들어졌다. 이후 它 자 대신 也(어조사 야) 자가 사용되어 他 자가 되었다. 말 그대로 나와 타인은 사람과 뱀처럼 전적으로 다른 존재다. 그만큼 상대 마음을 이해하는 게 힘들다.

잔인한 시간

그리스 신화에 등장하는 신 중 가장 잔인한 모습으로 인식된 신이 크로노스(로마 신화의 사투르누스와 동격)일 것이다. 그는 아버지 우라노스의 남근을 낫으로 거세하는가 하면 자식을 낳는 족족 다 집어삼켜 버린다. 아버지를 몰아내고 얻은 권력을 지키기 위해 자식들을 모두 삼켜버린 잔인한 신이다. 크로노스를 가장 잔인한 신으로 규정해도 무방한 것은 아버지와 자식들에게 해악을 저질렀기 때문이다. 잔인함은 우리들이 사랑하거나 동정을 느끼는 자에게 해악을 가하게끔 우리를 자극하는 욕망이라고 스피노자는 정의한다.

'시간'을 상징하는 크로노스는 낫으로 시간을 단절하고 집어삼켜 버림으로써 시간을 종결한다. 크로노스와 발음이 같지만, 철자가 다른 시간의 신이 따로 있다고 하지만 거의 같은 신으로 이해하는 게 통상적이다. 시간은 잔인하기 그지없다. 시간은 타협하지 않는다. 모든 걸 한순간에 끝내버리기도 하고 다시 이어주기도 한다. 크로노스가 삼켰던 자식들은 제우스에 의해 다시 토해 내어져 시간 속의 존재로 다시 살아간다. 시간은 죽음과 탄생을 주관한다.

까까머리 중학생을 70 노인으로 만든 잔인한 시간이다. 사랑을 증오로 만들고, 이별을 그리움으로 만드는 것도 시간이다. 하지만 시간은 마냥 잔인하지만은 않다. 크로노스는 농경의 신이다. 때때로 비를 내리고 햇빛을 허락해 곡식이 잘 자라도록 도와주는 자비로운 신이기도 하다.

크로노스의 낫은 시간이 되면 곡물을 거두어들인다는 의미로 죽음을 상징하기도 하지만, 곡물을 성장시켜 거두어들이는 풍요와 자비의 신이기도 하다. 자식을 집어삼켜 시간을 멈추기도 하지만, 멈춘 시간을 토해 내어 다시 흘러가게 하는 신이기도 하다.

낮은 자를 높게 하는 것도, 가난을 부요케 하는 힘도 시간의 몫이다. 주는 것이 받는 것보다 복이라는 걸 깨닫게 하는 것도 시간의 역량이다. 지금은 힘들지만, 내일은 행복할 거라는 희망을 갖게 하는 것도 시간만이 할 수 있다. 씨앗을 뿌려 곡식을 거두어들일 때까지 보살피는 시간은 숱한 역경을 견뎌내고 마침내 행복의 문으로 안내하는 신실한 가이드고 파수꾼이다.

시간은 잔인하기도 하다. 오늘을 살면서도 아직 오지 않은 죽음 때문에 불안하도록 내버려 두는 시간이다. 동시에 그 불안으로 인해 더 진실하게 살도록 독려하기도 한다. 오늘 행복하면서도 내일의 불행을 앞당겨 걱정하게 하는 시간이다. 오늘 사랑하면서도 내일의 이별을 안고 사는 인간에 대해 자그마한 연민도 없는 게 시간이다. 그 누구에게도 예외를 허락하지 않는다. 시간은 그 누구를 더 사랑하지도 덜 사랑하지도 않는다.

공평한 시간이다. 잔인하다 못해 잔혹할 정도로 공평한 시간은 때론 우릴 겸손으로 안내하기도 한다.

물리적 시간 경험은 누구에게나 동질적이다. 하루 24시간은 예외 없이 같다. 하지만 하루를 보내는 실존적 경험은 사람마다 다르다. 누군가에는 하루가 행복하고, 누군가에는 그 하루는 불행이다. 청년의 하루보다 노년의 하루가 더 불행할 이유는 없다. 얼마 남지 않은 노인의 삶도 행복할 수 있게 하는 게 시간이다.

인간은 시간적(temporal) 존재이면서 동시에 시간을 초월해서 사는 존재이기도 하다. 나이 70은 물리적으로 죽음에 가깝다. 하지만 실존적으론 죽음에 대한 불안을 새로운 삶으로 도약하는 지렛대로 삼는 게 인간이다. 그래서 시간은 인간의 삶을 들여다 볼 수 있는 창이다. 시간은 인간에게 존재 그 자체다.

김창옥 쇼

시사교양은 줄고 예능만 늘어가는 추세다. 예능을 위해서라면 겹치기 출연은 다반사다. 예능은 두 가지 사전적 의미가 있다. 재주와 기능을 아우르는 말이고, 다른 하나는 예술과 관련된 능력을 통틀어 하는 말이다. 같으면서도 다르다. 전자는 재주부리는 단순 기능이다. 물론 이것도 능력이라면 능력이다. 하지만 이건 예술의 능력은 아니다. 단순히 웃기는 재능을 가진 사람을 예술인이라고 할 수 없는 노릇이다.

"(고대 철학자) 데모크리토스의 웃음과 헤라클레이토스의 눈물이 대조되어 왔다. 몽테뉴는 말한다. 데모크리토스와 헤라클레이토스는 철학자들이었다. 둘 중 인간의 조건을 우습고 허망한 것으로 본 데모크리토스는 대중 앞에 나설 때 언제나 조소를 머금고 나타났다. 반면에 인간의 조건을 연민과 동정으로 바라본 헤라클레이토스는 눈물을 흘리는 슬픈 표정으로 나타났다"(앙드레 콩트-스퐁빌, 조한경 옮김, 《미덕에 관한 철학적 에세이》).

몽테뉴는 데모크리토스의 웃음을 선택한다. 물론 그가 웃음이 울음보다 나아서 선택한 건 아니다. 인간은 형편없는 존재이고 허망한 존재이다. 인생살이는 그 자체로 보면 웃을 일이

하나도 없다. 하지만 그렇다고 자신을 증오한들 무엇하는가! 웃으면 그만인 것을 말이다. 이런 점에서 웃음은 하나의 미덕이다. 자신의 보잘것없는 존재를 극복할 수 있는 미덕이다.

A. Coypel, '데모크리토스'(1692, 루브르 박물관)

유머는 근엄함과 대비된다. 유머는 근엄함을 벗어나 겸손하게 하고 관용과 자비를 베풀게 한다. 웃음은 우리의 삶을 살찌우는 최고의 에토스일 것이다. 그러므로 인생을 비관적으로 살 필요는 없다. 허무한 것을 넘어서 허무를 극복할 수 있는 게 바로 웃음 때문이다.

요즘 방송은 시청자를 시청률의 노예로 여긴다. 그러니 재미를 작위적으로 주조한다. 전직 운동선수나 예능 전문 가수나 배우 등이 많이 출연한다. 볼 땐 재미있을지는 몰라도 보고 나면 남는 게 없다. "뭐 재미있으면 되지 굳이 뭐가 남길 바라는가?" 하고 반문한다면, 할 말 없다.

시사교양으로 유일하게 보는 게 김창옥 쇼다. 쇼2가 지난 5월 9일로 종영되었다. 아쉽다. 하기야 강사도 쉬어야 한다. 하루 강의하려고 얼마나 에너지를 쏟아야 할까? 그는 시청자와 관중을 웃겼다가 울린다. 김창옥은 비극/희극의 경계를 자유롭게 넘나든다. 삶의 애환을 긍정적인 웃음으로 승화시키는 능력이 대단하다. 그의 유머는 철학이다. 그의 삶의 철학이 없인 그의 유머도 없다. 난 그를 우리 사회의 대표적인 오피니언 리더로 생각한다. 그는 예능인이 아니다. 인문학자요, 철학자다.

통상적으로 니체를 낙관론자, 쇼펜하우어를 비관론자로 분류한다. 니체 관점에서 보자. 비록 허무하지만 이게 인생이라면 어디 한번 부딪쳐 보자. 현실을 인정하고 현실을 극복할 수 있는 강한 의지를 가진 자만이 웃을 수 있다. 니체는 허무를 극복한 낙관론자이다.

쇼펜하우어 관점에서 보자. 인생은 어차피 수지맞지 않은 사업이다. 그러니 웃을 일이 없다. 그러니 마냥 낙관적으로 보는 건 성찰의 부재하다. 삶을 지성으로 보면 웃을 일이 별로 없다. 쾌락보단 고통이 많기 때문이다. 그는 니체와 달리 의지가 강할수록 울 일이 더 많다고 한다. 그러니 그 의지를 내려놓을 수밖에 없다. 그러고 나서 픽 웃는 게 인생이다. 슬퍼서 웃는 게 인생이다. 쇼펜하우어를 염세주의자로 분류할 수 없는 이유다. 오늘 하루 유쾌하게 웃을 일이 많았으면 좋겠다.

음식 철학

사랑하는 누군가를 위해 요리하는 건 참 행복한 일이다. 이미 지나간 사랑이라면 요리는 그 사랑을 소환하는 힘을 갖는다. 요리는 단순한 기능이 아니다. 백종원 씨는 이미 그만의 음식철학을 정립했다. 그는 자신을 성찰하고 남을 배려하는 마음을 요리한다. 조선 중기 장계향은 한글로 된 요리서인 〈음식디미방〉을 73세 때인 1670년(현종 11)에 펴냈다. '좋은 음식 맛을 내는 방문(方文)'이란 뜻이다. 그녀에게 요리는 마음공부이다. 경(敬)을 실천하는 과정이다. 사과 하나 반듯이 깎는 일이 그렇다. 인간의 탐욕이 가장 온전하게 거처하는 공간이 부엌이다. 이 공간은 탐욕의 거처이면서도 동시에 그 탐욕을 성찰하는 공간이기도 하다.

누군가를 위해 맛있는 음식을 만든다는 것 자체가 아름답다. 우린 음식 앞에서 모두 겸손해진다. 자신의 입맛에 맞지 않더라도 안으로 숨긴다. 자신의 입맛을 요리에 맞추어 보려고 애를 쓴다. 맛있는 음식을 먹는 순간만큼은 평화롭다. 음식으로 하나가 된다. 음식이 갖는 다문화적 창조 역량이다. 한족(漢族)의 10분의 1도 안 되는 만주족이 청나라를 세웠다. 그 청나라가 비교적 오래 버틸 수 있었던 이유 중 하나가 바로 음식을 통한 문화적 소통이다. 만한전석(滿漢全席), 만주족 요리와 한족 요리를 융합한 풀코스 요리다. 음식은 소통의 채널이고 평화의 메신저이다.

오늘 아침 우연히 본 드라마다. 〈오늘은 좀 매울지도 몰라〉다. 이혼을 준비 중인 부부다. 그러던 중 아내가 대장암이 걸린다. 아내는 남편의 도움을 청한다. 남편은 아내를 위한 요리를 만든다. 남편이 만든 요리가 평화의 채널이 되어 가족이 회복되어가는 내용이다. 서로의 사랑이 식어가면서 이혼을 결심했던 부부가 음식을 통해 새로운 사랑을 창조해 간다. 이처럼 요리는 무에서 유를 창조하는 위대한 힘을 가진다.

맛있는 음식 앞에선 다른 감각은 중요하지 않다. 음식은 개념으로 분석할 대상이 아니다. 맛있으면 그만이다. 맛은 모든 고통과 난관을 한꺼번에 쓸어갈 밀물과 같다. 우린 가끔 지각을 그리 중요하게 생각하지 않곤 한다. 지각의 확실성을 의심하기 때문이다. 하지만 맛있다는 감각은 모든 개념적 추론에 앞선 가장 진실한 경험이다. 이혼을 결심하기까지 개념적으로 서로를 분석했던 부부는 맛있는 음식 앞에서 자신의 주장을 내려놓는 연습을 한다. 남편에게 요리는 일종의 수행(修行)이다. 지난날 가족을 보살피지 못했던 자신을 성찰한다. 남편이 만든, 아니 남편 자신이기도 한 맛있는 음식 앞에서 아내도 아들도 모두 자기주장을 내려놓는다. 이처럼 음식은 모든 걸 용서하는 화해의 창조자다. 요리의 철학적 의미가 아닐까?

외로움

비가 내린다. 요즘 비가 잦다. 날씨가 때론 사람의 마음을 피자반죽하듯 마사지한다. 비 오는 날 외로운 건 나만일까? 외로움은 슬픔이다. 외로우면서 기쁜 사람은 없다. 인간은 참 단순한 존재다. 미숙하다. 기쁨 아니면 슬픔 두 가지 선택지 중 하나를 미련하게 선택하면서 산다. 아니 선택하는 게 아니라 선택당한다는 게 맞을 거 같다. 코앞에 일어날 일도 모르고 기쁘면 삼키고 슬프면 뱉는다. 그 선택자는 욕망이다. 욕망으로 인해 기쁘고 슬퍼진다.

외로움은 나의 의지와 상관없이 때때로 찾아오는 수동적 정서다. 인간은 근본적으로 외로운 존재다. 하나님도 종소리도 그림자도 다 외로워한다고 시인은 말한다. 물론 이 은유는 인간의 외로움에 방점을 찍기 위한 메타포이다. 스피노자에 의하면 외로워하는 하나님은 신이 아니다. 그의 신은 인격 신이 아니기 때문이다. 또한 자연은 외로워할 이유조차 없다.

외로워지고 싶어 외로운 게 아니다. 주어지는 것이다. 기약도 없이 찾아오는 불청객이다. 외로움이 수동적 정서인 반면, 고독은 스스로 선택한 것이다. 혼자 살면서 고독을 선택하여 즐긴다. 고독은 실존적 자유다. 고독은 능동적 정서라고 할 수 있다. 고독을 즐길 수 있기 위해서는 능력이 필요하다. 특히 경제적 능력이 필요하다. 그런 면에서 고독은 사치다.

고독해서 죽는 사람은 없다. 외로워서 죽음을 선택한다. 고독은 스스로 선택한 것이라 언제든지 고독에서 벗어날 수 있다. 하지만 외로움은 피동적으로 주어진 것이기에 나의 의지와는 상관이 없다. 외로움에 탐닉하는 사람은 은둔형 외톨이로 살 위험성이 크다.

나의 의지와 상관없이 외부에서 주어진 것이 외로움이면, 그저 그 외로움을 안고 살 수밖에 없다. 그 외로움을 만지작거리다 보면 어느 순간 그 외로움이 증류된다. 수동적 정서를 이길 수 있는 유일한 힘은 보다 능동적인 정서다. 외로움을 이겨낼 수 있는 건 외로움보다 더 능동적인 역량이 필요하다. 인간은 본래 외로운 존재라고 인식하는 것이 외로움을 이겨내는 유일한 힘이다. 이 경우 인식은 거의 깨달음에 가깝다.

예쁜 우리 말이 많은데 그중 '꽃'이란 말마디보다 더 예쁜 게 있을까? 꽃은 외로워할 이유가 없다. 수선화에게 '외로움'이란 꽃말을 붙인 건은 사람이다. 너무 외로워서 꽃에게 그 외로움을 투사(投射)한 셈이다. 그래서 사람의 꽃말을 외로움이라 했던가? 꽃은 누군가를 사랑하고 미워하지 않는다. 그래서 기뻐하지도 슬퍼하지도 않는다. 욕망이 없기에 이루지 못한 것에 대한 아쉬움도 후회도 없다. 인간만이 욕망에 휩싸인다. 그렇기에 외로워하고 그리워하고 후회한다. 나는 욕망한다. 고로 외롭다.

모든 수동적 정서의 뿌리가 욕망에 있다는 걸 아는 나는 누구인가? 욕망이 욕망을 들여다볼 수 없다. 욕망이 욕망을 성찰할 수 없다. 온갖 정서가 욕망에 뿌리를 두고 있다는 걸 아는 이성만이 우리를 욕망에서 자유롭게 한다. 외로움도 인간의 근원적인 욕망에서 생긴다는 걸 인식함으로써 그 외로움에서 벗어날 수 있다. 쉽지 않은 일이다. 수행이 필요한 일이다.

남은 삶, 꽃처럼 살고 싶다. 누군가를 사랑하지 않으니 이별의 슬픔도 없고, 누군가를 그리워하지 않으니 외로워하지도 않고, 죽음에 대한 불안이 없으니 평온을 누리며 사는 꽃처럼!

선우후락

2024년 7월 중국 후난성 둥팅후 제방이 터졌다. 대재앙이 닥쳤다. 2015년 10월 25일, 대구교육대학교와 자매대학인 중국 후난(湖南)성 웨양(岳陽)에 있는 후난이공대학교를 방문했다. 후난은 둥팅후의 남쪽이란 뜻이다. 황허 남쪽인 허난(河南)과는 다른 지역이다. 학교 측에서 마련해 준 중국 고위급 인사만 이용한다는 호텔에 투숙했다. 둥팅호를 끼고 있는 조용한 곳이다.

난 둥팅후의 아침 풍광을 또렷이 기억한다. 옅은 안개로 둘러싸인 호수는 말이 호수지 바다다. 둥팅후는 중국에서 두 번째로 큰 담수호다. 이 지역엔 유명한 악양루(岳陽樓)가 있다. 이곳엔 북송의 정치가 범중엄(范仲淹, 989~1052)의 〈악양루기〉가 있다. 그중 한 구절이다. "천하의 근심은 남보다 먼저 하고, 천하의 즐거움은 남들이 다 즐기고 난 후에 즐긴다(先天下之憂而憂 後天下之樂而樂歟). 줄여서 '선우후락(先憂後樂)'이다. 정치가라면 누구나 마땅히 되새겨 볼 글이다. 범중엄이 개혁안을 내놓았지만, 당시 부패가 심해 성공하지 못했다. 그러니 그의 나라 걱정은 그 누구보다 깊을 수밖에 없다. 두보 역시 나이 들어 이곳에 올라 나라 걱정을 한다.

예로부터 동정호의 장관 들었으나

오늘에야 악양루에 오르게 되었네

오초 지방 둘로 나눠져 동남으로 갈라졌고

끝없는 물결은 낮밤과 천지만물을 띄워 유유히 흐르네

가여운 이내 신세, 친척과 친구 한 자 소식도 없고

늙고 병든 몸 오직 한 척의 배 있을 뿐

관산 북쪽 도성에는 오랑캐 침입으로 난리 그치지 않는다 하니

난간에 기대서서 눈물 한없이 흘리네.

–두보, '등악양루', 한글 번역 권영한–

송은 중국 역사에서 비운의 국가다. 안으로는 부패하고 밖으로는 금과 요 사이에서 우왕좌왕하다가 금에게 망한다. 수집광이었던 휘종은 나라가 망해 가는 줄도 모르고 온갖 예술품을 수집하는 데 나라를 통째로 바친다. 북송의 수도 카이펑(開封)은 금의 군사 단 6만에 무너진다. 카이펑의 당시 인구가 150만여 명의 규모가 큰 도시였다. 하지만 금의 침입으로 임안(현재의 항저우)으로 수도를 옮긴다. 바로 남송이다. 남송 역시 당

시 송의 인구의 50분의 1도 채 안 되던 몽골에 무너진다. 옥스퍼드 너필드 날리지의 스티븐 브로드베리 교수가 2017년에 발표한 논문에 의하면, 송나라는 1020년 1인당 GDP가 천 달러를 돌파했다. 영국이 천 달러를 돌파한 것은 이로부터 4백 년이 지난 1400년대부터다. 하지만 송 이후 중국은 700년간 제자리를 맴돌았다. GDP는 오히려 후퇴했다.

이러니 범중엄이 나라 걱정을 하지 않을 수 없었다. 한 나라의 부패가 얼마나 큰 재앙인지를 말한다. 자연 재앙은 시간이 걸리더라도 복구할 수 있다. 하지만 한 국가의 부패는 당대는 물론 이후 역사에도 악영향을 미친다. 북송의 수도 카이펑은 거리가 휑하다. 포청천만 기억에 남는다. 북송의 당시 부패상을 알려주는 증표다. 오늘 아침 접한 둥팅후의 재앙이 왠지 남의 나라에서 일어난 물리적 사태로만 생각되지 않는 이유가 뭘까? 뤄양(洛陽)의 범중엄 기념관에서 본 '선우후락(先憂後樂)' 네 글자에 한참 시선이 머물렀다.

분노

자신도 모르게 화내는 일도 있지만, 의도적으로 화내는 일도 있다. 상대와 논쟁 중 자기가 좀 밀릴 때 종종 화를 내면서 그 순간을 피한다. 이걸 '분노에 호소'하는 오류라고 한다. 쓸데없는 농담으로 피하는 경우도 종종 있다. 그래서 우린 잘 웃기는 사람을 좋아는 하지만 사랑하지는 않는다.

만약 누군가가 당신을 온화한 사람이라고 한다면, 당신은 어떤 사람인가? 온화를 good temper로 번역하는 건 마음씨가 좋은 걸 의미한다. 아리스토텔레스는 온화한 사람은 분노할 사람에 대해 적당한 정도로 적합한 때에 그리고 적당한 시간 동안 분노하는 사람이라 한다. 이건 중용의 덕을 말하는 거다.

마땅히 분노할 일에 대해서도 분노할 줄 모르는 사람은 바보다. 내 말이 아니라 아리스토텔레스의 말이다. 분노할 줄 모르는 사람과 온화한 사람을 혼동해서는 안 된다. 분노할 줄 모르는 건 덕의 부족이다. 모욕을 당하고도 참는 건 온화와는 무관하다. 마땅히 분노할 때 분노할 줄 모르면 일종의 분노 장애고 치매다. 따라서 온화의 반대말은 분노가 아니다. 부족함이나 지나침이 없는 분노는 온화에 가깝다.

분노를 복수로 화풀이하는 사람이 있다. 반면에 화를 풀지 못하고 무거운 짐으로 걸머지고 사는 음울한 사람도 있다. 그

짐을 삭이는 데 오랜 시간이 걸린다. 이런 사람은 자기 자신에 대해서나 또한 가장 친한 친구에 대해서나 가장 골치 아픈 존재다. 쓸데없이 화를 잘 내는 사람이나, 화도 못 내고 화를 가슴에 안고 사는 화병 걸린 사람 모두 나쁜 성미(性味)의 사람이다. 영어사전에 '화병'을 검색하면 hwa-byung이다. 소리나는 그대로를 영어식으로 표현한 거다. 화병은 한국인만의 고유한 질병이다. 서양인은 원한(怨恨)을 복수로 풀지만, 한국인은 그 원한을 안으로 삭인다. 우린 그만큼 한(恨)을 짊어지고 산다.

좋은 성미의 사람은 복수보다는 용서하는 사람이다. 하지만 인간 본성은 분노를 복수로 푸는 걸 원한다. 화를 풀어야 고통보다는 쾌락이 생기기 때문이다. 인간은 본성적으로 슬픔보다 기쁨을, 고통보다 쾌락을 좋아한다. 그래서 용서보다 복수가 주는 순간의 쾌감에 만족한다. 용서로 복수를 자제하기란 여간 어려운 일이 아니다.

트로이전쟁을 다룬 호메로스의 《일리아드》 첫 구절은 아킬레우스의 분노로 시작한다. 그의 파괴적인 분노로 수많은 아카이아(그리스)인에게 고통을 주었다. 파트로클로스의 죽음에 대한 분노를 파트로클로스를 죽인 트로이 적장(敵將) 헥토르를 죽임으로써 풀었지만, 수많은 이들에게 고통을 주어야 했다. 분노가 복수를 낳고 복수는 또 다른 복수를 낳는다. 아킬레우스는 결국 헥토르의 동생 파리스가 쏜 화살에 발뒤꿈치(아킬레스건)를 맞고 죽는다.

묵상

주일 아침, 가볍게 묵상하는 게 내 나름의 루틴이 되었다. 인터넷으로 현장 예배를 대신하는 얄팍함이 부끄럽긴 하다. 오늘 아침 책 한 권이 눈에 들어온다. 이탈리아 현상학자 파치(Enzo Paci, 1911~1976)의 책을 이찬웅이 번역한 《어느 현상학자의 일기》란 책이다. 이 책을 펴니 '요한복음 9장 41절'이란 글귀가 눈에 띈다. '너희가 소경되었더면 죄가 없으려니와 본다고 하니 너희 죄가 그저 있느니라'. 바리새인들의 죄는 이미 눈을 뜨고 볼 수 있다고 믿는 데서 싹텄다고 가르친다. 예수는 보지 못하는 자들은 보게 하고 보는 자들은 소경이 되게 하는 심판을 하러 세상에 왔다. 세상을 바르게 보지 못하는 것도 그리고 이미 눈으로 다 봤다는 것도 다 선입견에 토대를 둔 것이다.

요한복음의 이 구절을 인용한 이 일기는 1958년 3월 14일 쓴 것이다. 우연히 펴서 읽은 이 한 구절만으로도 다음 페이지를 넘길 필요가 없을 정도로 현상학의 핵심을 폭로한다. 우리 모두 바리새인들이다. 내 눈으로 본 게 진리라고 판단한다. '판단'이란 어휘는 섬뜩하다. 判은 반 반(半)과 칼 도(刀)로 된 글자다. 그리고 단(斷)은 자를 단이다. 칼로 반으로 자르는 것이다. 문제는 그 칼이 진리와 비진리의 경계를 반으로 자를 온전한 칼인가이다. 우린 자신의 칼이 진리의 칼이라고 믿는다. 내 눈으로 똑똑히 봤다는 이유만으로.

이 순간 〈어메이징 그레이스〉(Amazing grace)의 "was blind, but now I see"란 구절이 내 귓가를 방문한다. "한때 눈이 멀었으나 이젠 볼 수 있게 되었다"고 노래한다. 한때 이미 보았다는 자신의 믿음 때문에 보지 못했던 걸 이제야 볼 수 있게 해준 주님의 은총에 감사한다. 그렇다. 이미 보았다는 믿음을 내려놓을 때 비로소 보이게 되는 게 진리다. 이 내려놓음을 현상학적 '판단중지'라고 한다. 이 용어는 오래전부터 '에포케(epoche)'란 용어로 사용되어 왔다.

우린 참 어리석다. 자기 눈으로 보고는 다 봤다고 믿는다. 내가 보고 믿은 게 진리라 한다.

내 앞에 있는 머그잔을 본다. 그런데 잔의 앞면만 볼 수 있다. 뒷면은 볼 수 없다. 시선을 이쪽으로 약간 돌리면 잔의 이쪽 면만 보인다. 저쪽 면은 보이지 않는다. 사실 우린 거의 소경에 가깝다. 그런데도 잔을 '본다' 혹은 '다 봤다'고 말한다. 더 나가 '이미 다 보고 알았다'고 말한다. 이게 오만이고 편견이다. 세상은 내가 본 게 다가 아니다.

마주침

오늘 아침 내리는 비가 많은 것들을 불러온다. 이리저리 만났던 사람들이 기억난다. 정확하게는 마주친 사람들이다. 하지만 예기치 않은 우발적인 마주침을 사후적으로 마치 필연인 양 응고시켜 버리기 일쑤다. 마주침(encounter)은 우연한 맞닥뜨림이다. 우연히 맞닥뜨린 풀 한 포기에도 취하고 우연히 맞닥뜨린 사랑에도 빠진다. 아무런 의도나 목적 없이 우연한 장소에서 마주치는 만남이 있다. 아무 일 없이 간 도서관에서 그녀를 만났다. 그리곤 결혼했다. 이걸 필연이라 할 이유는 없다. 모든 것의 시초는 우발적 마주침이다. 다만 사후적으로 필연으로 응고시킨 것뿐이다. 태초에 마주침이 있었다.

우리의 경험 대부분은 수동적 경험이다. 예기치 못한 우연한 마주침이 그렇다. 그 누군가와 우연히 마주쳤다. 그런데 이상하게 마음이 들뜬다. 기쁘다. 충만하다. 그렇다면 당신은 사랑을 마주친 거다. 마치 자동차 사고 나듯. 사랑은 우발적 사건이다. 사건은 이미 벌어진 사태다. 거기엔 어떤 목적도 계획도 들어설 여지가 없다. 목적과 계획이 들어선다면 그건 이미 사랑은 아니다. 유희일 뿐이다. 세상에서 가장 아름다운 수동적 사건이 사랑에 빠지는 일이다.

당신이 사랑했던 그 누군가를 만난 걸 기억해 보면, 그 마주침은 그저 일어난 게 아니다. 움직이는 노선이 서로 다르지만, 어느 장소에서 둘은 교차한다. 둘 다 빨강 신호등 앞에서 멈추었다. 서로 다른 계열을 지나왔지만 두 계열이 마주치는 장소에 서 있다. 우연적이고 돌발적인 만남이 잠시 이루어졌다. 그 만남은 계속 이어진다. 또 다른 마주침에 의해 중단되기까지.

빗줄기가 강해졌다. 빗줄기가 서로 마주치는 소리가 크다. 비가 수직하강하는 것 같지만, 그중 어느 것은 비스듬히 하강한다. 이걸 '클리나멘(Clinamen)' 현상이라 하는데, 예측할 수 없는 일탈이다. 고대 철학자 에피쿠로스는 이 우연적 현상에서 자유를 읽는다. 우연히 들른 서점에서 우연히 읽은 시 한 편이 나의 삶을 바꾸어 놓는다. 다메섹 도상에서 예수와의 마주침이 없었다면 사울은 바울이 될 수 없었다. 암브로시우스와의 마주침이 없었다면 아우구스티누스는 탕자의 생활을 청산할 수 없었을 것이다.

수억의 경쟁자를 뚫은 정자와 난자의 우발적 마주침이 없이 '나'란 존재는 탄생할 수 없었다. 왜 하필 이런 마주침이었는지 후회할 일이 아니다. 난 우연의 산물이다. 수억 마리 중 하나의 정자가 창문을 열고 들어가 난자가 깔아 놓은 양탄자에 살포시 착상한 우발적 사건이 나의 인생을 결정한다.

연세대 김현철 교수는 인생 성취의 8할은 운이라 한다. "데이터가 말해준다. 태어난 나라에 따라 평생 소득의 50% 이상이 결정된다. 부모가 물려준 DNA가 30%, 자라난 환경이 10% 비율로 소득에 영향을 미친다. 운 좋게 대학에 간 것, 사소한 기적들…, 따지고 보면 노력과 집중할 힘조차 유전과 양육 환경에서 나온다. 순수한 내 능력과 노력은 제로에 가깝다"(〈이코노미조선〉, 2024.1.22.).

결국 인생은 예기치 못한 마주침의 연속이다. 이미 정해진 건 없다. 모든 게 우발이고 우연이다. 매일 걷던 길에서 우연한 죽음을 마주쳐야 하는 나약한 존재가 인간이다. 한 줌의 바람에도 쓰러지는 우연을 짊어지고 사는 우리다.

우연의 철학은 세계의 기원 혹은 목적과 본질 따위로 응고된 것을 깨는 것이다. 모두 순수한 우연의 효과일 뿐 세계 그 어디에도 영원한 필연은 없다. 오늘 아침 내리는 빗줄기를 보면서 루이 알튀세르의 마주침의 철학을 생각한다. 세계를 관통하는 어휘는 우연, 우발, 빗나감, 일탈, 마주침 등이다. 세상을 지배하는 그 어떤 결정도 구조나 원리도 존재하지 않는다. 우발적 마주침으로 인한 일탈의 자유가 그리운 오늘이다.

감자

오늘 대구 남구 봉덕시장에서 감자를 샀다. 같이 일하는 안 선생님이 마침 식사 대용으로 감자를 가끔 먹는다고 한다. 감자에 조예가 있는 분이라 감자를 보더니 고령 개진 감자라고 한다. 난 처음 듣는 정보다. 고령 개진이 감자로 유명한 걸 처음 알았다. 하기야 개진이란 곳을 처음 들었으니.

감자는 대표적인 구황작물이다. 구황(救荒), 즉 흉년을 대비해 심어서 키우는 작물이다. 생육조건이 까다롭지 않아 어디에서나 쉽게 키울 수 있다. 감자와 전쟁은 무관하지 않다. 세계전쟁사에서 항상 감자는 비상식량으로 등장한다. 세계 1, 2차 대전 때도 그랬고, 특히 프로이센과 오스트리아 전쟁은 '감자전쟁'이었다. 감자밭을 점령하는 게 우선인 전쟁이었다. 이때부터 감자는 서양에서는 없어서는 안 될 작물이었다.

일제강점기 배가 고파 중국으로 건너간 조선족에겐 너무나 고마운 감자다. 중국 만주는 오랫동안 봉금지역으로 되어 있어 토질이 너무 좋다. 감자가 자라는 데 적격이다. 조선 순조 때 만주 간도 지방에서 유입된 것으로 알려져 있으며 서울에는 1883년 선교사에 의해 처음 재배되었다고 한다.

감자는 척박한 남미 안데스산맥이 원산지다. 그러니 어지간

한 데서는 잘 자란다. 처음엔 독성이 있어 별로 관심을 받지 못했다. 날로는 먹을 수 없지만, 익히거나 튀겨 다양한 요리 재료로 사용된다. 서양 요리에서는 빠질 수 없는 식재료다. 감튀(감자튀김)가 없는 햄버거는 맹탕이다. 한때는 구황작물이었지만 지금은 웰빙 식품이다.

사람도 그렇다. 귀한 줄 모르고 무시했다가 긴요할 땐 귀하게 쓰임받는 사람이 있다. 트로이전쟁의 조정자인 제우스는 그리스 연합군이 위기에 처할 때 쓰려고 폴릭테테스를 렘노스섬에 남겨두었다. 폴릭테테스는 그리스 연합군의 일원으로 트로이전쟁에 참전하려다가 뱀에 물린 상체에서 나는 악취 때문에 렘노스섬에 버려진다. 10년간 홀로 버려져 있었다.

트로이전쟁 막바지에 그리스 연합군이 트로이에 몰리게 되자 헤라클레스의 화살과 활이 있어야 이길 수 있다는 예언을 접한다. 헤라클레스의 화살과 활은 폴릭테테스가 가지고 있다. 헤라클레스가 히드라를 죽일 때 피가 묻어 이 화살을 맞으면 독성 때문에 죽는다. 폴릭테테스는 이런저런 사정을 견뎌내고 전쟁터에 나간다. 그는 이 활로 아킬레우스에 의해 죽은 형 헥토르 대신 적장이 된 파리스를 죽임으로 전쟁을 끝을 맺는다.

폴릭테테스가 헤라클레스의 활과 화살을 가진 게 된 배경을 설명하기엔 길다. 줄이면 헤라클레스가 아내 데이아네이라를 넘보려는 네소스를 히드라의 피가 묻은 활로 쏘아 죽인다. 헤라클레스가 12 과업 중 두 번째 과업인 물뱀 히드라를 죽인 후,

그 피를 묻혀 만든 독화살이다. 죽어가는 네소스는 복수하려고 데이아네이라에게 거짓말을 하면서 자기 옷을 건넨다. 남편이 바람날 때 피 묻은 자기 옷을 남편에게 입히면 사랑이 다시 싹튼다고. 아내는 네소스가 하라는 대로 남편이 이올레라는 여성을 그리워한다는 의심이 들자 남편에게 이 옷을 입힌다. 그러자 헤라클레스는 독이 퍼져 고통을 참지 못하고 스스로 장작불에 타 죽는다. 이때 폴릭테테스가 장례 절차에 도움을 주었고 그 대가로 헤라클레스가 활과 화살을 건네주었다.

한때 감자의 독성처럼, 뱀에 물린 상처에 악취가 심해 섬에 버려진 폴릭테테스가 그리스 연합군이 어려울 때 귀하게 쓰이게 된다. 참전 용사가 많을 땐 필요 없었던 그였지만, 위기 때 승리의 견인차가 되었다. 전쟁 때 비상식량으로 귀하게 쓴 감자와 오버랩된다.

0 vs 2000

영화 〈300〉이 갑자기 떠오른다. 요즘 소위 의료대란으로 불리는 전투(?)를 보면서 문득 생각나는 영화다. 그들은 300으로도 충분했다. 테르모필레 전투에서 그들이 보여준 용기와 희생정신은 그리스를 지켜내는 견인차가 되었다. 영화 〈300〉은 기원전 480년 스파르타의 왕 레오니다스가 페르시아 왕 크세르크세스 1세의 대군과 싸운 테르모필레 전투를 배경으로 만들어진 영화다. 스파르타 레오니다스 왕과 용병 300은 전사하지만, 그들의 용기와 희생정신은 그리스 연합군이 단결하게 되는 계기가 되었다.

이 영화가 2007년 상영된 이후 숫자 '300'은 용기와 희생정신을 은유하는 메타포가 되었다. 수적 열세에도 불구하고 조국을 지키려는 희생정신을 함축하는 숫자다. 테르모필레에는 그 전투에서 전멸한 300 용사를 포함한 스파르타 시민군의 희생정신을 기리는 비석이 세워졌다. "나그네여, 가서 스파르타인에게 전하라. 우리들은 조국의 명령을 지켜 여기 잠들었노라고."

대한민국에서 현재 벌어지고 있는 의료대란을 보면서 테르모필레 전투를 연상하는 게 생뚱맞는가? 의사단체에게 2000은 페르시아 대군만큼이나 큰 수다. 정부는 0에서 다시 검토하자는 의사단체와의 정면충돌을 처음부터 피하지 않는다. 하지만 의사단체 역시 만만치 않다. 수적 우세를 앞세워 페르시아군이 테르모필레를 침공하지만, 그 협곡에서 수적 우세는 그리 쓸모없다. 아무리 수가 많아도 협곡을 뚫어내기가 쉽지 않다. 의사단체는 지금의 의사 수로도 충분하다고 말한다. 심지어 더 줄여야 한다고도 한다.

협곡을 방어하는 데 300으로도 충분하다고 용기가 하늘을 찔렀지만, 그 300은 전멸했다. 조국을 위해 기꺼이 희생했다. 지금의 수로도 충분하니 0에서 다시 논의하자고 하기 전 스스로 의사로서 국가에 얼마나 봉사했는지 성찰할 필요는 없을까?

그리스 전술 중 팔랑크스 전술이 있다. 청동으로 만든 원형 방패를 들고 어깨를 나란히 해서 적의 무기가 뚫고 들어올 수 없도록 전면 방어벽을 치는 전술이다. 지금의 수로도 충분하다고 말하기 위해서 국민을 위해 기꺼이 희생할 각오로 방어벽을 새롭게 치지 않으면 안 된다. 그렇지 않고서는 국민, 아니 환자를 설득할 명분이 없다.

정부 역시 무리한 정책을 성급하게 밀어붙인다면 테르모필레 협곡을 만나 난처한 상황에 직면할 것이다. 성공하지 못하고 결국 퇴각하고만 페르시아군의 섣부른 전술을 성찰할 이유이기도 하다. 지금으로선 알 수 없는 일이다. 0과 2000 사이 어디에서 협상이 이루어질지?

술

기원전 416년, 아가톤이 비극경연대회에서 우승한 걸 기념하기 위해 잔치가 벌어진다. 연사로 참석한 사람은 7명이다. 이 자리엔 7년 전인 423년 디오니소스 대희극제에서 만났던 아리스토파네스와 소크라테스도 동석했다. 이 두 사람의 인연은 불편하다. 아리스토파네스는 그의 작품 〈구름〉 공연에서 소크라테스를 망나니 교장으로 묘사한다. 이들이 모여 토론한 주제는 사랑의 신인 에로스(Eros)다. 술을 힘께(syrn) 미시면서(posia) 토론했다. 그래서 플라톤은 이 책 제목을 《향연》(symposion)이라 붙였다. 라틴어로 symposium이다.

'술 속에 진실이 있다(En oinō alētheia)'. 고대 그리스 시인 알카이오스의 시구다. In vino veritas. 취중진담(醉中眞談)이다. '진실'로 번역한 alētheia는 정확하게 말하면 감추고 있는 것을 폭로한다는 뜻이다. 신화 속에 등장하는 레테(lēthe)는 죽은 자가 지하세계로 들어가는 마지막 강이다. 이승에서의 모든 삶을 망각하고 저승으로 들어가는 관문이다.

하지만 지하세계에 살아도 지상세계의 삶을 망각하지 못한다. 아니 그립다. 지하세계의 아킬레우스는 죽은 자의 왕이 되기보다는 차라리 권력도 없고 노예가 되더라도 지상에 살고 싶다고 절규한다. 아버지 펠레우스를 한 번이라도 만나고 싶다고. 인간은 망각의 강을 온전히 건널 순 없다. 진실은 가려질 수 없다. 다만 은폐하고 숨기고 있을 뿐이다. 술에 취하면 망각하고 있던 걸 폭로한다. 그래서 술 속에 진실이 있다고들 한다.

이 잔치의 마무리도 술판으로 끝난다. 모두 떠나고 집주인 아가톤과 아리스토파네스와 소크라테스만 남는다. 둘 다 잠들자 소크라테스는 그곳을 나와 뤼케이온으로 가 사우나를 하고 저녁이 되어야 집으로 가 쉰다. 술은 아리스토파네스와 소크라테스 사이의 7년 전의 불편한 관계를 망각하게도 하지만, 망각 이전의 것을 소환하기도 한다. 둘 다 술에 취해 제 나름의 진실을 폭로한다.

그들 나름의 사랑학 개론을 펼친다. 아리스토파네스는 네 번째 연사로 등장한다. 그는 인간은 한 몸에 지금의 두 배의 것을 지녔었다고 한다. 머리, 팔, 다리, 생식기도. 생식기는 원래 男男. 男女, 女女의 생식기였다. 제우스는 이런 인간이 힘을 가질 것을 두려워해 둘로 가르고 가른 걸 꿰매어 한곳에 봉합했다. 그 자국이 배꼽이다. 없어진 반쪽에 대한 그리움이 사랑이다. 갈라진 반쪽을 찾아 원래의 모습을 이루는 게 본능이고 사랑이다. 인간의 진정한 행복은 동성애든 이성애든 완전한 성적 결합을 이루는 것이라 한다. 아리스토파네스는 고귀한 채 하는 소크라테스를 술김에 논박한 셈이다.

마지막 연설자로 나선 소크라테스는 아리스토파네스의 저급한 사랑론을 조롱하면서 진정한 사랑은 이 세상에서는 찾을 수 없는 정신적인 것이라고 강변한다. 완전한 것에 대한 정신적 사랑만이 참된 사랑이라고 술 힘을 빌려 자신의 사랑론을 늘어놓는다.

개여울

나의 하루는 커피를 내리는 것으로 시작한다. 커피 향기를 호흡하며 커피 속으로 들어가 쉼을 얻는다. 마침 들리는 노래가 정미조의 〈개여울〉이다. 오래전 노래다. 아침에 좋은 노래 하나 듣는 것만으로도 하루가 행복하다. 좋은 시 한 편 읽는 것으로도 충분하다. 이 노래는 김소월의 시에다 곡을 붙여 만든 곡이다. 정미조만이 할 수 있는 노래다. 노래는 주인이 따로 있다. 다른 가수가 불러도 좋지만, 원곡자를 따라갈 수 없다.

"가도 아주 가지는 않노라심은 굳이 잊지 말라는 부탁인지요". 가도 아주 가지는 않는 게 사랑이라고 노래한다. 사랑은 떠날 수 없는 거라고 노래한다. 사랑하는 '그' 사람은 언젠간 떠나도 '사랑'은 영원히 남는다. '사랑'과 사랑하는 '그' 사람은 존재 방식이 다르다. 사랑은 관념이고, 사랑하는 그 사람은 개체다. 사랑은 보이지 않고 사랑하는 사람은 보인다. 이 세상의 개체는 다 소멸된다.

플라톤에 빙의되어 말하면 관념은 실재고 완전한 것이다. 반면 개체는 변하는 것이고 비실재다. '사랑'이란 관념은 영원히 존재한다. 영원히 존재하는 걸 실재라 한다. '사랑'이란 관념은 불타 없어질 수 없다. 사랑했던 그 사람의 마음은 변할 수 있다. 이 세상에는 영원한 실재가 없다. 모든 게 다 변한다. 사랑했던 그 사람은 떠나도 그 사람에 대한 사랑은 영원하다. 사랑은 보이지 않는 관념이다. 보이지 않기에 불타거나 말라 죽어서 없어질 수 없다. 사랑이 사랑했던 그 사람과 함께 사라진다면, 그건 이미 사랑이 아니다.

고대 그리스 신화의 발상지 크레타의 미노스 왕은 아내 파시파에가 소와 교접하여 낳은 괴물 인간 미노타우로스를 장인(匠人) 다이달로스를 시켜 만든 미로에 가두었다. 인육을 먹어야 하는 미노타우로스를 위해 아테네에서 청년을 공물로 받아 공급한다. 이에 분노한 아테네의 왕자 테세우스는 자신이 공물이 되겠다고 크레타를 찾아온다.

크레타의 공주 아리아드네는 적국의 왕자 테세우스와 사랑에 빠진다. 그녀는 미로를 만든 다이달로스에게 미로로 들어가는 방법을 알아내어 테세우스에게 알려준다. 테세우스는 그녀가 알려준 대로 해 미로에 들어가 미노타우로스를 죽인다. 실을 풀면서 들어가고 실을 감으면서 빠져나온다. '실마리'란 말이 여기서 나온다. 테세우스는 미션을 성공하고 그녀와 함께 크레타로 떠난다. 가던 중 낙소스섬에서 잠시 쉰다. 이 섬에서 테세우스가 일행들과 술을 마시고 취해 잠이 들었다가 깨어나 보니 자신이 타고 있는 배가 바람에 밀려 섬에서 멀어졌다. 천신만고 끝에 섬에 다시 왔지만, 그녀는 사라져 버렸다.

사랑을 놓쳐 버려 정신이 없는 테세우스는 배의 돛을 흰 돛으로 가는 걸 깜빡했다. 아버지 아이게우스와 약속했다. 미노타우로스를 죽이고 돌아올 땐 흰 돛을 달고 실패하면 검은 돛을 달고 오겠다고. 아크로폴리스 언덕에서 돌아오는 아들의 배에 검은 돛이 달린 걸 보고 실패한 것으로 알고 아버지는 바다에 투신했다. 그 후로 아이게우스가 빠진 바다라고 해서 에게해라 불렀다.

테세우스가 바람 때문에 섬에서 멀어진 사이 디오니소스가 잠들어 있던 아리아드네를 아내로 취했다는 설도 있고, 아리아드네가 스스로 목숨을 끊었다는 설도 있다. 조국을 배신하면서 적국의 왕자를 사랑한 아리아드네였고, 떠난 아리아드네를 그리워하다 미처 돛을 바꾸어 달지 못해 아버지를 죽게 한 테세우스이다. 바디우의 말처럼, 위험제로의 사랑은 사랑이 아니라 유희다. 낙소스섬에서 들려 올 법한 노래 〈개여울〉이다.

부엉이

부엉이와 관련된 서사가 많다. 먼저 아테나 신을 상징하는 부엉이다. 지혜와 전쟁의 신 아테나다. 그러나 그녀는 또 다른 전쟁의 신 아레스와는 달리 전쟁을 좋아하는 신은 아니다. 오히려 전쟁을 관리하여 평화를 추구하는 아테나다. 그리스 도시 아테네는 바로 아테나 신이 선물한 올리브를 받고 그녀의 이름을 도시 이름으로 지었다. 올리브는 평화의 식물이다. 올리브는 생태적으로 척박한 아테네에서도 잘 자란다. 전장(戰場)에서도 올리브는 평화의 나무로 잘 나란다.

그리스 아테나 신과 동격이 로마 미네르바다. 원래 미네르바의 신조(神鳥)는 까마귀였다. 오비디우스의 《변신이야기》 제2권 6장에 따르면 까마귀는 미네르바의 비밀을 누설한 죄를 짓고 신조의 자리를 부엉이에게 내주었다고 한다. 부엉이는 원래 레스보스섬의 공주 뉘티메네였다. 왕인 아버지와 정을 나눈 죄로 부엉이로 변신했다. 그러니 부끄러워서 사람들의 눈에 띄는 낮에는 웅크리고 있다가 밤이 되어서야 활동한다고 한다.

독일 철학자 헤겔은 '미네르바의 부엉이는 황혼 녘에 날개를 편다'는 경구를 남겼다. 철학은 모든 학문의 왕이다. 그의 변증법 논리에 의하면 모든 것의 종합이 철학이며 모든 학문 중 절대학이 철학이다. 철학은 어느 날 갑자기 하늘에서 떨어진 게 아니다. 인간의 지혜가 쌓은 완성체가 철학이다.

어제저녁 대구교대 장 교수와 저녁을 하고, 인근 커피집에 들렀다. 난 오랜만에 들렀다. 강의가 없으니 학교 인근으로 올 일도 거의 없다. 늙은 부엉이가 되어 집에 웅크리고 앉아 글 쓰는 게 내 일이 된 지 꽤 오래다. 이 커피집에 들어서면 우선 정면으로 보이는 게 황금색으로 만든 큰 부엉이 이미지다. 그리고 계산대 주변을 나무로 만든 부엉이들이 에워싸고 있다. 왜 이렇게 많이 만들었냐고 물으니, 매우 어려울 때부터 부엉이를 하나하나 만들기 시작했다고 한다. 부엉이가 부의 상징이라고. 부엉이는 먹이를 닥치는 대로 물어다가 쌓아두는 습성이 있다. 부엉이가 부와 재물의 상징이 된 이유다. 사장님은 부엉이를 하나하나 만들면서 장사도 잘되고 모든 게 잘 풀렸다고 전한다.

커피를 하고 장교수 연구실로 옮겼다. 이 연구실 부엉이도 만만찮다. 본인이 모은 것도 있지만, 주변 지인들이 외국 여행을 다녀올 때마다 선물한 게 대부분이다. 각양각색의 부엉이들이다. 책장 이곳저곳에 세워두었다. 지혜의 산실을 지키는 부엉이들이다. 책 읽다가 졸지 말라고 큰 눈으로 감시하는 부엉이들이다.

부엉이가 먹잇감을 쌓아두는 습관이 있다고 했다. 하지만 지혜는 쌓아두면 썩는다. 평생 공부해 쌓은 지식을 사회에 환원하는 게 '교수'란 직업의 책무다. 전문직으로서 교수는 개인의 성공보다 사회봉사에 방점을 두어야 한다. 우린 교수를 professor라 한다. profession, 즉 전문직에 종사하는 사람이다. 고전적으로 직업은 두 종류다. 하나는 생업으로서 직업(occupation)이다. 다른 하나는 전문직(profession)으로서의 직업이다. 전문가는 자신의 지식을 독점하지 말고 비전문인들과 공유해야 할 의무가 있다. 이게 전문직 직업윤리의 핵심이다. 난 이미 황혼기다. 이제 날개를 펼쳐야 할 때다. 내가 할 수 있는 건 지금까지 쌓아온 지식을 글로 공유하는 일이다.

맛집 스캔들

'맛'이란 성질은 주관적이다. 사람마다 다 다른 게 맛감각이다. 그 어디에도 모든 사람에게 똑같은 맛은 없다. 맛의 보편적 규정이나 조건은 따로 없다. 영국 철학자 로크(J. Locke, 1632~1704)는 이런 의미에서 맛을 2차적 성질이라 했다. 버클리(G. Berkeley, 1685~1753) 역시 맛은 지각된 것 이상 다른 것이 아니라 한다. 즉 맛의 실체가 따로 없다. 주관적으로 경험한 것들을 묶어서 '맛'으로 실체화한 것에 지나지 않는다. 그래도 어디 가면 우선 맛집부터 검색하고 평점을 본다. 맛을 객관적으로 평가할 성질이 아닌데도.

최근 유튜브에 영화 〈트루맛쇼〉(2011)의 감독이 출연했다. 그는 이 영화에서 맛을 조작하는 쇼가 일어나는 곳이 방송국이라고 고발했다. 방송을 타면 맛없는 음식도 다 맛있어 보이도록 조작할 수 있다. 맛의 실체가 따로 존재하지 않기 때문에 그럴 수 있다.

어릴 때, 나에게 라면은 하늘이 내려준 음식이었다. 라면도 먹고 싶을 때 사 먹을 수 있는 형편이 못 되었다. 지금 생각해 보면 기름이 둥둥 뜨고 맛을 내기 위해 가미하는 스프도 별거 아니었다. 그런데 그렇게 맛있을 수 없었다. 과자도 아닌 것이, 그렇다고 국수도 아닌 것이 참 묘한 먹거리였다. 그렇게 맛있었던 라면을 지금은 거의 먹지 않는다. 이런저런 라면을 골라 끓여도 몇 번 떠먹고는 버린다. 같은 라면을 열 명의 요리사가 다른 첨가물을 가미하지 않고 각자의 방식으로 끓인다고 해서 과연 그중 한 그릇 다 비울 수 있을까? 이런 상상을 할 정도로 라면 맛을 잃은 지 꽤 오래다.

맛이 주관적 성질이라는 건 내 입에 맞지 않으면, 그 누가 요리하든 그 음식은 적어도 나에겐 맛이 없다는 거다. 방송을 탄다고 맛이 변하는 건 더욱 아니다. 삼겹살에 그 비싼 캐비어를 넣어 구워도 삼겹살은 삼겹살이다. 이런 기이한 맛쇼를 벌여 맛을 조작하기 일쑤였다. 오죽했으면 'TV에 나오지 않은 집'이란 간판을 단 식당이 늘어났을까. 모든 사람에게 소문난 맛집이 있다. 이건 입에서 입으로 자연스럽게 퍼진 것이다. 인위적으로 조작된 게 아니다. 맛이 아무리 주관적이라도 많은 사람의 입맛에 맞는 음식은 분명히 있다. 맛의 상호주관적(intersubjective) 성질이란 게 있다. 나도 너에게도 맛있는 음식은 있다.

유명 가수가 하는 맛집 기행 유튜브가 있다. 일 년 전쯤, 내가 사는 대구 어느 자그마한 식당을 그 가수가 다녀갔다. 찾기도 힘든 식당이다. 난 그 식당을 예전에 가 본 적이 있다. 혹시 주인이 바뀌었는지 궁금해 가 보았다. 젊은 사람들로 가득하다. 웨이팅이다. 조금 기다렸다가 먹고 나왔다. 예전이나 지금이나 맛은 그랬다. 적어도 나에겐. 젊은 사람에겐 맛은 멋이다. 좋아하는 연예인이 다녀간 식당에 가 본다는 자체만으로 멋있는 일이니 맛이야 그리 중요한 일도 아니다. 그들에겐 멋이 곧 맛이다.

적조

대구교대 장 교수 전화가 왔다. "그동안 너무 적조해서 커피라도 한잔 대접할게요". 같이 한 번씩 들르는 대구 남구 봉덕동 커피농부에서 이 집 특유의 커피 향을 호흡했다. 장 교수는 나보다 10살 아래다. 아직 현직에 있다. 오래전부터 인연을 쌓아온 동학이다. 말 그대로 이문회우(以文會友), 학문으로 인연을 맺은 친구다. 우린 중국을 여러 차례 다녔다. 같이 다닐 땐 나이 차이를 그리 느끼지 못했나. 그런데 내 나이 70을 넘기면서 열 살이란 물리적 간격이 얼마나 큰지를 느끼는 요즘이다.

이런저런 얘기를 하던 중 나의 박사논문 지도교수님 근황을 알려주었다. 그런데 요즘 건강이 많이 안 좋아졌다고 한다. 난 교수님이 1936년생이란 걸 예전부터 알고 있다. 난 평생 전공으로 공부한 독일 철학자 에드문트 후설의 출생연도도 그에 대한 글을 쓸 때마다 검색해서 확인한다. 그 누가 언제 태어났는지에 대해 그리 관심이 없는 게 대부분이다. 그런데 교수님이 태어난 연도가 각인된 것은 그만큼 연세에 비해 건강하기 때문이다. 평생 수영을 하셨고, 술과 담배와는 전혀 인연이 없으신 분이다. 선생님의 모습은 동안이다. 백발이지만 얼굴은 하얀 목련같이 깨끗하신 분이다. 그런 분이 요즘 건강이 예전 같지 않다고 한다. 평생 하시던 수영도 그만 두고 집 주변을 산책하는 일로 소일하신다고 들었다.

항상 밝게 웃으시면서 '김 교수님, 잘 있지요?' 하시던 분이셨다. 그 누구에게도 하대하지 않으신다. 세월은 이 교수님도 피해가지 않는다. 그러면서 나이가 들어가는 것에 대해 이런저런 얘기를 했다. 나이가 들어 늙는다는 현상을 직관하면, 재앙이고 악이다. 누군 나이는 숫자에 불과하다고 자위하지만, 그렇다고 늙음이 주는 그늘에서 자유롭지 못하다. 숫자가 진리다. 진리는 단순하다. 나이 들면 늙고 병들면 죽는다. 진짜 병은 나이드는 것에 집착하는 것이다. 나이의 숫자만큼 더 약해지고 슬퍼지고 외로워진다. 그래서 늙어갈수록 좋은 친구가 있는 게 행복이라고 아리스토텔레스가 그의 《니코마코스 윤리학》 '우정론'에서 말한다.

장 교수는 주변에서 경험한 걸 말한다. 나이 들어 병드니까 그제야 겸손해지더라고. 그렇다. 정확히 말하면 나약해진다. 스피노자는 겸손을 '인간이 자기의 무능이나 약함을 고찰하는 데서 생기는 슬픔'이라고 정의한다. 나약함은 삶에 대한 의지의 부재고 이게 바로 악이다. 병이 든다는 것은 분명히 슬픈 일이다. 문제는 그것을 어떻게 받아들이는가이다.

장교수 말대로 인생은 적조하다. 이 어휘는 반가(班家)에서만 쓰는 줄 알았다. 평생 사용해 본 기억이 없다. 적조는 오랫동안 연락이 막혀 소통이 안 되는 걸 일컫는다. 그렇다 나이가 들면서 가끔 느끼는 그 무엇을 이 '적조'란 말마디 하나가 다 담아낼 수 있을 듯하다. 그럴 때 좋은 사람과 나누는 커피 한잔이야말로 그렇게 좋을 수 없다. 커피를 이럴 때 마시라고 하늘에서 내려준 황금 같은 선물이다. 오늘 마신 커피는 부룬디산이다. 부룬디는 아프리카 콩고와 탄자니아 사이에 끼어 있는 자그마한 내륙국으로 탕가니카호를 끼고 있다는 걸 알았다. 커피한잔이 주는 인문학적 선물이다. 커피와 함께 단팥죽을 내놓는 게 좋다. 시장님의 세심한 배려가 돋보인다.

그 누군가는 읽을 감도 안되는 글을 저렇게 배설하는가 하고 나를 비웃을지도 모르겠다. 그렇다. 난 글이 마렵다. 그래서 배설한다. 나이들면서 찾아오는 불안은 나로 하여금 글이라도 쓰도록 독려한다. 불안은 인간 실존의 가장 밑바닥에 움츠리고 있는 실존의 민낯이다. 돈이나 권력이 없어 불안한 건 아니다. 그건 공포다. 돈과 권력이 쌓이면 그 순간만은 공포가 사라진다. 하지만 이 순간에도 불안은 잠을 자지 않는다. 일어서면서 장 교수가 한마디 던진다. "더 나이 들기 전에 선생님 전공인 현상학을 소개하는 쉬운 책을 한 권 내소". 그러겠다고 영혼 없는 대답을 했었지만, 숙제로 남아 있었다. 이번 책을 내면서 숙제를 한 기분이다.

아모르 파티

마치 우린 마스크를 쓰기 위해 태어난 존재 같다. 마스크 쓰기가 친숙한 일상이 될 줄 아무도 예상하지 못했다. 코로나가 발생한 초기에 우리 모두 이 친숙하지 않은 일상을 부담스러워했다. 하지만 놀랍게도 아이들은 이 새로운 일상에 훨씬 더 잘 적응한다. 아이들의 순진무구함이 바로 현실을 긍정하고, 주어진 현실을 빨리 극복하는 힘이다. 코로나는 우리에게 주어진 비극적 사건이다. 이 비극은 피해갈 수 없다. 우리가 떠맡아야 할 운명이다. 이 운명을 부정할 경우, 우리 모두 더 큰 비극을 초래할 수도 있을 것이다. 지나치게 불안해하는 것도, 그리고 마치 OK목장의 결투하듯이 맹목적으로 코로나와 싸우려는 것도 바람직한 태도는 아니다. 주어진 현실을 있는 그대로 받아들이는 데서 시작하지 않으면 안 된다.

오이디푸스보다 더 비극적인 운명을 타고 태어난 자가 있을까. 그는 이름부터 비극적이다. 친부모에게 추방되어 산에서 발(pous)이 부르튼(oidos) 채로 발견된 자이다. 그는 그리스의 두 강국인 아테네와 스파르타 사이에 끼어 지정학적으로 비극적인 운명을 감당해야 할 테베에서 태어났다. 그는 태어나자마자 친부모 라이오스와 이오카스테로부터 추방돼 코린토스의 왕

폴리보스와 멜로페의 양자로 길러진다.

델포이 아폴론 신전에서 그가 생부를 죽이고 생모와 결혼할 것이라는 신탁을 듣는다. 이 비극을 피하기 위해 코린토스를 떠나 무작정 길을 나선다. 길에서 우연히 만난 생부 라이오스를 죽이고, 운 좋게(?) 스핑크스의 수수께끼를 풀고 테베로 들어가 생모인 이오카스테와 결혼한다. 물론 오이디푸스는 자신이 죽인 노인이 생부이고 자신이 결혼한 아내가 생모인 줄 모른다.

테베에 굶주림과 돌림병이 돌자, 라이오스를 죽인 자가 있어 그렇다는 풍문이 돌았다. 오이디푸스는 그자를 잡으면 눈을 뽑아 추방하겠다고 약속하지만, 결국은 자신이 바로 생부인 라이오스를 죽이고 생모와 결혼한 것을 알게 된다. 생모 이오카스테는 스스로 목을 매어 죽고, 오이디푸스는 스스로 눈을 찔러 맹인이 되어 딸 안티고네와 기약이 없는 유랑을 떠난다. 그는 시민들에게 굳이 몰라서 한 행동이라고 변명을 늘어놓을 수도 있었을 것이다. 하지만 그는 약속한 대로 떠난다. 자신에게 주어진 비극적 운명을 피하지 않고 받아들인다.

철학자 니체는 운명을 사랑하는 것을 '아모르 파티(amor fati)'라고 말한다. 자신에게 주어진 삶을 부정하고서는 자신의 삶을 극복할 수 없다. 유랑하던 부녀(父女)는 테세우스의 도움으로 아테네 변방 콜로노스에 안식처를 마련한다. 우리 모두 코로나 현실을 인정하고 이 현실을 극복하는 강한 초인(超人)이 되자.

어려운 상황 속에서도 국가의 방역지침에 잘 따라준 소상공인과 방역 최일선에서 뛰고 있는 의료진이 바로 우리 시대의 진정한 초인이리라.

사랑은 다리절기

고통을 이겨내고 사랑의 기적을 이루어낸 에로스와 프시케이다. 아프로디테의 신전으로 몰리던 뭇 사내들이 갑자기 프시케로 방향을 바꾸었다. 프시케의 뛰어난 미모 때문이다. 아프로디테 역시 파리스가 헤라와 아테나를 물리치고 '미스 그리스'로 뽑아준 역대급 팜므 파탈이다. 프시케에 대한 아프로디테의 질투가 하늘을 찌른다. 아프로디테는 아들 에로스를 시켜 프시케를 찾아가 그녀가 세상에서 가장 혐오스러운 남사의 품에 인길 것이라는 저주를 퍼붓고 오라고 한다. 에로스는 저주의 뜻으로 아무도 그녀를 사랑하지 않도록 곤히 잠든 프시케의 입술에 쓴 물 몇 방울을 떨어뜨렸다. 갑자기 깨어난 프시케에 놀란 에로스는 엉겁결에 실수로(?) 자신이 매고 다니던 금화살로 자기 손을 찌르고 만다. 금화살에 찔리면 누군가를 사랑하지 않을 수 없다. 에로스는 저주의 뜻으로 입술에 부은 쓴 물 때문에 아무 사내도 거들떠보지 않는 프시케와 위험한 사랑에 빠진다. 어머니의 명을 어긴 위험한 사랑의 모험이다.

이렇게 시작된 사랑은 숱한 고난을 겪는다. 에로스는 밤마디 살짝 와 사랑을 나누고 가는 자신을 의심하고 그 얼굴을 확인하려 한 프시케를 떠난다. 이 둘은 아프로디테가 프시케에게 낸 세 가지 과제를 다 풀고서야 하나가 된다. 마지막 과제인 죽지 않고서는 갈 수 없는 지하세계에 가서 페르세포네가 건네준 화장품 상자를 열지 말고 가져오라는 명령을 어기고 예뻐지고 싶은 마음으로 열자, 프시케는 깊은 죽음의 잠에 빠졌다. …… 에로스의 간절한 사랑으로 잠에서 깨어나 둘이 힘을 합해 마지막 과제까지 다 풀고 제우스의 도움으로 결혼한다.

윌리엄 부게로는 그의 그림 〈프시케의 납치〉(1895)에서 프시케는 고난을 이겨내고 나비가 되어 하늘로 올라가는 황홀한 모습으로 그렸다. 고난을 이겨내고 영혼으로 이루어낸 사랑이다. 프시케(psyche)가 '영혼'과 '나비'인 이유이다. 위험 제로의 보험을 넣듯이, 안전을 담보받고 하는 사랑은 이미 계산된 사랑이다. 바디우는 위험 제로의 사랑은 사랑에 대한 위협이고, 위험을 껴안지 않은 사랑은 쾌락의 변형일 뿐이라고 말한다. 그는 사랑을 다리 절기에 비유한다. 둘이 다리를 절면서 함께 걷는 것은 힘들다. 온갖 장애물을 극복해 가는 과정이 사랑이다. 힘들다는 것이 서로를 사랑하게 하는 동력이다.

좋아할 만한 조건이 있어 누군가를 좋아하는 감정은 그 조건이 사라지면 안개처럼 사라진다. 하지만 사랑은 잠시 왔다가 사라지는 감정이 아니다. 사랑하던 사람이 떠나도 그에 대한 사랑은 영원하다. 사랑은 불타 없어질 수도, 홍수에 휩쓸려 갈 수도 없다. 아름다운 꽃들은 시들어도 아름다움 그 자체는 사라지지 않듯이. 비가 우산의 존재를 불러오듯, 잠시의 고통은 더 절박한 사랑을 소환한다. 사랑을 위한 잠시의 고통이라면, 차라리 그 잠시의 고통마저도 사치이다.

이노의 스카프

2022년 3월 18일 한국기업이 수주하여 세운 세계 최장 현수교인 '1915 차나칼레 대교' 개통식이 현장에서 열렸다. 1915는 1차 대전 때 갈리폴리전투에서 오스만제국이 연합군을 물리친 해이다. 차나칼레는 트로이목마 조형물이 세워져 있는 곳이기도 하다. 이 목마의 주인공 오디세우스의 얘기로 이어간다.

호메로스의 《오디세이아》는 오디세우스가 트로이전쟁을 승리로 이끌고 고향 이타카로 10년이 걸려 귀향하는 여정을 서술한다. 이타카는 트로이 바로 옆이다. 배로 열흘이면 갈 것 같은 거리이다. 그런데 왜 10년이나 걸렸을까? 고작 12척의 배로 참전해 트로이목마 전략으로 승리했으니까 그의 오만이 극에 달할 만도 하다. 승리감에 취한 그의 일행은 외눈박이 거인 키클롭스족이 사는 섬에서 만행을 저지른다. 폴리페모스의 외눈을 찌르고, 간신히 빠져나온다. 폴리페모스는 바다의 신 포세이돈의 아들이다. 포세이돈의 분노로 힘겨운 여정이 그의 일행 앞에 놓여 있다.

오디세우스가 가장 힘든 난관에 부딪혔을 때 이노를 만난다. 이노는 제우스와 세멜레 사이에 태어난 디오니소스를 헤라 몰래 기르다가 발각되어 절벽에서 떨어져 죽은 님프이다. 존재감이 거의 없다. 제우스는 자신의 아들을 길러준 이노를 레우코테아란 여신으로 만들었다. 차나칼레대교가 세워진 다르다넬스해협은 이노와 무관치 않다. 아타마스의 두 번째 아내인 이노가 전처 네펠레가 낳은 프릭소스와 헬레 남매를 모함하여 없애려 하자 남매가 황금양을 타고 도망가다가 헬레가 떨어져 죽은 곳이다. '헬레의 바다'란 뜻에서 헬레스폰투스 해협이라 불렸는데, 지금의 다르다넬스 해협이다.

이타카로 향하던 오디세우스는 지장(智將)답게 그때그때 자신의 지략(智略)으로 난관을 헤쳐나왔다. 시칠리아섬의 키클롭스족의 양떼 배에 매달려 부하들이 빠져나오게 하였고, 사이렌과 스킬라의 암초와 카리브디스의 늪을 잘 헤쳐나왔다. 하지만 고향을 바로 앞두고 가장 극심한 난관을 만난다. 극심한 파도로 뗏목이 부서지자 이노가 준 스카프를 감고 헤엄친다, 자신의 모든 것을 내려놓고 이노의 충고를 받아들인다. 힘들 때 보잘것없는 스카프도 잡고 싶다. 이제 포세이돈은 충분히 괴롭혔다고 생각하고 오디세우스를 놓아주었다. 오디세우스는 아테나의 도움으로 칼립소와 헤어진 지 20일 만에 스케리아섬에 도착한다. 그곳에서 나우시카의 환대를 받고, 바로 옆 고향 이타카로 돌아갈 수 있었다.

우린 살면서 집이 바로 저긴데 하고 떠났지만 여러 가지 난관을 만나 본의 아니게 엉뚱한 곳으로 다다를 때가 있다. 마음먹은 대로 잘되지 않는다. 어쩌면 오디세우스의 여정은 우리의 삶의 여정과 흡사하다. 오만과 지식과 명예와 자존심을 모두 잃고서야 겨우 고향으로 돌아갈 수 있었다. 죽음을 향해가는 우리의 모습이기도 하고, 자기성찰의 긴 여정으로 생각할 수도 있을 것이다.

우린 나이들면서 힘들 때 이노와 같은 친구를 만나기 쉽지 않다. 집을 바로 앞두고 만난 이노와 나우시카는 조건없이 오디세우스를 도왔다. 님프 키르케는 자신의 마약에 취하지 않으면 남편으로 맞겠다는 조건에 맞아 오디세우스와 1년을 살았고, 님프 칼립소는 7년을 같이 산 오디세우스가 고향으로 떠나려 하자, 불사의 신이 되게 해주겠다는 조건으로 함께 살 것을 제안했다.

좋은 친구는 조건적으로가 아닌 단적으로 좋은 친구이다. 좋은 친구는 서로 더 좋은 사람이 되게 한다. 서로 상대로부터 덕을 본받기 때문이다. 제비 한 마리가 봄을 가져다주지 않듯이, 우정은 오랜 세월 쌓은 덕이다. 그런 만큼 우정의 덕을 쌓는 게 어렵다. 우정은 잠시 있다가 사라지는 감정이 아니기 때문이다. 많은 사람에게 좋은 친구가 되는 건 쉽지 않다. 몇 명의 좋은 친구를 만나면 그것으로 만족해야 한다. 오직 한 사람에게만 사랑을 느낄 수 있듯이, 우정 역시 소수의 사람에게서만 느낄 수 있다. 친구가 많다는 것은 친구가 한 사람도 없는 것일지도 모른다.

훈아 형!

훈아 형! 형이 “세상이 왜 이래”라 절규하면서 묻고 있는 테스 형도 세상을 몰랐던 것 같습니다. 그는 거리에서 만나는 청년들에게 눈에 보이는 것은 가짜고, 진짜는 눈에는 안 보인다고 가르치고 다니다가, 청년들을 타락시켰다는 죄목으로 법정에서 사형선고를 받았습니다. 눈에 보이지 않는 것은 마음으로 보라고 가르쳤던 테스 형은 시쳇말로 전형적인 꼰대였습니다.

기원전 423년, 학교에 아들을 맡긴 아버지가 아들 교육을 잘못시켰다는 이유로 학교에 불을 지릅니다. 불난 학교에서 살려고 허둥허둥 뛰쳐나온 선생이 바로 소크라테스 형이었습니다. 그 시대의 학교 교육을 망친 자로 풍자되고 있습니다. 이렇게 아리스토파네스는 〈구름〉이라는 작품에서 테스 형을 아이를 잘못 가르친 선생으로 비꼽니다.

자기보다 스무 살 연하인 당대의 아이돌 ‘'알키비아데스’보다 자신이 더 미남이라고 상식에 반하는 궤변을 늘어놓아 세상을 어지럽게 한 테스 형입니다. 도대체 그가 말하는 아름다움은 뭔가요. 그는 ‘아름다운 것’과 ‘아름다움’은 다르다고 말합니다. 네 앞에 있는 아름다유 그녀 이외의 또 다른 그녀의 아름다움이 있다고 너스레를 떨고 다닙니다. 테스 형의 제자 플라톤은 눈이 아니라 마음으로 보이는 이 아름다움을 '이데아(idea)'라고 말합니다. 플라톤은 스승을 닮아 사랑하는 사람은 떠나가도 '사랑'이라는 이데아는 영원히 남는다고 떠들고 다녔습니다.

테스 형은 인간은 근본적으로 자제력이 없다는 걸 알면서도 무시한 겁니까? 아니면 아예 몰랐던 겁니까? 그는 거짓말이 나쁜 줄 알면 거짓말을 해서는 안 된다고 합니다. 맞는 말이지요. 그러나 인간은 담배가 나쁜 줄 알면서도 담배를 끊지 못하는 나약한 존재입니다. 그러니 거짓말을 하지 않도록 자제력을 기르는 것 외에는 다른 방도가 없지요. 인간은 근본적으로 자제력이 없는 존재이니까요. 그래서 아리스토텔레스는 자제력을 기르는 좋은 습관이 중요하다고 테스 형에게 조언합니다.

훈아 형! 테스 형은 인간은 이성이란 옷만 걸치면 욕망을 쉽게 압도할 수 있으리라 생각한 것 같습니다. 이거야말로 욕망에 대한 무지입니다. 델포이 신전 현관에 붙어 있던 '너 자신을 알라'라는 경구는 테스 형이 새겨들어야 할 말일지도 모르지요.

테스 형 역시 '세상이 왜 이래'라 절규하며 스스로 독배의 잔을 마시고 죽었습니다. 물론 그는 죽음을 육체로부터 영혼이 해방되어 고향으로 돌아가는 여정쯤으로 생각했습니다. 하지만 우린 여전히 죽음 앞에서 두렵습니다. 죽음에 대한 불안이 고조된 코로나 상황에서 더 절실한 것은 테스 형의 메마른 메시지가 아니라 형의 맑은 감성의 노래입니다. 형이야말로 "세상이 다 그래!"라며 우리를 위로해 주는 영혼의 의사입니다.

인생은 구상화가 아니다

1888년 같은 해에 고흐와 고갱은 서로 자화상을 그려준다. 고갱의 〈해바라기를 그리고 있는 고흐〉와 고흐의 〈빨간 베레모를 쓴 폴 고갱〉이다. 서로 비슷해 보이지만 다르다. 고갱이 매끈하게 평면으로 그렸고, 고흐는 강한 터치로 거칠게 그렸다. 평면으로 그리기에는 고흐의 열정이 너무 강하다. 강한 열정을 절제하고 대상을 있는 그대로 재현하는 것이 고흐에게는 너무 힘든 일이었다.

대상을 있는 그대로 재현하는 것은 불가능하다. 물컵 하나를 그려도 그리는 사람의 영감(靈感)이나 가치판단이 개입하는 한, 이미 그것은 재현하는 모방은 아니다. 저녁노을이 사진작가의 영상에 담기는 순간 이미 창조적으로 재구성된 것이다. 다 같아 보이는 삶도 다르다. 세상에 똑같은 인생은 없다. 내가 다른 사람의 삶을 사진을 찍듯이 모방해 살 수는 없다. 하지만 우리는 모방이 가장 안전한 삶이라 착각한다. 남이 하는 대로 살아가는 게 덜 위험하다고 생각한다.

워홀은 차이 나는 것들의 반복을 통해 똑같다는 생각이 얼마나 허구인지를 고발한다. 그는 마릴린 먼로를 베끼듯 그렸지만, 하나하나 다 다르다. 똑같아 보이는 것은 단지 차이가 반복되면서 생기는 동일성에 지나지 않는다. 파이프를 아무리 모방해도, 그 파이프는 파이프가 아니다. 마그리트는 파이프의 이미지를 그리고도 '파이프가 아니다'라고 텍스트를 단다.

우리 인생에 있어 모방해야 할 원본이 있을까. 아버지가 아들의 원본일 수 없듯이 사람은 각자의 방식대로 자신의 삶을 그린다. 데칼코마니의 인생은 없다. 한 면에 물감으로 그린 그림이 반대 면에 찍히는 순간 이미 원본과 모사(模寫)의 경계는 허물어진다.

마치 삶의 원본이 있듯 착각하고 모방하는 삶은 자유를 포기한 삶이다. 우리 모두 좋은 대학에 들어가서 좋은 직장을 구하고 좋은 사람 만나 돈 많이 벌어 행복하게 살아야 한다는 원본에 길들어 있는 건 아닐까. 원본을 모방하지 못하는 삶을 실패한 삶으로 스스로 생각한다. 하지만 세상 그 어디에도 내가 모방해야 할 원본은 실재하지 않는다.

원본은 허상이다. 워홀이 원본을 잘 모방해서 유명해진 것은 아니다. 그의 그림은 아무리 봐도 그렇게 잘 그린 것은 아니다. 다만 그림은 이렇게만 그려야 한다는 오래된 전통을 허문 창조적인 영감이 그를 유명하게 만들었다. 마르셀 뒤샹이나 잭슨 폴록 역시 원본을 해체하는 데서 창조적 자유를 찾았다.

인생은 이미 주어진 어떤 것을 있는 그대로 그리는 구상화는 아니다. 구상화는 자유를 허락하지 않는다. 그 자유가 허락되지 않는 삶은 행복할 수 없다. 영화 '보헤미안 랩소디'의 프레디 머큐리나 BTS가 노래한 것은 그리스인 조르바가 갈구한 자유이다. BTS는 기존의 틀에 구속된 삶에서 벗어나 자신의 자유를 찾아 떠나라고, 그리고 자신을 사랑하라고 노래한다. LOVE YOURSELF.

질병도 선물이다

2024 윔블던 챔피언십 16강 경기 하이라이트를 본다. 즈베레프와 프리츠의 경기다. 이번 대회 4위로 시드배정을 받은 독일의 알렉산드 즈베레프이고, 13위를 배정받은 미국의 테일러 프리츠다. 난 즈베레프를 응원하면서 경기를 보았지만, 아쉽게도 마지막 세트까지 가 프리츠에게 무릎을 꿇고 말았다. 내가 즈베레프를 응원한 이유는 따로 없다. 그런데 그가 당뇨 환자란 사실을 알고부터 그를 응원한 거 같다.

즈베레프가 호주 Canal Nueve와의 인터뷰에서 한 말이다. "항상 의사들에게 테니스가 치고 싶다고 정말 소중하다고 말하면 일부는 불가능하다고 말렸어요. 당뇨 환자가 테니스처럼 힘든 스포츠를 할 방법은 없다고 말했죠." 그는 3살 때부터 당뇨 진단을 받았다고 밝혔다. 그의 가방에는 혈당을 모니터링하는 용품들이 들어 있다. 경기 중에도 혈당을 모니터링하는 장면을 종종 볼 수 있다. 그는 당뇨가 현재의 위치에 오르는 데 장애가 되지 않았다고 한다. 오히려 테니스를 통해 당뇨를 극복할 수 있다고 생각한다.

죽지 않을 정도의 질병은 오히려 사람을 강하게 하는 것 같다. 철학자 마르크스는 평생 가난과 질병과 싸웠다. 그는 간과 신장, 관절염 등 여러 가지 질병으로 고생하다가 결국 폐결핵으로 죽는다. 만약 그의 정신적-물질적 후원자인 엥겔스가 없었다면 더 일찍 죽었을지도 모른다. 마르크스는 가난을 베개로 질병을 친구 삼아(?) 오로지 집필 활동에 몰두했다. 그의 《자본론》은 그의 질병이 선물한 작품이라 해도 과언은 아니다. 즈베레프에게 당뇨는 저주가 아니라 선물이라고 하면 과한가? 그의 당뇨가 그를 세계 랭킹 4위로 올려놓은 게 아닌가?

나 역시 젊은 시절을 잠시 질병으로 보냈다. 20대 중·후반이 그랬다. 대학을 졸업하고 군에 입대할 때가 되었다. 입대를 미루다가 나이가 들어서 가야 할 판이다. 사병으로 가긴 싫고 해서 공군관보후보를 지원했다. 4년 반 장교로 근무한다. 그리고 연고지로 배정이 되어 집에서 출퇴근할 수 있다. 그래서 지원했다. 대구·경북 학과 시험 합격자 48명을 발표하던 날 대구 병무청에서 합격을 확인했다.

대전 유성으로 가 면접과 신체검사를 한 후 최종 합격자가 되면 현장 입대가 결정된다. 원 스타 앞에서 면접을 본 기억이 또렷하다. 다른 건 기억에 없는데, 면접관이 '로마는 하루아침에 이루어지지 않았다'를 영어로 말해보라고 해, 잘 대답했다.

문제는 다음 날 신체검사에서 일어났다. 그때만 해도 지금처럼 건강보험공단에서 신체검사를 주기적으로 받지 않았다. 나의 질병에 대한 정보를 갖고 있지도 못한 채 신체검사를 받았다. 폐에 음영이 비친다는 이유로 최종합격하지 못하고 집으로 돌아와야 했다. 모든 꿈이 깨어지는 날이었다. 대전에서 대구로 돌아오는 버스가 그렇게 원망스러웠다. 이제 어떻게 해야 하나? 난 이걸 계기로 결국 징집면제를 받았다. 당시 간 수치도 꽤 높았다. 경대 병원에 두 달간 입원했다. 퇴원 후 6개월간 병원 치료를 다니다가 중단했다. 그 후로도 건강 체크를 주기적으로 하지 않았다. 그 후 교수임용을 위한 신체검사를 했다. 고혈압 외에 다른 병은 없었다.

나 역시 젊을 때부터 병에 대한 트라우마가 있었다. 지금 생각하면 이 정도의 건강을 유지하는 게 참 다행이다. 20대 중·후반 건강하지 못했던 게 그 후 나의 삶을 결정한 건 맞다. 만약 공군 장교로 제대했다면, 대학원에 들어가 철학 공부를 할 수 없었을 거 같다. 물론 그럴 필요도 없었을 거다. 당시에 고작 할 수 있는 게 공부였다. 그 공부의 끈을 아직도 쥐고 있다. 나이가 들면서 생각해 보면 젊은 시절 나에게 큰 부담이었던 질병이 오히려 지금의 '나'로 이끌어온 힘이었던 거 같다. 죽지 않을 만큼의 병을 주신 것도 감사한 일이 아닐까?

유림과 재하

오늘 아침 갑자기 그 편지가 생각나서 다시 꺼냈다. 하나는 노란색 편지지에, 다른 하나는 예쁜 꽃이 그려진 연녹색 편지지에 쓴 거다. 연녹색 편지는 2015년 2월 4일 대구 북구 학남고등학교 손유림 학생이 보낸 편지다. 이 학생은 당시 고3이었다.

샛노란 편지지에 쓴 건 2018년 12월 26일 대구 수성구 범물동 용학도서관에서 내 강의를 들었던 김재하 학생의 편지다. 이 학생은 당시 고1 학생이었다. 수강생은 모두 성인인데, 고등학교 1학년 학생이 수강한 것이다. 학교 수업이 끝나고 오니 항상 조금 늦는다. 그래도 제일 앞에 앉아 열심히 들었다. 노트해 가면서. 난 그 학생을 실장으로 임명했다.

편지 중 일부를 옮긴다. "짧다면 짧은 시간이었지만 교수님께서 가르쳐 주신 지식과 지혜에 작게나마 보답하고자 편지를 쓰게 되었어요… 스페인어 학과 교수님께 제가 질문할 것들 전해주실 수 있도록 도와주셔서, 꿈에 확신을 가질 수 있도록 해주셔서 진심으로 감사드려요… 학교 수업 방식과는 다른 수업 방식이 신기하기도 하고 했고, 질 좋고 고차원적이며 많은 생각을 할 수 있는 수업을 받을 수 있어서 너무나 영광스럽게 생각해요… 좋은 인연으로 다시 만날 날을 고대하며 저는 제 자리에서 열심히 달려가겠습니다!"

이 학생이 어떻게 되었는지를 알 수 없다. 꿈대로 스페인어를 전공했는지? 어느 대학에 들어갔는지? 궁금하다. 벌써 9년이 되었다. 이미 대학을 졸업하고 사회생활을 할 나이다.

다른 편지 중 일부다. "교수님 안녕하세요. 저는 1년간 용학도서관에서 교수님 강의를 들었던 김재하입니다. 작년 겨울에 '윤리교사'라는 막연한 꿈을 가지고 철학공부를 시작해 보겠다고 교수님 강의 수강 신청하던 순간이 아직도 생생한데 그게 벌써 1년 전 이야기라는 게 잘 실감이 안갑니다… 교수님 강의를 들으면서 교수님 같은 교육자가 되고 싶다는 생각도 엄청 자주했어요. 그만큼 교수님을 엄청 존경합니다. 학교 공부도 열심히 해서 제 꿈을 이루고, 다시 교수님을 찾아뵙겠습니다!"

학생이 들었던 강의는 아리스토텔레스의《니코마코스 윤리학》이다. 쉽지 않은 내용이다. 하지만 학생은 어렵지만 매주 수요일이 기다려졌다고 한다. 참 고맙다. 재하 학생이 꿈이 이루어져 윤리교육과에 입학했는지 궁금하다. 고1 때부터 윤리교사가 되겠다는 확실한 꿈을 가진다는 게 퍽 인상적이었다. 학생 어머니도 찾아오셔서 아들이 꿈을 이룰 수 있도록 많이 도와달라고 하셨던 기억도 난다.

이 두 학생 모두 편지 마지막엔 '사랑합니다'로 끝맺는다. 누군가로부터 '사랑한다'는 말을 듣는 게 얼마나 기쁜 일인가? 그것도 한창 자신의 미래를 꿈꾸던 고등학생으로부터. 참 고마운 선물이다. 기쁨은 별다른 곳에 있는 게 아닌 거 같다. 우연히 찾은 편지 하나로도 참 기쁘다. 난 그 누군가를 기쁘게 해 준 편지를 쓴 적이 없는 거 같다. 오늘 아침은 너무 행복하다. 이 편지는 죽을 때까지 간직할 것이다.

언어로부터의 자유

인간은 언어적 동물이다. 자신의 생각을 '언어'라는 수레에 실어 다른 사람에게 전달하고 동시에 전달받으며 살아간다. 그런데 우리는 언어에 관해 떨쳐 버리지 못하는 오랜 상념을 가지고 있다. 그것은 바로 언어는 항상 하나의 고정된 의미를 달고 다닌다는 생각이다. 일물일언(一物一言) 법칙이 바로 그것이다. 하지만 하나의 언어 기호를 하나의 동일한 의미에 묶어 둘 수 없다.

예컨대 '나'란 기호의 의미가 선생님으로, 아버지 혹은 친구나 손님 등으로 그때그때 바뀐다. 그 기호가 사용되는 맥락에 따라 의미는 그때그때 바뀐다. 마치 나타났다간 곧 사라지는 안개처럼. 기호의 의미는 그것이 사용되는 맥락에 의해 그때그때 결정된다. 각각의 기호는 고유의 의미를 갖지 않는다. 맥락적 의미이다. '붉은'이란 기호 역시 붉은 사과, 붉은 카펫, 붉은 장미, 붉은 머리띠 등으로 사용될 때마다 의미가 다르다.

그러므로 하나의 언어는 그것이 맥락적으로 자유로이 사용될 때 동일성에서 벗어날 수 있다. 오히려 의미는 차이성에서 발생한다. '낮'은 '밤', '밤'은 '낮'이란 기호와의 변별적 차이성에 의해 의미가 생긴다. '낮'과 '밤'이 고유한 내재적 의미를 갖는 건 아니다.

'보수'니 '진보'니 하는 기호 역시 마찬가지이다. 물론 진보와 보수의 변별적 차이성을 말하기는 쉽지 않다. 우린 종종 보수를 자유, 진보를 평등의 가치에 방점을 두는 것으로 변별적 차이성을 말하곤 한다. 그러면서 자유와 평등이 양립 불가능한 것으로 규정하기도 한다. 하지만 '자유'란 기호는 맥락에 따라 달리 사용된다. 보통 유럽에서 자유주의라 하면 시장 경제에 가능한 한, 국가가 간섭하지 않는 이른바 보수라 불리는 것이다. 그런데 미국에서는 제반 정책에 대해 상대적으로 진보적 태도를 취하는 입장이 지유주의다.

롤스(J. Rawls, 1921~2002)는 평등과 자유를 상충하는 것으로 보지 않는다. 그의 정의의 제1원칙은 '모든 사람은 평등하고 자유로운 기본권을 갖는다'이다. 이에 반해 노직(R. Nozick, 1938~2002)은 평등을 추구하기 위해 개인의 자유를 제한해서는 안 된다고 주장한다. 그는 자유가 결코 평등과 양립할 수 없다고 주장하는 자유지상주의자이다.

롤스가 그의 《정의론》에서 예를 들고 있는 걸 인용해 보자. "한 사람에게 케이크를 자르도록 한 후, 다른 사람들에게는 먼저 케이크를 골라 갖도록 하고 자른 사람에게는 제일 나중에 남는 한쪽을 취하도록 한다면, 그는 케이크를 균등하게 자를 것이다." 이 경우 자유롭게 케이크를 자르는 게 평등에 제한된다. 반면 가장 공정할 때, 즉 평등할 때 모두가 타인에게 해를 끼치지 않으면서 자신의 자유를 누리게 된다. 여기엔 평등과 자유가 맞물려 있다.

따라서 '자유'와 '평등'이란 기호의 고정된 의미는 없고, 그것이 사용되는 맥락에 의해 그때그때 결정된다. 언어의 건강성이다. 이미 건강성을 상실한 '진보'와 '보수'란 스테레오타입(stereotype)한 기호에 탐닉해 서로를 적으로 대할 때가 아니다. 언어의 건강성을 향유할 때 우리의 생각 역시 경직된 언어로부터 자유로워질 것이다.

철학의 위안

철학자는 영혼을 치유하는 의사다. 고대 철학자 에피쿠로스의 말이다. 정신적으로 문제가 생겼을 때, 철학이 과연 치유할 수 있을까. 치유는커녕 오히려 마음을 더 복잡하게 만들지 않는가. 시와 음악이 훨씬 더 위안을 주는 게 아닌가.

철학은 어려운 학문이다. 마이클 샌델의 '정의란 무엇인가'를 마치 소설책처럼 읽을 수는 없다. 난 철학이 어렵다고 하는 학생들에게 철학은 쉬운 걸 괜스레 어렵게 쓴 것이 아니라, 원래 어려운 학문이라고 말하곤 했다.

지금 몇 시인지는 시계가 답하지만, '시간'이 무엇인지는 답할 수 없다. 마음이 어떤 상태에 있을 때 자유로운지는 심리학이 답하지만, '자유'란 무엇인가는 답하지 못한다. 철학이 답을 구해야 할 어려운 문제다.

심각한 우울증에 빠진 사람에게 당장 필요한 것은 항우울제다. 하지만 이것만으로 과연 정신적 문제가 다 치료될 수 있을까. 치통과 같은 육체의 아픔(illness)은 약을 먹으면 치료된다. 정신적 질병은 약물만으로 고칠 수 없다. 정신적 질병은 dis-ease다. ease, 즉 마음의 안정감을 잃은 상태다. 인생관이 비뚤어진 사람이나 과도하게 정치적으로 편향된 사람을 약물로 치유할 수는 없다. 마음의 안정감을 잃은 사람에게는 철학으로 치유할 방법을 찾아야 한다. 우연히 읽은 책 한 권이 인생관을 전적으로 바꿀 수 있다.

우울하거나 삶이 힘든 사람에게 두 권의 책을 권하고 싶다. 하나는 아리스토텔레스의 《니코마코스 윤리학》이다. 둘째 아들 이름을 제목으로 단 책에서, 아들에게 행복한 삶이 어떤 것인지를 말하고 있다. 부와 권력과 명예를 최고 좋은 것으로 여기지 말고 덕스럽게 사는 것이 행복이라고 가르친다.

다른 하나는 근대 철학자 스피노자의 《에티카》다. 이 책은 욕망의 본성을 알고 그 욕망에서 벗어나 어떻게 사는 것이 행복한 것인지를 안내하고 있다. 이 책은 읽기 쉽지 않다. 하지만 쉬운 것만 읽으려 한다면, 소설책을 읽는 게 훨씬 좋다. 때론 어려워도 읽지 않을 수 없는 책들이 있다. 어렵다고 다 즐겁지 않은 것은 아니다. 어렵기에 깊이 생각하는 즐거움을 준다.

철학(philosophy)이 즐거움(entertainment)을 주는 필로테인먼트(philotainment)가 되고, 철학자도 엔터테이너가 되면 더 많은 즐거움과 위안을 줄 수 있다. 내가 대학 다닐 때 한 교수님 강의가 생각난다. 요즘은 상상도 못할 일이지만, 그때는 교수가 담배를 피우면서 강의를 했다. 한 모금 길게 내뿜는다. 한참 침묵이 흐르다가 한마디 하곤 다시 담배를 입으로 가져간다. 그리고 한참 후 느리게 다시 말을 잇는다.

지금 생각하면, 그 교수님의 재미없고 느린 강의는 철학의 초심자인 학생들을 배려한 것이다. 어려운 철학을 천천히 생각하면서 따라오라고. 철학이 안내하는 사색의 숲에서 영혼의 위로를 받으라고.

욕망

인간은 참 나약한 존재다. 나를 구속하는 원인은 바로 자신 안에 있다. 정념이다. 정념은 어떤 정서로 인해 생긴 생각이다. 사랑이란 정서 때문에 기쁨이란 정념에 빠져들고, 미움이란 정서로 인해 슬픔의 정념에 빠진다. 정신은 정서의 힘이 너무 강해서 정서를 쉽게 압도할 수 없다. 사랑해서는 안 될 사람을 사랑하는 건 정신이 정서를 압도하지 못하기 때문이다. 이건 윤리적 문제이기 이전의 인간의 근원적인 본능이다.

정념인 pathos, passion은 수동적 감정이다. 정념은 능동적으로 대처하기 이전에 이미 찾아온 불청객이다. 이 정념의 본성을 무시하고 정신만 차리면 선하게 살 수 있다고 단언해 왔다. 하지만 이건 인간의 본성에 대한 무지에서 비롯된 정신의 오만이다. 우린 모두 정념의 노예다. 운명적으로 그렇다. 우리가 선택할 문제가 아니다. 우린 이미 그런 존재로 태어났다. 가장 강한 정념이 사랑이다. 정념은 열정이다. 인간은 보다 완전한 기쁨을 누리려 한다. 보다 더 기쁘기 위해 누군가를 열정적으로 사랑한다. 그 사랑이 자신의 존재를 유지하는 데 이익이 되기 때문이다. 사랑 자체가 좋은 게 아니라, 나에게 유익 때문에 사랑이 좋을 뿐이다.

정념에서 벗어나는 게 어려운 건 인간은 근본적으로 수동적 존재이기 때문이다. 스스로 결정하는 능동적 존재가 아니다. 자기 스스로 결정하는 역량이 부족하다. 정념의 힘이 너무 강하기 때문이다. 정념은 보다 강한 것에 의해서만 통제될 수 있다. 정신 혹은 이성이다. 정념의 본성을 아는 건 정신이다. 그렇다고 정신이 정서를 압도한다는 말은 아니다. 다만 정념의 본성을 알 때만 정념에서 자유로워질 수 있다는 걸 아는 건 정신뿐이라는 말이다.

과연 모든 정서의 뿌리인 정념이 정신에 의해 통제될 수 있을까? 정신이 정념을 유기적으로 조정할 수 있을까? 프랑스 철학자 들뢰즈는 그럴 수 없다고 말한다. 정신에 의해 조정될 수 없는 욕망 덩어리가 바로 인간이다. 실레(Egon Schiele, 1890~1918)가 인간을 욕망의 고깃덩어리로 그린 이유다. 그는 클림트(Gustav Klimt, 1862~1918)와 함께 오스트리아를 대표하는 욕망의 화가다.

정념의 뿌리인 욕망을 빼고 인간의 본성을 논할 수 없다. 욕망은 이성으로 단절될 대상이 아니다. 계량적 사유에 의해 어느 정도 조정될 수는 있다. 그렇다면 욕망 자체를 단박에 내려놓는 수행적 결단만이 남는다. 어차피 삶은 선택이 아니라 결단이다. 예술이 욕망을 진정시킬 수는 있지만, 욕망 자체를 근절할 수는 없다. 쇼펜하우어가 불교를 최종 수행처로 생각한 이유다. 그런데 욕망을 단박에 내려놓기가 쉽지 않다. 그러나 이것저것 따져본 후 내려놓기란 더 어렵다. 그러니 총체적으로 단박에 내려놓아야 한다. 돈오(頓悟)다. 하지만 내려놓아도 여전히 욕망은 꿈틀댄다. 그래서 사후 점수(漸修)가 필요하다. 그런데 점수가 필요하면, 그건 이미 단박에 깨친 게 아니다. 그러니 깨치고 또 깨치는 길밖에 없다. 돈오돈수(頓悟頓修)다. 성철(性徹)이 지눌(知訥)의 돈오점수(頓悟漸修)를 저울대에 올려놓은 이유다.

인생은 해석이다

요즘 잠을 잘 못 이룬다. 하기야 나이가 들어서 미련하게 코 박고 잠자는 것도 미덕만은 아닌 듯싶다. 이런저런 생각으로 잠을 미루다가 새벽 3시가 넘어 수면제 반쪽을 먹고서야 잠들었다. 수면제에 잠을 맡기는 것이 나이 들어 생긴 새로운 습관이다. 7시 20분에 눈을 떴다. 습관적으로 인터넷 설교를 연다. 이 해 마지막 주일이다. 목사님의 카랑카랑한 목소리가 귓전에 울린다. '인생은 해석이다'.

그렇다. 모든 게 해석의 산물이다. 나이가 들어 잠을 쉽게 못 이루는 것도 그 나름으로 긍정적으로 해석할 여지가 있다. 이런저런 생각에 잠과 싸우지만, 미처 생각이 미치지 못했던 여러 가지 상황들을 다시 한번 성찰한다. 구순이 넘으신 어머님이 갑자기 하늘나라로 가시는 생각부터, 평소 호감을 가졌던 배우의 갑작스러운 죽음에 대해서 그리고 어제 만난 친구가 그냥 아무런 의미 없이 나에게 던진 한마디를 곱씹는 일까지 많은 생각에 잠긴다. 그 모든 게 나의 해석이다.

아침에 일어나면 해가 뜨고 저녁이면 해가 진다. 사람은 모두 죽는다. 나이가 들면 늙고 병이 든다. 이건 사실이다. 또 다른 해석의 여지가 없다. 하지만 동해의 일출과 변산의 일몰을 보면서 삶과 죽음을 나름으로 해석한다. 오늘 일어난 일이 그저 아무런 이유 없이 일어난 것 같기도 하지만, 그 이유를 찾으면 그 나름의 해석의 여지가 차고 넘친다. 법도 해석이다. 성경도 해석을 기다린다. 모든 학문이 해석학이다. 문제는 그 해석이 낭만적이거나 너무 편향적일 때다. 해석의 절제가 필요하다. 설교 역시 가능하면 텍스트 내재적인 해석이면 좋다. 텍스트 자체를 떠나 마치 피자 반죽하듯 마사지하는 설교는 과도한 해석이 빚어낸 결과다.

'해석학'이란 학문의 방법론이 있다. 영어로 hermeneutic이다. 그리스 신화의 헤르메스(Hermes)에 연원을 둔 단어이다. 헤르메스는 많은 직업을 가지지만 전령사, 즉 제우스의 메시지를 전달하는 메신저가 그 본업이다. 제우스의 메시지보다 더 풍부한 뜻으로 해석하여 전달한다. '해석한다'를 의미하는 독일어 aus-legen은 '밖으로 드러낸다'는 뜻이다. '행간의 뜻을 읽어낸다'는 의미다. 영어인 inter-pret 역시 '글자와 글자 사이를 읽는다'는 뜻이다.

그렇다. 인생은 해석이다. 어차피 나이가 들면 죽고 병들면 슬프다. 사랑에 빠지면 기쁘고 이별하면 슬프다. 누구에게나 일어나는 객관적 사실이다. 하지만 이 사실을 어떻게 해석하는가에 따라 의미는 달라진다. 오늘이 가장 건강하고 가장 젊다.

오늘보다 더 행복한 날이 없다. 몸이 아파 조금 불편해도, 이만한 게 다행이다. 잠이 안 오면 안 자면 된다. 앞으로 잘 날이 소 아홉 마리의 털만큼이나 많다.

2023년 마지막 날이다. 오늘 하루만이라도 행복하다고 해석하면서 살자. 그러면 우린 내일 새해 첫날도 행복할 것이다. 내일 역시 아직 오지 않은 오늘이기 때문이다. 컵에 물이 반밖에 안 남은 거나 반이나 남은 것은 문자적(literal) 의미는 같다. 하지만 정서적(emotional)으로 느끼는 호불호는 다르다. 가능하면 정서적으로 좋은 감정을 불러오는 말을 사용하자. 그래야 긍정적인 태도가 생긴다. 인생은 주어짐이다. 그 주어짐을 어떻게 해석하는가는 매우 중요한 일이다.

환자 되기

오늘 아침 우연히 집어 든 책이다. 1986년 헨리 울프 · 스티그 외 공저 *PHILOSOPHY OF MEDICINE*이다. 이호영 · 이종찬이 1999년 《의학철학》으로 번역본을 냈다. 난 2005년 9월 7일 구입했다.

이 책의 제1장 첫머리는 다음과 같이 시작한다. 어떤 의사든지 동료들에게 인기가 없는 의사가 되기를 원한다면, 다음과 같은 종류의 질문을 던지기만 하면 된다.

> 당신은 아침에 자전거를 타고 직장에 가는 것이 건강에 좋다고 생각하시지요. 당신이 말하는 건강이란 정확히 어떤 의미입니까?
>
> 당신은 십이지장 궤양이 정신 신체적 증상이라고 말하는데, 그렇다면 당신은 육체와 정신이 별개의 실체이고 정신이라고 불리는 것이 육체에 변화를 일으킬 수도 있다고 믿습니까?
>
> 당신은 알코올중독이 병이라고 생각하지 않는데, 당신은 질병을 어떻게 이해합니까?

건강, 정신과 육체의 관계 그리고 질병에 관한 근본적인 질문들이다. 이 문제들은 의학의 가장 기본적인 문제에 대한 철학적 질문들이라 할 수 있다. 두 번째 질문은 정신과 육체의 관계를 묻는다. 이 문제는 철학에서도 오래된 논쟁의 여지가 많은 문제다. 그렇다고 이 문제를 피해갈 수 있을까? 만약 의사들이 기계론적 패러다임에 묶여서 인간을 단순한 기계적 치료의 대상으로만 보지 않는다면, 이 문제에 대한 진지한 태도를 보이지 않을 수 없을 것이다. 의학도 결국은 인간학이기 때문이다.

난 대구가톨릭대학교 간호학과 학생들에게 의철학, 정확히는 간호철학을 강의한 적이 있다. 의과대학에서 의철학이란 과목이 얼마나 다루어지는지는 지금도 알 수 없다. 그래도 그 당시 간호철학이란 걸 강의한 소중한 경험을 잊지 못한다.

이 책의 저자들은 의사들이 위와 같은 질문에 진지하게 접근하지 않은 걸 부끄러워해야 할 일은 아니라고 한다. 이러한 논의 자체가 필요 없다는 걸 정상적인 것이라 암묵적 합의를 해왔기 때문이다. 각 시대를 특징짓는 패러다임(paradigm)이란 게 있다. 그 시대의 과학자들이 당연하게 생각하는 사고의 틀이라고 할까. 토마스 쿤이 철학으로 끌고 온 개념이다. 미셸 푸코는 이 패러다임을 에피스테메(episteme)란 어려운 말로 바꾼다. 푸코가 말하는 에피스테메도 각 시대를 유도하는 사고의 틀이다.

의사도 그 시대의 패러다임에서 자유로울 수 없다. 의사들이 스스로 합의한 패러다임이 있다. 이걸 오랫동안 정상(normal) 혹은 통상의학으로 합의해 왔다. 정상/비정상은 그들 스스로 구획한 것이다. 그러니 다른 패러다임으로 전환하기가 쉽지 않다. 쿤이 혁명적 전환이라 할 정도로 틀을 전적으로 바꾸기가 쉽지 않다. 포퍼(K. Popper, 1902~1994)는 혁명을 진화로 바꾼다. 틀을 점차적으로 바꾸자는 것이다. 포퍼는 원하기만 하면 언제든지 우리를 속박하는 틀에서 벗어날 수 있다고 한다. 그것도 점차적으로. 하지만 이 책의 저자의 말처럼, 생각의 틀을 바꾸는 걸 외투를 바꾸어 입는 것처럼 쉽게 말할 수 있을까?

의대생 증원 문제에 대해 정부에 기대할 게 별로 없다. 기계론적인 행정 사고의 틀에 묶여 있다. 결국 의사의 문제다. 그것도 태도의 문제다. 태도를 바꾸면 세상이 달리 보인다. 질 들뢰즈의 말처럼 ~~되기가 필요하다. 환자-되기의 입장에서 다시 출발하면 어떨까? 점차적이든 혁명적이든, 의사 스스로 자신들만의 틀을 벗어던질 수는 없을까? 쉽지 않다. 그래도 희망해 본다. 자신들의 선입견이나 틀을 작동하지 못하게 괄호로 쳐두고, 다시 원점에서 출발하는 에드문트 후설이 말하는 판단중지(에포케)를 실천할 용기를.

수레국화

신천둔치를 걷는다. 눈에 띄는 꽃이 있어 검색하니 수레국화라 한다. 꽃 모양이 수레의 바퀴를 닮아서 붙여진 이름이라 한다. 유난히 색이 눈에 띈다. 푸르다 못해 보라색이다. 잡초에 가까운 하찮은 들국화인데도 그 색이 눈에 띄어 주목받는 꽃이다. 주변의 진노랑과 보색 대비되어 그 존재감이 부각된다.

프로이센 국화로 알려져 있다. 프로이센이 원산지라 프러시안 블루라 불렸기 때문이다. 짙은 푸른색으로 거의 보라에 가깝다. 난 보라색을 좋아한다. 하나밖에 없는 넥타이가 보라색이다. 그래서 감추어져 있는 이 꽃이 내 눈에 들어온 거 같다.

보라색은 로마 권력자를 상징하는 색이다. 황제나 종교 지도자나 귀족 등이 권력을 상징하는 보라색을 가운이나 망토를 입었다. 보라색은 고대에는 황제와 연관되는 색이었다. 4세기경에는 보라색 옷을 입는 것은 카이사르만의 특권이었으며 원로원도 보라색 옷은 함부로 입지 못했다. 네로 황제의 경우 자신 이외에 보라색을 쓰는 자는 사형에 처하도록 하는 법까지 만들었을 정도였다. 보라색 옷을 입는 것은 금으로 된 옷을 입는 것과 동격이었다. 고둥 1만 2천 마리로 손수건 한 장을 겨우 염색할 정도의 1.4g을 얻을 수 있는 귀한 색이다.

루벤스가 그린 〈파리스의 심판〉(1636)에 등장하는 헤라는 보라색 공작새 망토를 걸치고 있다. 보라색이 고귀함이란 의미도 있지만, 동시에 질투를 상징하기도 한다. 제우스는 구름으로 변신해 헤라 몰래 헤라 신전의 사제인 이오와 사랑에 빠진다. 사랑을 나누는 현장에 갑자기 헤라가 나타나자 엉겁결에 이오를 암소로 변신시킨다. 이를 모를 리 없는 헤라는 암소를 선물로 달라고 해 100개의 눈을 가진 아르고스를 시켜 감시하도록 했다. 제우스는 헤르메스를 시켜 아르고스를 죽인다. 헤라는 자신을 위해 죽은 아르고스의 눈을 다 빼 자신의 공작새에 옮겼다. 100개의 눈으로 제우스가 다른 여성과 사랑을 나누는 현장을 감시한다. 이 눈으로 헤라는 암소로 변신한 이오를 끝까지 따라다니며 복수한다. 쇠파리를 시켜 암소를 괴롭힌다. 이오가 쫓겨 지나간 바다가 이오니아해이고, 그가 건넌 개울이 튀르키예의 보스포루스 해협이다.

고대 그리스 아테네의 정치가 알키비아데스는 당대의 미남이다. 그는 소크라테스의 제자다. 스승과 제자는 거의 친구처럼 가깝게 지낸다. 스승은 여색에 빠져 사는 제자를 바른 길로 인도하려 애쓴다. 당대의 아이돌 알키비아데스는 항상 보라색 망토를 걸치고 다녔던 바람둥이 멋쟁이였다. 프랑수아 앙드레 뱅상(François-André Vincent)의 〈알키비아데스를 가르치는 소크라테스〉(1776)에서 알키비아데스는 보라색 망토를 걸치고 있다. 장 밥티스트 레뇨(Jean-Baptiste Regnault)의 〈쾌락의 팔 안에서 알키비아데스를 끌어내는 소크라테스〉(18세기경)는 보라색 망토를 벗어 던지고 여색에 빠져 있는 알키비아데스를 그린다.

보라색은 정서적으로 치유의 효과도 있지만 동시에 불안이나 우울과 같은 부정적 의미도 갖는다. 이처럼 긍정적-부정적 의미를 다 갖는 신비스러운 색이다. 보라색 옷을 소화해 내기가 쉽지 않은 이유이기도 하다. 잘 입으면 고급스러운 귀족인데 그렇지 않을 땐 음흉하고 촌스럽다. 보라색 넥타이 역시 양복과 잘 어울리기 쉽지 않다. 그만큼 눈에 띄는 색이란 의미다. 그래서 수레국화가 오늘 내 눈에 쏙 들어온 거 같다.

이팝나무

매일 스쳐 지나던 이팝나무 거리를 오늘도 걷는다. 대구 남구청 주변에도 이 나무가 많지만, 폭이 좁아 차량이 많이 다니지 않는 이 길 양옆으로 이 나무가 줄지어 있어 뷰가 더 좋다. 아쉽게도 바람이 불고, 가지를 정리한 탓인지 꽃이 풍성하지는 않다.

'이밥에 고깃국', 나에겐 그리 낯설지 않은 어휘들이다. 돌아가신 아버지가 자주 하셨던 익숙한 말이다. 북한의 천리마 운동 당시 김일성이 연설에서 한 말이다. 발생이 북한이라 그런지 북에서 홀로 남쪽으로 와 사시다가 20년 전 돌아가신 아버지를 생각나게 하는 나무다.

이 나무 이름의 유래에 대해서는 몇 가지 설이 있다. 그중 하나가 꽃 모양이 흰쌀밥을 닮았다고 해서 이밥나무라고 했다고 한다. 쌀밥은 중국어로 미판(米饭)인데, 여기서 '이팝'으로 그리고 '이밥'이 되었다는 설이 있다. 대구에는 유난히 이 나무가 많은 거 같다. 그도 그럴 것이 1995~2002년 대구시장을 역임한 문희갑 시장이 시를 상징하는 나무로 이 나무를 많이 심었다.

나이가 들면서 자주 길을 멈춘다. 담장 옆으로 예쁘게 핀 꽃을 그냥 지나지 못하고 사진에 담는다. 같이 일하는 안 선생님이 내 딸은 꽃을 좋아하지 않는가 봐요. 저거 엄마가 꽃이 얼마나 이쁘노? 해도 들은 척 만 척 한다고 한다. 내가 거들었다. 젊은데 왜 꽃 사진을 찍겠어요. 자신이 꽃인데. 그렇다. 젊었을 땐 꽃이 눈에 들어오지 않았다. 그랬던 나도 나이 들면서 폰에 저장된 꽃 사진 수만 늘어간다.

얼마나 배가 고팠으면 나무에 핀 흰 꽃 무리를 보고 흰 쌀밥을 연상했을까? 좋은 쌀로 지은 밥은 그 자체가 반찬이고 요리다. 오래전 중국 최대의 쌀생산 기지인 헤이룽장성 하얼빈 근교 우창(五常) 시를 다녀온 적이 있다. 이곳의 쌀은 품질이 좋아 '우창미(米)'로 브랜드화되어 있다. 일제강점기 조선인들이 주린 배를 잡고 만주로 향했다. 경상도 사람들은 동북 3성인 지린, 랴오닝, 헤이룽장성 중 헤이룽장성으로 많이 이주했다. 지린과 랴오닝성에는 이미 북한 사람들이 자리를 차지하고 있어, 할 수 없이 내륙 깊은 곳 헤이룽장성으로 이주했다. 헤이룽장성에는 경상도 마을이 있다.

우창시 민락향에는 당시 조선인 안가 농장이 있었다. 공진항(전 농림부장관)과 이선근(전 영남대총장)이 만몽회사라는 농장을 설립하였던 곳이다. 당시 50만 원이라는 거액을 들여 설립했다. 일제가 조선인을 보호한다는 명분하에 조선인을 한곳에 모아 관리하던 곳이다. 안가농장 사람들은 쌀을 대량생산했지만, 전량을 일제의 군수품으로 공출당한 그들은 정작 좁쌀을 배급받아 연명하였다. 조선인에게 이밥의 고깃국은 꿈에 지나지 않았다.

2012년 이 마을 방문했을 때 한 식당에 먹은 밥맛을 잊을 수 없다. 밥맛이 맛집인 셈이다. 요즘도 식당에서 반찬이 아무리 좋아도 밥이 안 좋으면 실패다. 밥맛이 좋으면 반찬이 조금 부실해도 참을 순 있다. 중국 동북지역은 토질이 좋아서 뭐든 다 자란다. 특히 밭농사가 주업인 중국인들이 처음에는 조선인의 논농사를 이해하지 못했다. 쌀을 생산하는 공정이 낯설었다. 조선인들에겐 쌀 생산을 필수적인 일이다. 먹고살 수 있는 기술이 논농사밖에 없었다. 물이 있는 곳을 찾아내 논농사를 했다. 그래서 조정래의 《아리랑》에 의하면, 중국인들은 조선인을 보고 '메기'라 했다.

오늘 이팝나무 거리를 걸으면서 오래전 한국연구재단의 지원을 받아 책을 쓰기 위해 중국 곳곳을 발품 팔아 다녔던 일을 생각했다. 나의 책 《조선족 디아스포라의 만주아리랑》이 나오기 1년 전인 2012년에 찾았던 우창시 민락향에서 먹었던 이밥에 고깃국이 생각난 오늘이다. 벌써 12년 전의 일이다.

파리

"활짝 열어놓은 저 문은 마다하고/굳게 닫힌 창문만을 두드리는구나/백 년 동안 경전만을 들여다본들/어느 때 깨치기를 기다릴 건가"

계현법사의 제자 신찬(神贊) 선사가 쓴 글이다. 어느 따뜻한 봄날 꿀벌 한 마리가 방안에 날아들어 와 다시 나가려는데, 반쯤 열린 곳은 비켜두고 꼭 닫혀 있는 창을 향해 나가려고 문에 부딪히며 애쓰고 있는 광경을 보고 쓴 글이다. 나이 80이 가깝게 경전만 뚫어지도록 보고 앉아 있는 스승이 들으랍시고 지은 글이다.

"철학적 혼돈에 빠져 있는 사람이란 방에서 나가고 싶은데 어떻게 나가야 할지를 모르는 사람과 같네. 그는 창문으로 빠져나가려 하지만 그건 너무 높고, 굴뚝으로 나가자니 그건 너무 좁단 말이야. 그런데 만일 그가 주위를 돌아보기만 한다면 문은 항상 열려있다는 것을 알게 될 텐데 말일세. …… 철학에서 당신의 목적은 무엇인가? 파리에게 파리통에서 빠져나갈 출구를 보여주는 것이다".

위의 신찬의 글과 아래의 오스트리아 철학자 비트겐슈타인의 글이 중첩된다. 물론 그 맥락은 달라도 둘 다 언어의 한계를 말한다.

철학이 할 수 있는 여러 가지 역할이 있다. 그중 하나가 언어의 의미를 분석하고, 잘못된 언어사용으로 인한 혼란을 치유하는 일이다. 언어분석철학이라는 게 그 일을 담당한다. 문제는 스스로 언어를 잘못 사용하고 있는 걸 모르는 것이다. 이건 일종의 질병이다. 그릇된 언어사용으로 특정한 선입견이나 그릇된 세계관을 갖는 경우다. 근대철학자 프랜시스 베이컨은 이걸 '시장의 우상'으로 풍자한다. 비트겐슈타인은 이런 경우를 통에 빠진 파리가 출구를 찾지 못하고 있는 정황에 비유한다.

비트겐슈타인의 말처럼 우린 파리처럼 통에 빠져 출구를 찾지 못하고 있는 건 아닌가? 언어를 잘못 사용해 혼란에 빠져 있으면서도 그 출구를 찾지 못하고 있는 건 아닌가? 여러 매체에서 배설되는 온갖 말들은 무의미하기 짝이 없는 경우가 허다하다. Saturday is in bed. 무슨 의민가? 토요일이 자고 있다? 토요일 씨가 자고 있다는 말인가? 이 토요일은 금요일 다음 날이 분명한데, 이 토요일을 어떻게 침대에 눕혀 재울 수 있는가?

이 구절은 문장은 된다. 주어와 술어 그리고 연결하는 계사(繫辭)로 구성된 문장이다. 하지만 이 문장은 무의미하다. 아닌 의미 자체가 성립되지 않는다. 이런 경우를 배리(背理), 즉 이치에 부합하지 않다고 한다. 이걸 난센스(nonsense)라도 한다. 우리가 일상적으로 알고 있는 난센스와는 다소 다르다. 이런 말들이 쏟아진다. '시스템'을 말하지만, 전혀 시스템과는 거리가 멀다. '국민'을 말하면서 그 안엔 국민이 없다. '자유'를 말하지만 진정 자유는 실종되어 있다. 의미조차 성립되지 않은 사이비 명제가 난무하다. 사이비(似而非)는 말 그대로 그럴듯하지만, 아닌 것이다. 페이크(fake)가 절제 없이 배설된다.

유권자인 국민을 혼란으로 몰아가는 사이비 명제가 판을 치는 현실이다. 어차피 정치는 그런거라고 외면하기도 힘들다. 먹고 자고 재채기하는 모든 게 정치라는 퍼포먼스다. 정치는 바로 생활 정치다. 정치는 그들만의 잡(job)이 아니다. 인간은 정치적 동물이다. 인간 종(種)을 동물 종과 구분시켜주는 차이인 종차(種差)가 바로 '정치적'이란 속성이다. 인간은 태생이 정치적 동물이다. 이 경우 '정치적'이란 바로 '윤리적'이란 말과 다르지 않다.

정치가 최고선을 실현하는 도구라면, 무엇이 최고선인지를 밝히는 건 윤리학의 몫이다. 공동체가 실현해야 할 최고선을 연구하는 게 정치학이고 윤리학이다. 아리스토텔레스의 《니코마코스 윤리학》은 바로 정치학 개론이다.

이런 의미의 정치는 실종되고 기능으로서의 정치만 판을 친다. 국민은 없고 그들만 있다. 그들만의 권력을 쟁취하기 위해 '토요일이 잔다'식의 무의미한 말을 서슴없이 배설한다. 그 어디에도 통에 빠진 파리를 구원해 줄 창문이 없다는 게 한국 정치의 민낯이다. 허무의 정치를 견뎌내는 게 너무 힘들다. 그렇다고 철학이 할 수 있는 일도 없는 거 같다. 겨우 몇 마디 글로 스스로 위안을 받는 일 말고는.

핫립세이지

2023년 10월 이 꽃을 처음 보았다. 이렇게 별나게 생긴 꽃이 핫립세이지란 걸 알았다. 이 꽃은 햇빛을 받는 강도나 방향에 따라 흰색과 붉은색이 섞여 있다. 7, 8월의 뜨거운 햇빛에 노출되어 전체가 붉어졌다가 햇빛이 차츰 줄어들면서 붉음을 흰색에 양보하고 10월 거의 질 무렵이 되어 붉음이 흰색의 가장자리에 마치 여인의 입술처럼 가냘프게 남아 있어서 핫립세이지라 한다.

지난 토요일 경북대학교에서 학회가 있었다. 몇 달 전 종합토론 사회를 맡아달라는 주최 측의 부탁을 받고 잠시 망설이다가 승낙했다. 망설인 이유는 이제 학회도 은퇴할 나이인데 사회를 맡는 게 좀 부담스러워서이다. 하지만 나이가 들수록 적극적으로 참여하는 게 좋겠다는 생각으로 수락을 했다. 그 후 학회 일정을 받고 보니 학문후속세대를 지원하는 학술대회란 걸 알았다. 주로 박사과정 중이거나 학위를 막 끝낸 연구자들이 발표자와 논평자로 참석한다. 70이 된 노인이 젊은 연구자들의 잔치에 마치 불청객처럼 앉아 있다가 오는 건 아닌가 하는 생각이 들었다.

나의 이런 생각은 학회에서 나의 박사논문 지도교수인 백승균 선생님을 만나면서 사라졌다. 선생님은 1936년생이다. 대구 계명대학교 철학과 교수와 부총장 그리고 퇴직 후에도 계명-목요철학원 원장으로 활동하시다가 그만둔 지가 얼마 되지 않는다. 목요철학원은 1980년 10월 계명대 철학과에서 시작한 〈목요철학세미나〉에 뿌리를 둔 44년이 넘은 전통을 가진 연구원이다. 매주 목요일마다 세미나가 있다. 현재는 대구 범어도서관으로 자리를 옮겨 지난 2024년까지 879회 세미나가 있었다. 난 1991년 10월 199회 때 발표자로 참석했었다. 34년이 지난 일이다. 계명대 철학과가 자랑할 만한 역사다. 그 어느 대학에서도 할 수 있는 일이 아니다. 목요철학원은 선생님의 살아오신 역사 그 자체다.

종합토론 사회를 하기 위해선 자리에 앉아 발표와 논평을 다 듣지 않으면 안 된다. 앞자리에 선생님이 앉아 계신다. 젊을 때부터 지금까지 학회에서 항상 맨 앞자리에 앉으셔서 끝날 때까지 자리를 지키신다. 뒤에서 보는 선생님의 백발이 멋있다. 백발은 젊은 시절 학문에 온 정열을 쏟아내고 얻은 훈장이다.

'참 곱게 늙으셨다'는 상투적인 어휘로 당신의 삶을 담아내기는 턱없이 부족하다. 학문 바깥의 일 그 어디에도 곁눈질하지 않고 오로지 앞만 보고 달려오신 중세의 기사(騎士)와 같은 분이다. 당신의 머리에 서리가 언제 내렸는지도 모를 정도로 학문에만 몰두해 오신 분이다.

붉음이 겨우 입술 흔적으로만 남아 있는 나의 핫립세이지도 언젠가는 온통 흰색으로 변할 것이다. 다만 가냘픈 붉은 열정이지만 남은 삶을 그 여느 때보다 더 정열적으로 살고 싶다. 학회에서 젊은 연구자들에게 많은 걸 배웠다. 새로운 정보를 접했다. 그들의 붉은 열정도 좋아 보이지만, 선생님의 하얀 정열이 더 좋아 보였다. 핫립세이지의 꽃말이 '존경'이라고 한다. 일생을 철학만으로 살아오신 선생님을 존경한다. 이 꽃의 다른 뜻에 '건강'도 있다고 하니 더욱 건강하시길 기도드린다.

난 선생님이 큰소리로 말씀하시는 걸 단 한 번도 본 적이 없다. 항상 연인처럼 속삭이신다. 짙은 대구 사투리로 정겹게 말씀하신다. 학회에 참석하길 잘 했다. 평시 찾아뵙지 못한 게 마냥 송구스러웠다.

프로레슬링

트로이전쟁의 승패는 이미 조작되었다. 그리스 크레타 출신인 제우스가 트로이를 승자로 만들 리는 없다. 그리스 연합군의 승리는 이미 결정되어 있었다. 모두 제우스가 조작한 것이다. 승패의 조작과는 상관없이 트로이전쟁을 다룬 호메로스의 《일리아드》에 빠져든다. 이왕 조작이라면 독자를 빠져들게 해야 한다. 조작이기 때문에 더 재미있다.

승패가 조작된 신화는 고대에만 있는 게 아니다. 바르트(Roland Barthes, 1915~1980)는 현대판 신화를 프로레슬링이라 한다. 레슬링 경기에서는 현실에서는 가능하지 않은 일들이 번듯이 벌어진다. 권투나 다른 경기에서는 불가능한 비현실적인 일들이 태연하게 일어난다. 반칙이 정의인 듯하다. 승패보다는 매 순간 드라마같이 연출되는 장면이 더 중요하다. 흥미를 위해서. 규칙은 깨어지기 위해 존재한다. 규칙을 어길수록 관중의 정의와 분노를 불러일으킬 수 있다. 재미만 있으면 그만이다. 관중도 짜고 치는 고스톱이란 걸 알면서도 마치 그렇지 않은 양 흥분하고 고함을 지른다. 승부를 조작하면서도 마치 그렇지 않은 척 태연하게 경기하는 게 레슬링이다. 상대의 귀를 깨물어 피가 나고 아프다고 소리를 지를수록 진가를 발휘한다.

권투 선수가 비명을 지리는 일은 거의 드물다.

일요일마다 즐겨보는 UFC(Ultimate Fighting Championship)다. 종합격투기대회다. 말 그대로 모든 기술을 다 사용할 수 있는 종합격투기 MMA(Mixed Martial Arts)다. 난 이 영상을 본 건 10년 전부터다. 그 당시엔 격투 장면이 너무 심해서 보다가 끄곤 했었다. 피를 흘려가면서까지 하는 경기가 과연 스포츠인가 싶어서였을 것이다. 지금은 즐겨(?) 본다. 이걸 어떻게 해석해야 할까? 내가 그만큼 잔인해졌는가? 그럴 리는 없다. 보면서 이 경기보다 안전한 게 없구나 하는 생각을 종종 한다. 위험한 만큼 규칙이 엄격하다. 위험은 규칙이 있어도 잘 지키지 않는 데서 발생한다. 한국 정치가 규칙이 없어 항상 위험했는가?

종합격투기는 매우 신사적이다. 반칙도 하지 않으면서 아파도 항상 포커페이스를 유지한다. 아파서 소리 지르는 건 볼 수 없다. 아플수록 더 신사적이다. 철저하게 규칙을 지키면서도 재밌는 격투기와 규칙을 어길수록 재밌는(?) 프로레슬링이 대조적이다.

현금(現今)의 한국 정치가 프로레슬링 같아 보이는 게 왜일까? 마치 규칙은 깨어지기 위해 존재하는 듯하다. 가장 부자연스러운 작위적 행위가 자연스럽게 연출되는 곳이 한국 정치다. 프로레슬링에서 정의는 과감한 몸짓으로 약자를 응징하는 것이다. 야비한 공격이 정의를 만든다. 규칙을 지키는 건 재미없다. 적을 무너트리기 위해 규칙을 위반하는 걸 보며 기뻐한다.

나름의 도덕적 만족감까지 느낀다. 악당을 처단했다는 승리감으로. 법을 어겨서라도 무조건 악인 상대를 무너트리는 게 정의라는 이데올로기를 생산하는 현대판 신화 중 하나가 프로레슬링이다.

몸

"두 몸이 한 몸 되어 사랑 나누니 '부부 나무' 되었구나"

방종현의 짧은 시 '사랑나무 연리지(連理枝)'의 첫 구절이다. 한참 게을렀다. 오랜만에 대구 수성못을 걷는다. 못의 한 모퉁이 서 있는 작은 나무판에 새겨진 이 시의 '몸'이란 말마디가 소환된다. 이 시의 화자는 '몸'을 메타포로 사랑을 노래한다.

몸과 마음의 관계를 어떻게 규정하는가는 동서양의 오래된 철학적 논쟁거리였다. 고대 그리스 철학에서부터 '육체'는 '영혼'과 분리돼 사용되어 왔다. 육체는 영혼을 가두고 있는 무덤과 같은 것으로 생각했다. 플라톤은 육체는 영혼을 더럽히는 불순물로 규정한다.

우리는 몸과 마음을 분리해 생각하는 데 익숙하다. 이러한 견해는 근대철학자 데카르트에 의해 더욱 힘을 얻는다. 그는 마음은 생각하는 실체이지만, 몸은 일정한 장소를 차지하고 있는 물체와 같은 것으로 논증한다.

몸 따로 마음 따로. 몸은 이곳에 있어도 나의 마음은 이젝 곧 출산을 앞둔 딸이 있는 프랑스 파리로 가 있다. 몸은 마음처럼 물리적으로 자유롭게 이동할 수 없다. 그러나 마음이 마치 무덤을 빠져나가듯이 몸을 벗어날 수 없다. 마치 기계인 몸 안에 마음이 유령처럼 들어앉아 있는 것이 아니기 때문이다. 몸을 떠난 마음도, 마음을 떠난 몸도 상상의 산물이다.

누군가가 당신에게 도서관이 무엇인지를 설명해 달라고 한다 해 보자. 그에게 도서관 곳곳을 다 보여주면서 설명한다. 그런데 설명을 다 듣고 난 그가 다시 묻는다. "그러면 도서관은 어디 있느냐?"고. 그는 자기가 본 것은 도서관 건물이지, 도서관 자체는 보지 못했다고 생각한 것이다. 마치 마음과 몸이 따로 있듯이, 도서관이 도서관 건물과는 별개로 따로 어디엔가 있을 거라고 착각한 것이다. 마음과 몸을 분리해서 보는 이원론자의 착각이다. 사랑하는 사람과 별개로 '사랑'이란 이데아가 별개로 존재한다는 고대 플라톤의 착각이 근대 데카르트에 와서 마음과 몸을 별개로 존재하는 것으로 보는 데까지 이른다.

몸은 육체, 즉 고깃덩어리가 아니다. 몸은 마음 그 자체이다. 마음으로 사랑하지 않는 사람을 몸으로 마치 사랑하듯이 표현할 수 없다. 마음이 아프면 몸이 아프고, 마음이 그리움에 차 있으면 몸도 그리움에 차 있나. 몸과 마음은 한 켤레의 구두와 같고, 동전의 양면과 같다.

습관적으로 다리를 꼬거나 머리를 매만지는 것도 마음이 확장되어 몸으로 표현된 것이다. 부끄럽거나 당황스러울 때 이미 몸으로 나타난다. 얼굴이 붉어지고 시선이 고정되지 않는다. 마음은 속일 수 있어도 몸은 속일 수 없다. 마음이 체현(體現)된 것이 몸이다. 이 '체현'이란 말을 영어로 'embody'로 표현한다. 참 재미있는 단어이다. 마음이 몸으로 표현되는 육화(肉化)로 이해해도 될 듯싶다.

우리는 마음으로 무엇을 만나기 전에 눈으로 만난다. 보는 것은 마음이 아니라 몸이다. 관념으로서의 '사랑'은 볼 수 없다. 플라톤은 『향연』에서 마음으로만 볼 수 있는 사랑이 완전하고 영원한 사랑이라는 역설(逆說)을 역설(力說)한다. 하지만 사랑은 인식이 아니라 지각의 대상이다.

몸은 마음이고 인격이다. 몸은 단순한 쾌락의 도구가 아니다. 몸을 떠나 도망간 사랑은 이미 사랑이 아니다. 몸은 마음의 거푸집이다. 몸은 마음을 읽을 수 있는 명징한 거울이다. 그러나 프랑스 철학자 들뢰즈는 이러한 마음과 몸의 유비는 억측에 가까운 것이라 한다. 몸과 마음 사이의 유비관계를 부정한다. 그에게 몸은 마음의 유사체가 아니라 마음이 종잡을 수 없는 욕망의 덩어리 이상이 아니다. 그의 '기관 없는 신체'가 이를 말한다.

한(恨)

약소민족의 수동적 근성이라고 해두자. 우리는 한(恨)을 복수로 풀지 않는다. 한을 부둥켜안고 달래어 가라앉힌다. 한은 푸는 게 아니라 달래는 것이다. 이에는 이, 눈에는 눈. 탈리오 법칙은 사랑의 부재가 잉태한 것이다. 증오는 증오를 낳고 복수는 또 다른 복수를 낳는다.

한의 한자 '恨'은 마음 심(心)과 간(艮)으로 이루어진 글사이다. '艮'은 비수 비(匕)와 눈 목(目)으로 이루어진 글자로, 눈을 크게 뜨고 머리를 돌려 노려보는 갑골문에 뿌리를 두고 있다. 마음에 원한이 응어리져 있다.

응어리져 쌓인 르상티망은 복수를 통하지 않고서는 풀 수가 없다. 아킬레우스의 분노는 파트로클로스를 죽인 적장 헥토르를 죽이고서야 풀어진다. 호메로스의 《일리아드》가 아킬레우스의 분노로 시작하는 이유이다.

중국이나 일본 역시의 원한과 복수를 통한 한풀이만 있다. 하지만 한국인의 한에는 원한과 복수의 메커니즘이 희미하다.

원한은 시간이 지나면서 증류된다. 증류될 대로 증류돼 증오가 탈색된 채 침전된다. 삭이고 삭여진 원한은 이제 그 원한을 심어준 대상에 대한 정으로 승화시켜 간다. 삭여진 원한은 더 이상 원한이 아니다. 증오의 불씨는 여과될 대로 여과되고 태워질 대로 태워져 재만 남는다.

원한이 정한(情恨)으로, 나아가 나에게 원한을 심어준 상대가 잘됐으면 하는 바람의 원한(願恨)으로 승화된다. 시간이 지나면서 원한은 그저 한으로 남는다. 마치 자신의 것이 아닌 것처럼 한을 타자화시킨다. 그러면서 응어리진 마음을 푼다. 독특한 해한(解恨)의 카타르시스다.

한국인은 한이 많은 민족이다. 우리 민족에게 한은 어쩔 수 없는 토착적 정서다. 나를 버리고 간 사람에 대한 원한과 증오는 어느새 십 리도 못 가 돌아와야 할 그리움의 대상으로 전환된다. 증오를 사랑으로 전환하는 삭임의 미학이 아리랑의 한에 녹아 있다.

우리 민족은 나라 잃고 타국으로 떠나야 했던 한을 곱씹고 살았다. 만주는 슬픔의 공간이면서 그곳에 정착해 새로운 희망을 일궈내야 할 공간이었다. 그 공간에서 한을 삭이고 삭였다. 삭임은 단순히 한을 해소하는 것을 넘어 새로운 미래를 창조하는 과정이다.

어차피 한을 바깥에서 풀 수 없다면 안으로 가져와서 달래어 풀고, 미래를 위한 역동적 에너지로 승화해 가야 한다. 한의 초월이다. 우리 민족은 한을 조금씩 갈아 마시면서 살아왔다. 한을 희망을 일구어내는 텃밭으로 만들었다. 한을 만지작거리면서 한과 더불어 살아왔다. 한 맺히게 한 대상을 증오하면서도 이내 돌아서서 증오를 품은 자신의 편협함을 뉘우친다. 이게 바로 회한(悔恨)이다.

한의 원형을 회복하자. 우리 민족은 원래 한을 바깥으로 칼날을 돌려 복수로 풀지 않았다. 그 한을 안으로 가져와 만지작거리면서 한의 실체가 다 닳을 때까지 달래서 풀었다. 오히려 한의 원인이 자신에게 있지 않은지를 성찰한다. 현금(現今)의 대한민국 정치가 회복해야 할 한의 원형이다.

야생의 질서

소위 자국의 문화를 선진문화로 자칭하는 문화우월주의자들의 시선에는 항상 고급문화와 저급문화로 재단하는 이분법적 잣대가 장치되어 있다. 그들의 시선에는 항상 프로크루스테스의 침대가 놓여 있다. 프로크루스테스는 그리스 신화에 나오는 괴적으로서 행인을 붙잡아 자신이 만든 침대에 눕혀 보고 다리가 길면 자르고 짧으면 늘여서 침대 길이와 같게 만들었다고 한다. 여기에서 연유되어 '프로크루스테스의 침대'는 미리 가설한 기준에다가 억지로 짜맞추려는 태도를 비유적으로 일컫는 말마디로 사용된다.

문화는 잘못된 이분법적 가설에 의해 고급 · 저급 문화로 분리될 수 없는 것이다. 자국의 문화를 우월한 것으로 인위적으로 조작하기 위한 '침대'로부터 해방되지 않고서는 문화적 다원주의가 가능하지 않을 것이다. 타문화를 자국 문화의 식민지로 삼으려는 문화 제국주의는 문화적 다양성을 하나의 획일적 문화로 다듬어내려는 문화 패권주의와 다르지 않다.

프랑스 문화인류학자 레비 스트로스(Claude Levi-Strauss,

1908~2009)는 아프리카 문화에서 나름의 합리적 질서를 보았다. 유럽인의 시선으로 아프리카를 원시 문화라 치부한다. 하지만 그 문화 역시 유럽 못지않은 합리적 질서를 가지고 있다. 예컨대 뉴질랜드 원주민 마오리족의 결혼문화 역시 합리적 질서를 가지고 있다. 외부에서 보기엔 근친상간의 윤리가 사라진 것처럼 보이지만, 그들 나름의 질서가 있다. 평행사촌 간의 결혼은 허용하지 않으면서 교차사촌 간의 결혼은 허용하는 문화가 있다. 평행사촌(平行四寸, Parallel cousin)은 부모와 성별(性別)이 같은 형제자매의 자녀인 친사촌과 이종사촌이고 반면, 교차사촌(交叉四寸, Cross cousin)은 부모와 성별이 다른 형제자매의 자녀인 외종사촌과 고종사촌이다. 유전학적으로도 매우 과학적이고 합리적인 질서이다.

시간을 정해 놓고 하는 축구 경기만 있는 게 아니다. 어느 원주민의 축구 경기는 우리와는 다르다. 어느 한쪽이 먼저 한 골을 넣으면, 상대가 한 골을 넣을 때까지 경기한다. 그러다가 상대가 한 골을 넣으면 경기를 끝낸다. 항상 무승부로 끝난다. 시간과는 무관하다. 우린 이런 축구 문화를 야만적이라고 볼 수 없다. 오히려 더 합리적이고 민주적인 문화라고도 할 수 있을 것이다.

광기와 이성의 경계가 허물어지고 이성의 질서가 더 이상 광기의 혼란스러움에 비해 우월할 근거를 허락받을 수 없다면, 야생의 혼란스러움은 차라리 '문화'란 이름으로 다듬어진 질서보다 더욱 근원적 진실을 담고 있을지도 모른다. 야생은 문화에 비하면 혼돈이지만, 그 혼돈은 아직 개념적으로 재단되기 이전의 생생한 질서를 간직하고 있다. 그렇기에 야생은 다만 아직 개념의 옷을 덜 입은, 즉 '문화'란 이름으로 포장되기 이전의 선(先)문화적 질서를 담고 있다.

자연은 인간의 간섭을 뒤로 한 채 스스로 주어진 질서에 따라 변해가고 있다. 그 생태학적 질서는 인간 문화의 혼란스러움에 비하면 차라리 경외롭기까지 하다. 문화적 편견에 따라 자연의 질서를 저울질할 수 없듯이, 자국 문화에 비추어 타문화를 재단하는 문화적 제국주의를 넘어 문화의 다양성이 공존할 수 있는 문화 민주주의가 그리워지는 것은 요즘 더욱 그렇다. 타문화에 대한 배려, 내 것과 다르기 때문에 그 차이성을 더욱 배려하는 문화 민주주의가 성숙될 수 있을 때, 문화적 야만성도 사라질 것이다.

노자(老子)와 후설

생각은 말로 하고 말은 생각의 얼개다. 말과 생각은 동전의 양면이다. 말이 많은 건 생각이 많다는 거다. 그런데 말은 발화된 언어다. 언어는 개념이다. 언어는 언어 이전에 벌어진 사태를 사후적으로 주워 담는 파생적인 그릇일 뿐이다. 사랑을 '사랑'이란 언어에 담는 순간 그건 이미 사랑 그 자체는 아니다. 언어로 매개된 개념적인 사랑일 뿐이다. 원본적인 사랑이란 사태 자체는 아니다. 사태의 원본성이 언어로 표현되는 순간 원본성이 희미해진다. 그러니 말이 많을수록 사태의 원본성에서 더욱 멀어진다. 사태에 관한 모든 언설(言說)을 잠시 내려놓을 필요가 있다. 실재가 언어화에 저항하는 셈이다. 언어화되면서 실재가 굴절되기 때문이다.

노자의 《도덕경》은 그 첫머리에 모든 의미가 담겨 있다고들 한다. '도가도비상도(道可道非常道)'. 이 구절에 대한 해석은 해석자마다 다 다르다. 그도 그럴 것이 지극히 축약된 시니피앙(기호)이라 시니피에(의미) 역시 다양할 수밖에 없다. '도'라고 부를 수 있는 도는 참된 도가 아니다. 도가 '도'라는 언어로 개념화되는 그건 참된 도가 아니다. 언어의 한계를 말한다. 참된 실재는 언어 이전에 주어져 있다. 그걸 언어로 표현하는 순간 이미 개념화된 실재다. 노자 역시 선(先)언어적인 실재로 돌아가기를 주문하는 판단중지를 시사한다. 참된 실재는 언어화에 저항한다. 언어는 어차피 원본성을 결여한 파생적 전달 수단에 지나지 않기 때문이다. 언어화로 굴절되기 이전의 사태로 돌아가는 절차를 후설은 판단중지라 한다.

판단중지는 판단의 포기가 아니라 성급한 판단을 잠시 유보하는 것이다. 그렇지 않고서는 사태의 원본성에 도달하기 쉽지 않다. 생각 자체를 끊을 수 없다. 다만 잠시 그 효력을 중지시켜 놓는 일이다. 하기야 이것조차도 쉽지 않다. 기껏 할 수 있다면 그건 말을 줄이는 일일 뿐이다.

어떤 사태가 발생하면 그것이 일어난 맥락 속에서 이해하려 하지 않는다. 주어진 맥락을 벗어나 사태를 자의적으로 해석하려는 게 우리의 본성이다. 물론 해석의 자유가 있다. 하지만 주어진 맥락을 벗어나 지나치게 낭만적으로 해석할 경우 사태로부터 멀어진다. 맥락을 벗어나 주어진 사태를 마치 피자 반죽하듯이 마사지할 수는 없는 노릇이다.

생각도 언어를 매개로 한다. 생각이 많아져 언어의 옷을 겹겹이 걸칠수록 사태로부터 멀어진다. 사태의 진실에 가장 가까이 가는 방법은 일차적으로 생각을 아끼는 것이다. 사유의 경제학이 필요한 이유다. 사태가 말하기 전까지는 생각을 내려놓는 수행이다. 사태에 앞서 생각하는 주체가 아니라 사태에 귀를 기울이는 주체로 태도를 바꾸는 게 중요하다.

인디언 노예가 주인 심부름을 한다. 무화과가 든 바구니와 편지를 전하라는 것이다. 가던 중 열매를 다 먹어치우고 몇 알만 전한다. 전달받는 사람이 편지를 읽고서는 노예를 책망한다. 그 후 무화과 바구니와 무화과의 정확한 수를 적은 편지를 전하는 심부름을 다시 한다. 처음처럼 열매를 거의 다 먹어치운다. 이번에는 열매를 먹기 전에 편지를 큰 바위 밑에 숨긴다. 편지가 열매 먹는 걸 보지 못하면 고자질할 수 없을 거라 생각하고. 그러나 이번엔 전보다 더 큰 책망을 듣고서 잘못을 시인한다. 이상은 존 윌킨스의 『머큐리 또는 신비롭고 신속한 사자(使者)』(1641)의 일부를 인용한 것이다. 에코가 『해석의 한계』란 책에서 인용한 글이다.

위의 이야기를 버전을 바꾸어 더 끌고 가보자. 바구니를 전하려던 노예가 도적들에게 살해당한다. 그리곤 도적들이 열매를 먹어치운 뒤 바구니를 없애고 편지를 빈 병 속에 넣어 바다에 던졌다. 그리고 70년 후 로빈슨 크루소가 그 병을 발견했다고 해 보자. 남은 건 한 장의 편지다. 과연 이 편지를 보고 어떤 해석들이 쏟아질까? 편지에 쓰인 숫자에 대해 저마다의 해석을 쏟아낼 것이다. 그것도 각자의 선입견으로. 그래서 원래의 사태가 있는 그대로 드러날 때까지 번다(煩多)한 생각을 잠시 유보할 용기가 필요하다.

에필로그

후설은 알브레히트 뒤러(Albrecht Dürer, 1471~1528)의 동판화 〈기사, 죽음 그리고 악마〉(1513)를 좋아했다고 알려져 있다. 크기는 24.4×18.8의 작은 판화다. 그가 이 판화를 좋아하는 이유는 모자를 깊이 눌러쓰고 죽음과 악마가 아무리 방해를 해도 앞만 보고 진리를 향해 나가는 기사의 모습 때문이라고 한다. 그는 기사처럼 오로지 철학자로서 자신의 길을 걸어왔다.

난 2016년 여름 중국 상하이에 1905년에 건립된 푸단(復旦)대학교 교정에 세워진 검박한 조형물 앞에 한참 동안 서 있었다. 선비가 당나귀를 타고 있다. '여배시사(驪背詩思)'란 글귀가 보인다. 말을 살 돈이 없어 당나귀를 타고 시를 생각하는 가난한 철학자의 모습이다. 이 대학 철학과 창립 50주년을 기념해 1981년 만든 작품이다. 현판을 읽었다. "헛된 화려함을 사모하지 말고, 명리를 꾀하지 말며, 겸손하고 공손하게 처세하고, 외부 사물에 초연하라"(不慕虛華 不圖名利謙恭處世 超然外物).

후설이 철학자로서 걸었던 길을 흉내라도 제대로 내었는지조차 궁금하다. 그가 말하려 한 것 이상으로 과장되게 그를 화장(化粧)하지는 않았는지 두렵다. 그럴 수도 있다. 하지만 그건 나에게 그리 중요하지 않다. 70이 넘도록 오로지 후설만을 생각하며 산 것만으로도 충분하고 행복했다.

얼마 전 대구 간송미술관에서 본 추사 김정희의 말이다. "제 글씨는 아직 부족함이 많지만, 칠십 년 동안 벼루 10개를 밑창 냈고, 붓 천 자루를 몽당붓으로 만들었습니다."

고개가 숙여지고 옷깃을 여민다…….

프랑스 파리로 어학연수를 다녀온 딸이 한국에서 다니던 대학을 그만두었다. 그리곤 파리8대학에 입학했다. 어려운 유학생활을 거의 혼자 하다시피 한 딸이다. 딸이 힘들고 외로울 때 교포인 Michel Hae−Jin(임해진)을 만나 결혼했다. 딸이 파리 S전자 정직원이 되기까지는 시간이 많이 흘렀다. 그러다 보니 나이 40이 되어서야 아이를 가질 늦은 여유가 생겼다. 2025년 2월 12일 밤 9시 50분 예쁜 손녀 LOUISE, JI AH LIM(임지아, 林智娥)이 태어났다. 70이 넘은 나에게 하나님이 주신 귀한 선물이다. 무엇보다 건강하게 잘 자라기를 기도한다. 남을 배려할 줄 아는 사람으로 잘 성장해주었으면 좋겠다.

찾아보기

인명

사항

ㅈ

ㅊ

ㅋ

| 지은이 소개 |

김 영 필

영남대학교 철학과와 연세대학교 교육대학원을 거쳐 계명대학교에서 「에드문트 후설의 명증이론에 관한 연구」로 철학박사 학위를 취득하다. 아시아대학교 교수와 대구교육대학교 연구교수역임. 주요 저서는 《신천에 철학 카페를 짓다》(2023), 《욕망으로 성찰한 조선의 공간》(2021 한국출판문화진흥원 우수출판콘텐츠 선정작), 《여행, 인문학에 담다》(2020), 《조선족 디아스포라의 만주 아리랑》(2013), 《한국불교와 서양철학》(2010), 《현대철학》(2002), 《현상학의 이해》(1998) 등이 있다. 역서는 《탈근대적 자아를 넘어서》(*The Self after Postmodernity*)(1999), 《종교철학》(*Religionsphilosophie*)(1994), 《에드문드 후설》(*Edmund Husserl-Versuch einer systematischen Darstellung seiner Phänomenologie*)(1990), 《후설: 현상학의 위기》(*Genesis und Geltung in E. Husserls Phänomenologie*)(1990) 등이 있다.

후설의 현상학과 교육적 의미

2025년 3월 20일 1판 1쇄 인쇄
2025년 3월 25일 1판 1쇄 발행

지은이: 김 영 필
펴낸이: 한 정 주
펴낸곳: 교육과학사

경기도 파주시 광인사길 71
전화:(031) 955-6956~8 팩스:(031) 955-6037
Home-page: www.kyoyookbook.co.kr
E-mail: kyoyookbook@daum.net
등록: 1970년 5월 18일 제2-73호

정가 21,000원

ISBN 978-89-254-2020-2

Printed in Korea.